불교문헌 속의
지옥과 아귀, 그리고 구제의식

김성순 지음

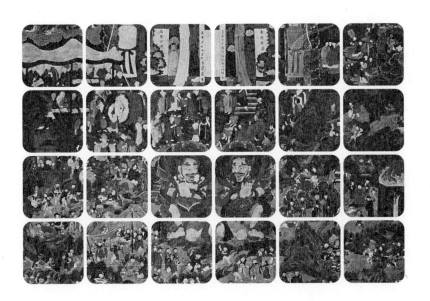

역사산책

─── ⟡ 책을 내면서 ⟡ ───

이 책의 3분의 1 분량을 차지하는 '지옥' 관련 서술은 2017년도 한 해 동안 법보신문에 매주 '지옥을 사유하다'라는 주제의 칼럼으로 47회에 걸쳐 연재했던 내용을 다시 정리한 것이다. 그 중 보태거나, 뺀 내용도 있지만 대부분은 거의 그대로 실었다.

왜 하필 '지옥'에 관한 내용을 생각했을까 하는 질문도 받은 적이 있었는데, 그 당시 『왕생요집往生要集』이라는 중세 일본 천태교단의 승도僧都 겐신(源信, 942-1017)의 저서를 번역중이었기 때문에 내게는 그런 질문 자체가 좀 생소하게 느껴졌다.

『왕생요집』의 내용은 전체적으로 10대문大文으로 나뉘는데, 그 중 첫 번째 대문인 염리예토厭離穢土편의 첫머리가 '지옥地獄'이다. 겐신은 왜 하필 인도와 동아시아의 정토 관련 불교문헌의 핵심을 추린 『왕생요집』의 첫머리를 '지옥'편으로 시작했을까?

불교문헌의 지옥에 관한 교의와 서사를 들여다보면 선보다는 악에 가까운 인간의 본성을 관조하는 느낌이 든다. 더군다나 『왕생요집』의 찬술자인 겐신은 '일체 초목까지 다 불성이 있다'는 본각本覺사상을 주창했던 일본 천태교단의 지도자였다. 모든 인간에게 불성이 있으며, 모든 존재가 진여의 현현이라는 천태 본각사상의 교의와 지옥의 서사는 많이 어그러지는 것처럼 보인다.

결국 이러한 지옥 서사는 본각사상이 놓칠 수밖에 없는 인간 본성의 악한 측면을 경계하고, 계도하기 위한 '중심 잡기' 차원의 교의적 시도인 것은 아닐까 하는 생각도 했었다. 불교문헌 속에서 제시하는 지옥에 떨어지는 죄-업인은 너무 다양하지만, 기본적으로는 불자라면 누구나 지켜야 하는 오계(五戒; 불살생, 불음주, 불사음, 불투도, 불망어)로 수렴된다.

지옥 관련 교설을 찾아 다양한 불교문헌을 뒤지고, 일부 번역된 문헌은 재확인하면서 느낀 것은 적게는 천 년, 많게는 2천 년 이상 된 그 글들의 지옥과 죄악에 관한 묘사가 무척 생생하다는 것이었다. 특히 지옥에서 전생의 죄업을 갚는 고통에 대한 묘사는 섬뜩하리만치 사실감이 넘치기까지 해서 혹시 고문의 교과서로 활용되지 않았나 할 정도였다. 이렇게 모골이 송연할 정도의 생생한 지옥 교설은 당시 사람들로 하여금 악의 본성을 관조하게 하고, 계율을 지키도록 계도하는 역할을 충분히 해냈을 것으로 생각된다.

다음으로 불교문헌 속의 아귀에 관한 교설에서는 무섭다기보다는 역한 내용이 많았으며, 역시 불교도들, 나아가 인간에 대한 강한 계도적 경향을 확인 할 수 있었다. 내가 본 불교문헌 속의 아귀는 실재라기 보다는 악업의 상징으로 인식될 수 있도록 의도적으로 설정되어 있었으며, 아귀마다 다른 명칭 자체에서 악업과 그에 따른 고통의 과보를 연상할 수 있는 구조이기도 했다.

하지만 일반적으로 아귀라는 존재를 '전설의 고향'이나, 지괴志怪소설에 등장하는 '원귀寃鬼'와 유사한 것으로 인식하거나, 경전에 등장하는 것 자체를 낯설어하기도 하는데, 그것이 내게는 불교문헌 속의 상징과 비유, 그리고 상상력에 대해 인색하게 평가하는 시각으로 받아들여졌다. 불교 문헌은 오로지 경건하고, 진지하고, 잘 정련된 서술만으로 채워져야 하는가? 성서의 〈애가〉 혹은 〈요한계시록〉은 어떻게들 수용하는가?

한국불교 구성원, 특히 스님들 가운데 불교와 귀신을 연결짓는 것 자체를 달가와하지 않는 이들이 많았다. 하지만 사찰 법회에서 신도들에게 하는 법문 중에 조상 영가靈駕니, 무주고혼이니, 망혼이니 하는 귀신 얘기는 단골 소재로 등장한다. 이러한 현상은 문헌 상의 교의와 실제 불교신도들의 생활 정서 간의 괴리를 보여주기도 한다. 도대체 삶과 죽음의 문제를 해결하기 위해. 혹은 죽음으로 인한 이별의 고통을 추스르기 위해 모여든 신도들에게 죽음 이후의 세계에 관한 얘기를 빼면 뭘 들려준단 말인가.

더 나아가, 먼저 간 부모나 형제자매 등을 위한 천도의식 등이 여전히 현 한국사회에서 설행되고 있고, 산 사람들이 의식을 통해 위로를 얻으며 망자를 편안히 보내는 현상이 현재진행형인데, 눈에 보이지 않는 존재를 믿지 않는다고 해서 그 의식의 의미까지 부정할 수는 없지 않은가.

사실, 인도 초기불교에서 동아시아 대승불교에 이르기까지 불교문헌이 성립되던 시기에는 전문수행자 아닌 일반 재가불자 중에 그 많은 불교경전과 주석서들을 문해할 수 있는 비율은 많아야 0.2% 정도였을 것으로 생각한다. 나머지 대다수 불자들은 삶에서 만나게 되는 실존적 고통 내지 사후에 대한 불안과 두려움을 해결하기 위한 답을 의식儀式에서 구하는 것이 신앙의 목적 아니었을까.

결국 대승불교 문헌에서는 삶과 죽음의 문제로 고통받는 사람들을 위해서 망자를 좋은 곳으로 인도하는 수행법과 의식에 관한 교의가 들어설 자리를 내줄 수밖에 없었으리라 생각한다.

동아시아 불교도들에게 있어서 불교문헌 속에 나타난 지옥도와 아귀도의 참상은 무척 두렵고 역겹지만, 다행히 그 문헌들은 두 악도에의 윤회를 피할 수 있는 구제의 길까지 자세히 일러주고 있다. 또한 동아시아 불교도들에게 그 문헌 속의 지옥도와 아귀도를 설명해 준 승려들은 구제의식을 설행해 줄 수 있는 의례집행자이기도 했던 것이다.

불교문헌을 해석한다는 것은 그 문헌이 저술된 당시의 사회문화적 배경이나, 역사적 맥락에 대한 이해까지 필요로 한다. 고대 인도의 여성관이나, 사회적 질서, 직업과 인종에 대한 인식 등이 드러나는 대목은 오늘날의 인권의식의 측면에서 보면 바로 받아들이기 힘든 부분도 많이 발견된다. 그럼에도 불구하고, 불교문헌 속의 죄나 악업에 대한 인식에서는 현대의 기준으로도 고개를 끄덕이게 하는 부분이 많았는데, 이는 불교 계율이 인류 보편적 선善이나, 윤리의식에 바탕하고 있기 때문일 것이다.

앞에서 얘기한 것처럼 불교문헌 속의 지옥교설은 2017년에 신문사

칼럼 연재를 위해 1년 동안 뒤적였었고, 아귀도 관련 교설은 2019년에 연구재단에서 받은 시간강사 연구지원 주제였기 때문에 각 문헌들을 심도 있게 들여다 볼 수 있었다. 또한 동아시아의 불교도들이 지옥도와 아귀도라는 두 악도 윤회로부터의 구제를 위해 설행했던 불교의례에 관한 연구는 2021년도에 선정된 인문사회학술연구교수 신청 주제와 직결되어 있다. 따라서 이 책은 2017년부터 연속적으로 진행되어 온 연구과제들을 수행한 중간 결과물이라고 봐도 좋을 것이다.

참고로 책 제목에 '불교문헌'이라는 용어를 쓴 이유는 경·율·론 삼장三藏을 모두 포괄하는 의미범주를 고려했기 때문이다. 다시 말해, 경전과 그에 대한 주석인 논論, 논서에 대한 소疏까지 모두 분석대상으로 삼았기 때문에 그러한 문헌들을 모두 아우를 수 있는 명칭으로서 '불교문헌'이라는 개념을 사용한 것이다. 또한 '구제의식'이라는 용어는 '구원의례' 혹은 '천도의례' 등을 놓고 이리저리 고민하다가 결국은 '망자에 대한 구제'라는 의례의 목적을 가장 잘 보여주는 것 같아서 선택한 것이다.

대학원 졸업 이후, 줄곧 동아시아라는 지역범주를 설정해두고 종교결사 내지 종교문화 비교연구, 불교의례를 주제로 하는 연구논문을 발표해왔다. 운좋게 중국어와 일본어를 학습할 수 있는 전공 여건이 되었던 데다가, 무엇보다도 아잇적부터 어깨너머로 한문을 배워둔 것이 불교문헌을 대상으로 하는 연구에 생각 이상으로 많은 도움이 되는 듯싶다.

하지만 이런 연구나 저술들이 어찌 나 혼자만의 공력으로 이루어지는 것이겠는가. 가까이로는 학부와 대학원에서 내 공부를 다듬어주신 은사님들이 계셨고, 좀 더 멀리는 돈벌이 안되는 인문학 연구를 해나 갈 수 있도록 지원해주는 사회적 시스템이 있었다.

아버지께서는 어려서부터 한문에 대한 두려움을 없애주셨고, 어머니께서는 남보다 늦은 공부의 길을 지치지 않고 나갈 수 있는 의지를 주셨다. 여전히 천학비재의 상태를 못 벗어나는 나이지만, 그나마 이렇게 학자 흉내라도 낼 수 있는 건 두 분을 닮아서일 것이다.

마지막으로, 늘 등짝을 보이며 책상에 앉아있는 필자를 묵묵히 참고 견뎌주는 가족들을 위해 감사를 드리고 싶다. 대학원 시절부터 지금까지 생계와 자식 교육 걱정을 모르는 척 미뤄두고 공부에 전념할 수 있었던 것은 순전히 남편과 두 딸의 은덕임을 여기에 밝혀둔다.

2022년 4월

김 성 순

서론

이 책에서는 초기불교에서부터 동아시아불교에서 찬술된 문헌에 이르기까지 불교의례 설행의 교의적 근간을 이루는 지옥사상과 아귀사상, 그리고 아귀상태로부터의 구제를 위해 실천되는 불교의식에 대해 들여다보려 한다.

지옥을 다루는 첫 번째 장에서는 불교의 지옥교설에 나타나는 지옥들을 소개하면서, 해당 지옥으로 떨어지게 되는 업인과 거기에서 받는 고통의 양상을 소개할 것이다. 이들 지옥에 대한 교의에서는 인간이 받는 고통에 대한 상상력의 극한을 보여주며, 그러한 지옥 고통의 업인業因과 업을 생산하는 인간 본성에 대해 치열하게 관조하고 있다. 『정법념처경』 같은 경우, 각 지옥을 순회하는 비구의 눈을 빌어, 세간에서 저질러지는 죄업과 그에 대한 지옥고통의 과보를 제3자적 시각으로 관觀[1]하는 서술을 통해 인간이 일상에서 무심하게 저지르기 쉬운 업까지도 하나하나 지적한다.

불교문헌 속의 지옥에 대한 묘사에서는 인간이 받을 수 있는 고통에 대한 상상력의 극한을 보여주는 동시에, 인간 본성과 죄의식을 치밀하게 해부해서 보여준다. 이러한 지옥에 관한 교설에서 가장 중요하게 취할 것은 지옥의 고통과 업인業因이라고 생각한다. 인간이 지옥에서 겪게 되는 고통이 어떠한 것인지, 그리고 도대체 어떠한 업으로 인해, 인간이 지옥으로 떨어져서 그러한 고통을 받게 되는 지가 지옥 교설의 핵심인 것이다.

두 번째 장에서는 불교의 지옥사상과 비교하는 의미에서 타종교의 지옥사상에 대해 간단하게 소개한다.

이어서 세 번째 장에서는 아귀도에 대해 언급하고 있는 불교문헌의 내용 중에서 아귀의 형상과 아귀도의 업인, 그리고 아귀의 고통상에 대해 소개한다. 첫 번째 장의 지옥도 관련 불교문헌의 내용에서 드러나는 계도적 경향은 아귀와 관련된 교설에서도 어김없이 드러난다. 아귀도에 대한 불교문헌의 서술에서는 지옥도의 경우처럼 체계적으로 구체화된 세계관이나 고통상은 보이지 않지만, 불교의 천도의식에서 구제받는 중생을 대표하는 존재가 된다는 점에서 경문에서의 출현빈도는 결코 뒤지지 않는다. 또한 지옥도와 마찬가지로 아귀도 역시 점차 업인이 확장되어가는 경향을 보여주며, 오계에서부터 사원의 청규, 재법에 이르기까지 승가와 사회가 유지되는데 필요한 규율을 반영하

---

1 불교에서 말하는 관觀은 시각을 이용한 관찰이 아니라, 마음으로 진리를 통찰하는 것을 말한다. 시시때때로 일어나고 변화하는 마음의 작용을 놓치지 않고 주시하는 수행법을 관법觀法이라고 한다. 수관修觀, 관념觀念, 관상觀想도 관법과 유사한 개념이라고 할 수 있다.

게 된다. 특히 중국에서 찬술된 불교문헌에서는 유교적 효의 개념까지 수용하는 것을 볼 수 있다.

초기불교[2]에서부터 등장한 지옥사상과 아귀사상의 기저에 자리잡은 자업자득自業自得, 즉 자신이 전생에 저지른 악업을 사후에 삼악도에 떨어져서 그에 상응하는 고통으로 갚는다는 개념은 동아시아불교, 특히 중국불교에서 약간의 변용이 발생한다. 자신을 기준으로 7대 조상 중에 혹여 지옥도나 아귀도에 떨어진 이가 있을까 싶어 설행하는 불교의 식들이 점차 정비되어 간 것이다. 죽어서 굶주린 상태에 있는 조상의 망혼에 공양하는 조령제 의식은 고대인도에서부터 존재했지만 그러한 사회문화들이 불교에 수용되면서 점차 의식의 성격에 변화가 생겨나게 된다. 그러한 의식들이 불교의 범주 안에서 중국에 수용되면서 또 다른 재해석으로 확장된 것이다.

마지막 네 번째 장에서는 이러한 불교의식의 발생배경과 교의적 토대, 발전의 역사에 대한 서술을 진행한다. 동아시아의 불교도들이 사후 지옥도와 아귀도의 고통에 떨어지는 것을 면하기 위해 행했던 수행법과 의식들이 소개될 것이다. 불교문헌에서 얘기하는 지옥도와 아귀도의 참상이 공포스러울수록 그곳을 피하고자 하는 수행법과 의식도 다양해지고, 그 토대가 되는 교설도 풍부해지게 되는 것을 발견할 수 있을 것이다.

---

[2] 초기불교, 근본불교, 원시불교 등에 대한 정의는 학자나 학파에 따라 차이를 보인다. 이 책에서는 '초기불교'를 붓다 성도 이후부터 부파불교가 분열한 시점까지를 가리키는 개념으로 사용한다. 따라서 이 책에서 인용되는 아함부 경전과 부파불교의 팔리 문헌 역시 '초기불교 문헌'으로 정의한다.

불교의 지옥도와 아귀도 관련 교설의 가장 중요한 목적은 역시 불자들에 대한 지계持戒의 권면과 악행에 대한 경고일 것이며, 이는 여타 종교문화에서도 유사하게 나타나는 것을 볼 수 있다. 심지어 도교와 한국 무속에서도 불교의 교의적 프레임을 차용한 지옥도가 제시되고 있다.

　무엇보다도, '지옥'은 언제나 인간에게 확인되지 않는 불안을 던지는 UFO 같은 개념이기에 그 잠재적 두려움만큼이나, 교의로서의 힘도 강하다고 생각된다. 다시 말해, 정토나 천국의 희열보다는 지옥의 고통에 대한 두려움이 인간의 본성을 계도시키는 기능이 더 뛰어날 수 있다는 것이다. 따라서 처참한 지옥에 대한 서사를 통해 문헌의 독자들이 늘 자신의 내면을 관조하는 습習을 체화하는 계기가 되는 것이 불교문헌 저술자들의 궁극적인 목표였을거라는 생각을 해본다.

불교의 8대 근본지옥에 관하여

　'지옥地獄'은 불교가 중국에 전래된 이후, 범어의 naraka 또는 niraya를 현실의 감옥에 비유하여 번역한 용어이다. 범어 'naraka'는 본래 '행복이 없는 곳無幸處'를 의미했고, 사람이 죽어서 가는 암흑세계를 의미하는 용어였다. naraka는 한역 과정에서 '奈落迦', '奈落' 또는 '泥黎' 등으로 음역되거나, '不自在', '狹處' '地獄' 등으로 의역되었다.

　지옥으로 떨어지는 윤회를 결정하는 심판을 주재하는 염라는 고대 인도에서 최초로 죽음을 경험한 인간으로서 죽음의 세계를 관장하는 야마왕(Yamarāja)으로 불리다가 불교에 의해 지옥의 왕으로 수용된다. 야마는 『리그베다』에서부터 이미 왕으로 불려지며, 소마(Soma)를 공양받는 존재로 묘사된다. 이후 불교경전에서는 야마가 염라왕으로 바뀌게 되며, 인류 최초로 죽은 자가 아니라, 비사국毘沙國이라는 나라의 왕이 지옥의 우두머리가 되기를 서원하여 지옥의 왕이 된 것으로 변용된다.

불교의 지옥 교설을 가장 상세하고 구체적으로 다루고 있는『정법념처경正法念處經』에서도 지옥의 옥졸 내지 심판관 격인 '염마라閻摩羅'사람이 등장한다. 하지만『정법념처경』에서는 죄인이 심판을 받는 장면은 등장하지 않으며, '염마라' 사람이라는 이름 역시 특정 일인을 지칭하지 않는다.

먼저 첫 번째 장에서는 불교문헌에 등장하는 지옥사상으로 시작하려 한다. 불교문헌 중에 지옥에 대한 교설을 다루는 대표적인 경전으로는 『대지도론大智度論』·『유가사지론瑜伽師地論』·『구사론俱舍論』·『정법념처경正法念處經』·『대아미타경大阿彌陀經』·『관불삼매경觀佛三昧經』 등이 있다. 일본 히에이산 천태교단의 승도僧都 겐신源信이 쓴『왕생요집往生要集』같은 경우는 대문大文 염리에토厭離穢土 제일第一 지옥地獄편에서 10세기말 이전의 불교문헌에서 지옥 교설만을 발췌하여, 그 요체를 골라서 찬술하기도 했다.[3] 이 문헌들 중에서 지옥에 관한 교설을 비교적 자세하게 다루고 있는『구사론』·『정법념처경』·『왕생요집』의 세 경전을 중심으로 지옥에 관한 이야기를 풀어가고자 한다.

『아비달마구사론阿毘達磨俱舍論(이하 『구사론』)』은 제8권 「분별세품」(「세간품」)에서 지옥에 대한 교의를 다루고 있다.『구사론』에서의 8대 지옥의 명칭은 제1지옥이 등활等活지옥, 제2지옥이 흑승黑繩지옥, 제3지옥이 중합衆合지옥, 제4지옥이 호규號叫지옥, 제5지옥이 '대규大叫지옥',

---

3 『왕생요집』에서 주로 인용하고 있는 불교문헌은 ①『정법념처경(正法念處經)』②『정법념경(正法念經)』③『유가사지론(瑜伽師地論)』④『대지도론(大智度論)』(『대론(大論)』) ⑤『구사론(俱舍論)』⑥『우바새계경(優婆塞戒經)』⑦『제경요집(諸經要集)』⑧『관불삼매해경(觀佛三昧海經)』등이다.

제6지옥이 염열炎熱지옥, 그리고 제7지옥이 '대열大熱지옥', 제8지옥이 무간無間지옥이다.

『정법념처경』에서는 제5권에서 제15권까지 「지옥품」에 대해 자세하고 구체적으로 설하고 있다. 『정법념처경』의 8대 지옥명은 1. 활活지옥, 2. 흑승黑繩지옥, 3. 합습지옥, 4. 환喚지옥, 5. 대환大喚지옥, 6. 열熱지옥 7. 아비阿鼻지옥, 8. 무간無間지옥 등이다. 염열지옥 아래에 있는 대열지옥이 빠지는 대신에, 7지옥인 아비지옥 아래에 무간지옥이 자리 잡고 있는 구조이다. 『정법념처경』 같은 경우, 각 지옥을 순회하는 비구의 눈을 빌어, 세간에서 저질러지는 죄업과 그에 대한 지옥고통의 과보를 제3자적 시각으로 관조하는 서술을 통해 인간이 일상에서 무심하게 저지르기 쉬운 업까지도 하나하나 지적한다.

또한 겐신의 『왕생요집往生要集』에서는 지옥을 1. 등활等活 2. 흑승黑繩 3. 중합衆合 4. 규환叫喚 5. 대규환大叫喚 6. 초열焦熱 7. 대초열大焦熱 8. 무간無間의 여덟 가지로 나누고 있다. 『왕생요집』에서는 불교문헌에 수록된 정토사상 관련 교의 중에서 중요한 내용들을 약초略鈔하여 게송과 함께 소개하고 있는데, 이 중에서도 가장 활발하게 인용되고 있는 경전은 『정법념처경』이라고 할 수 있다. 특히 첫 번째, 「염리예토厭離穢土」장에서는 지옥도, 아수라도, 축생도, 아귀도, 인간도, 천도 등의 육도에 관한 여러 경전 내용에서 중요한 부분을 발췌하여 수록했는데, 이 부분 역시 『정법념처경』에서 본문의 중요한 내용을 가져온 것을 알 수 있다.

위의 경전에서 제시하는 8대 지옥들은 각기 거기에 부속되는 별처지옥들을 가지고 있으며, 각 별처지옥마다 업인과 받는 고통이 다르다. 흑승지옥과 대규환지옥에서 별처지옥의 수에 변동이 있는 것을 제외하면, 불교의 지옥 교설은 대체로 8대 지옥과 그에 딸린 16 별처지옥이라는 구도로 형성된다. 경전마다 약간의 차이는 있지만 8대지옥과 16별처지옥의 수를 다 더하면 대략 120개라고 볼 수 있다. 경전마다 약간씩 지옥에 관한 교의와 명명이 다른데, 특히 성립된 시기가 이른 경전일수록 비교적 지옥에 관한 교의와 그 내용이 소략한 것을 볼 수 있다.

아래에 제시된 것이 불교 경전에서 보편적으로 제시하는 8대 지옥과, 각 지옥에 딸린 16별처지옥의 종류이다. 8대 근본지옥은 등활等活지옥, 흑승黑繩지옥, 중합衆合지옥, 규환叫喚지옥, 대규환大叫喚지옥, 초열焦熱지옥, 대초열大焦熱지옥, 아비阿鼻지옥으로 이루어져 있다.

첫 번째 등활지옥의 별처지옥은 다음의 16개로 구성된다.

①시니처屎泥處 ②도륜처刀輪處 ③옹숙처瓮熟處 ④다고처多苦處 ⑤암명처闇冥處 ⑥불희처不喜處 ⑦극고처極苦處 ⑧중병처衆病處 ⑨양철처兩鐵處 ⑩악장처惡杖處 ⑪흑색서랑처黑色鼠狼處 ⑫이이회전처異異廻轉處 ⑬고핍처苦逼處 ⑭발두마만처鉢頭摩鬘處 ⑮파지처陂池處 ⑯공중수고처호中受苦處

두 번째 흑승지옥의 별처지옥은 문헌상 ①등환수고처等喚受苦處 ②전다흑승栴茶黑繩 ③외취畏鷲의 3곳으로 구성되는데, 다른 근본지옥보다 숫자가 적은 점이 특이하다.

세 번째 중합지옥의 별처지옥은 ①대량수고뇌처大量受苦惱處 ②할고처割刳處 ③맥맥단처脈脈斷處 ④악견처惡見處 ⑤단처團處 ⑥다고뇌처多苦惱

處 ⑦인고처忍苦處 ⑧주주주주처朱誅朱誅處 ⑨하하해처何何奚處 ⑩누화출처淚火出處 ⑪일체근멸처一切根滅處 ⑫무피안수고처無彼岸受苦處 ⑬발두마처鉢頭摩處 ⑭대발두마처大鉢頭摩處 ⑮화분처火盆處 ⑯철화말처鐵火末處의 16처로 구성되어 있다.

네 번째 규환지옥의 별처지옥은 ①대후大吼 ②보성普聲 ③발화류髮火流 ④화말충火末虫 ⑤열철화저熱鐵火杵 ⑥우염화석雨炎火石 ⑦살살殺殺 ⑧철림광야鐵林曠野 ⑨보암普闇 ⑩염마라차약광야閻魔羅遮約曠野 ⑪검림劍林 ⑫대검림大劍林 ⑬파초연림芭蕉烟林 ⑭유연화림有煙火林 ⑮화운무火雲霧 ⑯분별고分別苦 등으로 이루어져 있다.

다음 다섯 번째 대규환지옥의 별처지옥은 ①후후吼吼 ②수고뇌무유수량受苦無有數量 ③수견고뇌불가인내受堅苦惱不可忍耐 ④수의압隨意壓 ⑤일체암一切闇 ⑥인암연人闇煙 ⑦비충타飛虫墮 ⑧사활등死活等 ⑨이이전異異轉 ⑩당희망唐悕望 ⑪쌍핍뇌雙逼惱 ⑫질상압迭相壓 ⑬금강취조金剛嘴鳥 ⑭화만火鬘 ⑮수봉고受鋒苦 ⑯수무변고受無邊苦 ⑰혈수식血髓食 ⑱십일염十一炎 등으로 이루어져 있다.

여섯 번째 초열지옥의 별처지옥은 ①대소大燒 ②분다리가分茶梨迦 ③용선龍旋 ④적동미니어선赤銅彌泥魚旋 ⑤철확鐵鑊 ⑥혈하표血河漂 ⑦요골수충饒骨髓虫 ⑧일체인숙一切人熟 ⑨무종몰입無終沒入 ⑩대발두마大鉢頭摩 ⑪악험안惡嶮岸 ⑫금강골金剛骨 ⑬흑철승표인해수고黑鐵繩摽刃解受苦 ⑭나가충주악화수고那迦虫柱惡火受苦 ⑮암화풍闇火風 ⑯금강취봉金剛嘴蜂 등의 16개가 있다.

일곱 번째 대초열지옥의 별처지옥은 ①일체방초열처一切方焦熱處 ②

대신악후가외지처大身惡吼可畏之處 ③화계처火髻處 ④우사화雨沙火 ⑤내비
열內沸熱 ⑥타타타제吒吒吒嚌 ⑦보수일체자생고뇌普受一切資生苦惱 ⑧비다
라니鞞多羅尼 ⑨무간암無間闇 ⑩고만처苦鬘處 ⑪우루만두수雨縷鬘抖擻 ⑫만
괴오처鬘塊烏處 ⑬비고후처悲苦吼處 ⑭대비처大悲處 ⑮무비암처無悲闇處 ⑯
목전처木轉處 등으로 되어 있다.

마지막 여덟 번째 아비지옥의 별처지옥은 ①조구鳥口 ②일체향지一切
向地 ③무피안상수고뇌無彼岸常受苦惱 ④야간후野干吼 ⑤철야간식鐵野干食
⑥흑두黑肚 ⑦신양身洋 ⑧몽견외夢見畏 ⑨신양수고身洋受苦 ⑩양산취兩山聚
⑪염파파도閻婆叵度 ⑫성만처星鬘 ⑬고뇌급苦惱急 ⑭취기복臭氣覆 ⑮철섭鐵鍱
⑯십일염十一焰으로 이루어져 있다.

근본 8대지옥과 그에 딸린 각각의 별처지옥들의 이름을 보면 그 안
의 지옥중생들이 겪게 되는 고통의 내용들을 짐작할 수 있다. 각 지옥
들의 이름은 인도에서 전래된 경전을 한어로 번역하면서 산스크리트
어 발음을 음역한 것도 있지만, 원어의 의미를 살려 한역한 것이 대부
분이다.

'지옥'이라는 일반명사로서 가장 흔히 등장하는 것이 '나락가捺落迦'이
다. 이는 '고통이 있는 곳苦具' 내지 '자유롭지 못한 곳不得自在'이라는 의
미의 산스크리트어 'Naraka'를 한어로 음역한 것이며, 이것이 한어로
'地獄'으로 번역된 것이다. 간혹 경문에서 염마라閻摩羅로 부르는 경우
도 있는데, 이는 명계의 왕인 야마[閻魔; 閻羅]가 다스리는 세계라는
의미에서 지옥으로 의미가 전변된 것으로 생각된다. 경문에서 지옥의
옥졸들을 '염마라 사람들'로 부르는 것이 그러한 사례에 해당될 것이

다.

또한 경전마다 근본지옥의 명칭과 종류가 다르고, 심지어 별처지옥의 숫자와 종류가 다른 경우도 많다. 이는 경전이 성립된 시기에 따라 지옥사상이 조금씩 변화해갔으며, 전반적으로 지옥과 관련된 교의와 서사가 확장되어 갔음을 말해준다.

또한 앞에서 서술한 팔대 지옥과 그에 딸린 별처지옥들이 주로 뜨거운 것에 의해 고통을 겪는 이른바, 팔열八熱지옥인 것에 반해, 팔한八寒지옥이라는 것도 있다. 하지만 『왕생요집』에서도 팔한지옥을 생략하고 있는 것에서 알 수 있듯이 동아시아불교에서는 팔대 지옥=팔열 지옥으로 보편화되어 있다. 따라서 팔한지옥에 대해서는 여기서 간단하게 설명하고 넘어가고자 한다.

팔한지옥이 상대적으로 소외되고 있는 이유는 불교경전들이 유통되는 지역 사람들이 팔열지옥을 훨씬 더 체감하기 쉬웠기 때문일 것으로 짐작한다. 알래스카나 시베리아 같은 혹한의 지역에 살지 않는 아시아 지역의 불교도들에게는 열에 의해 받는 고통이 훨씬 더 절실하게 느껴지지 않았을까. 인도 여름의 더위나, 중국의 남방, 일본의 유황냄새 나는 온천과 화산은 팔열지옥의 상상력을 훨씬 쉽게 수용하게 했으리라 짐작해본다.

이 팔한지옥은 팔열지옥과 마찬가지로 4대주 중에서 남섬부주 아래에 위치해 있다. 『구사론』에서는 남섬부주 형태가 마치 피라미드처럼 아래로 내려갈수록 넓어지기 때문에 그 아래에 팔열지옥과 팔한지옥을 수용할 수 있다고 설명한다. 또한 『아비달마순정리론』에 의하면, 이 팔한지옥은 4대주 윤위산을 둘러싼 극한의 어둠 속에 있으며, 항상 차고 매서운 바람이 불어와 사방으로 부딪치고 휘감는다고 한다.

그렇다면 팔열지옥의 맞은편에 있는 팔한지옥은 또 어떤 고통과 업인을 배경으로 존재하게 된 것일까? 먼저 『구사론』에서 얘기하는 팔한지옥의 이름부터 정리해보면, 첫째, 알부타지옥(頞浮陀地獄, arbuda), 둘째, 니라부타지옥(尼剌部陀地獄, nirabuda)지옥. 셋째, 알찰타지옥(頞哳陀地獄, atata)지옥, 넷째, 학학파지옥(郝郝婆地獄, hahava) 또는 확확파臛臛婆 지옥, 다섯번째, 호호바지옥(虎虎婆地獄, huhuva)지옥, 여섯번째, 올발라지옥(嗢鉢羅地獄, utpala), 일곱 번째, 발특마지옥(鉢特摩地獄, padma), 여덟 번째, 마하발특마지옥(摩訶鉢特摩地獄, mahapadma)이다.

『불설법집명수경佛說法集名數經』에서는 이 지옥들의 한역漢譯명을 각각 1.포지옥皰地獄, 2.포열지옥皰烈地獄, 3.호호범지옥虎虎凡地獄, 4.하하범지옥哱哱凡地獄, 5.아타타지옥阿吒吒地獄, 6.청련화지옥青蓮花地獄, 7.홍련화지옥紅蓮花地獄, 8.대홍련화지옥大紅蓮花地獄으로 기록하고 있다.

이 팔한지옥의 한역漢譯 명칭에서는 죄인들이 추워서 천연두[皰]가 생기고 몸이 부어터져서 부스럼과 문둥병이 생기며, 추위 탓에 소리를 낼 수 없어 혀끝만 움직이다가 괴상한 소리를 내는 고통의 양상이 나타난다. 또한 청련(utpala)이나, 홍련(padma) 등의 꽃 이름이 지옥에 붙은 것은 추위에 동상이 걸린 것이 극심해서 푸른색, 붉은색으로 피부색이 변하고 연꽃모양으로 피부가 짓물러 터지는 고통을 표현한 것으로 보인다.

『구사론』「분별세품」제11권에서는 이 팔한지옥, 즉 극한極寒날락가의 수명에 대해서 "1마바하麻婆訶[4]를 담을 수 있는 그릇에 참깨를 가득 부어놓고, 백 년에 하나씩 깨알을 집어내서 다 비우는 시간"이라고 설명하고 있다. 이는 첫 번째 지옥인 알부타에 해당되며, 그 다음 지옥들은 순차적으로 20배씩 수명이 늘어나게 된다. 분명히 지옥에 머무는 시간의 끝은 있지만, 아마 그 지옥에 있는 죄인들에게는 영원으로 느껴질 고통의 시간일 것이다.

하지만 『근본설일체유부비나야』에서는 지옥죄인들이 이 무서운 팔한지옥의 고통을 쉴 수 있는 구원의 길을 제시해주고 있으니, 바로 불타의 광명이다. "팔한지옥에서 불타의 광명을 만나면 모두 따뜻해져서 이들 중생이 가진 고뇌가 모두 그치게 되어 고통을 면하게" 된다는 것이다. 모든 지옥에서 보편적으로 나타나는 어둠이 죄업과 그에 따른 과보의 고통을 상징하듯, 불타의 광명은 죄업을 소멸시키는 자비의 원력임을 보여주는 구도라 하겠다.

1) 첫 번째 근본지옥: 살생을 좋아하는 자, 등활等活지옥으로!

첫 번째 등활等活지옥(혹은 활活지옥)은 이 염부제 아래 일천 유순由旬[5]이 되는 곳에 있으며, 그 면적이 일만 유순이라고 한다. 이 등활지옥

---

4 婆訶는 그릇의 이름이다. 麻婆訶는 참깨를 담는 그릇이라는 의미.
5 由旬(踰繕那)은 산스크리트어 yojana(योजन;)를 한역한 것으로 고대 인도의 길이의 단위이다. 고대 인도에서는 도량형이 통일되어 있지 않았으며, 엄밀하게 1유순이 몇 미터인지는 정의할 수 없지만, 일반적으로 약 11.3km-14.5km 전후이다.

안의 죄인들은 항상 서로를 해치려는 마음을 품고 있으며, 마주치기만 하면 마치 사냥꾼이 사슴을 만난 것처럼 서로 쇠 손톱으로 붙잡고 할 퀸다. 싸움이 끝나고 피와 살이 다 없어진 채로 죄인들이 뼈만 남게 되면 이 등활지옥의 옥졸이 쇠갈퀴로 땅을 치면서 "살아나라, 살아나라"하고 노래를 부른다. 죄인이 다시 살아나면 이번에는 옥졸이 쇠몽둥이를 들고 머리부터 발까지 두루 때리고 다져서 그 몸이 마치 모래처럼 부서지게 된다. 어떤 경우에는 마치 요리사가 어육을 죽이듯 예리한 칼로 죄인의 몸을 조각조각 도려낸다. 죄인은 이러한 고통을 겪고 나서 죽었다가도 서늘한 바람이 불어오면 다시 살아나서 끊임없이 고통을 받게 된다.

『정법념처경』에 의하면 선한 일을 하는 자나, 계율행을 잘 하는 자를 죽이거나, 명백한 의도를 가지고 살생하거나, 살생 후에도 참회함이 없이 계속 저지르고, 심지어 살생을 자랑하고, 다른 이에게 시키고, 살생하는 법을 가르치기까지 하는 자가 이 등활지옥에 떨어지게 된다고 한다.

이 등활지옥이 '살생'의 업과 관련이 있으리라는 점은 살아난다는 의미의 '활活'자가 붙은 지옥 이름에서도 짐작해 볼 수 있다. 살생을 즐겨하는 자가 떨어지는 지옥이기에, 온전히 죽지 못하고 끊임없이 다시 살아나게 되고, 극한의 고통이 반복되는 형태로 이어지는 것이다.

살생하는 업에도 상·중·하의 차등이 있어서, 등활지옥에서 받게 되는 고통에도 그 업에 상응하는 상·중·하의 차별이 있게 된다. 악업의 과보를 받는 시간과 장소에도 이러한 차별이 있어서 이 등활지옥에 들어온 죄인이 고통을 받게 되는 총량과 공간이 각각 다르다. 이를테면 과보의 경중에 따라 등활지옥 내의 한 곳에서 받게 될 수도 있고, 이곳 저곳 돌아가며 겪는 것도 모자라 등활지옥의 네 문 밖에 있는 별처지옥을 순회하며 고통을 받을 수도 있는 것이다.

그렇다면 이 등활지옥에 떨어진 죄인이 견뎌야 하는 고통의 기한은 얼마나 될까. 인간의 오십 년이 사천왕의 하루 밤낮에 해당되는데, 그 사천왕의 수명은 오백세이다. 사천왕천의 수명은 이 등활지옥의 하루 밤낮에 해당되며, 등활지옥의 수명은 오백 세라고 한다. 결국 오십년 곱하기 오백세에 다시 오백세를 더한 시간이 등활지옥의 수명이 되는 것이다.

이 등활지옥의 네 문 밖에는 또 16개의 별처지옥이 있는데, 먼저 시니처屎泥處와 도륜처刀輪處, 두 지옥에 대해서 설명하기로 한다. 첫 번째, 시니처 지옥은 이름 그대로 똥으로 고통을 겪게 되는 똥지옥이라고 할 수 있다. 뜨겁게 달구어진 쇠가 들어 있는 극열極熱의 똥이 시니처 지옥에 가득 차 있는데, 그 똥은 극도로 쓴맛이 나고, 금강처럼 단단한 부리를 가진 벌레들이 우글거린다. 죄인들이 이 뜨거운 똥을 다 먹으면 똥 속의 모든 벌레들이 한꺼번에 몰려들어 다투어 죄인을 먹는데, 살가죽을 찢고 살을 씹으며, 뼈를 부러뜨려서 골수를 마신다. 과거에 새나 사슴 같은 동물들을 많이 죽인 자가 이 지옥에 떨어지게 된다고 한다.

두 번째 도륜처 지옥은 철벽이 10유순의 높이로 둘러싸고 있으며, 맹렬한 불이 항상 이글이글 그 안에 가득 불타고 있는데, 몸에 닿기만 해도 불덩이가 겨자씨처럼 부서지고 흩어져서 사람을 태우고 찢는다. 인간세계의 불은 도륜처 지옥의 불에 비하면 마치 눈처럼 서늘하게 느껴질 정도라고 한다.

또한 그 지옥 안에는 도엽림刀葉林이라는 숲이 있는데, 칼날잎[刀葉]이라는 이름 그대로 무척 예리한 칼날이 비처럼 내리는 곳이다. 이 도륜처 지옥의 죄인들도 칼과 불에 의해 몸이 찢기고 태워지면서도 악업의 과보로 인해 다시 살아나서 끊임없이 온갖 고통을 되풀이해서 받게 된다. 과거에 남의 재물을 탐내어 칼로 살생하고, 그 죄를 참회하지 않으며, 또 남에게 살생을 교사하여 그 악업을 다른 이에게까지 늘리고 뒤집어씌운 자가 이 지옥에 떨어지게 된다.

등활지옥의 세 번째 별처지옥은 옹숙처瓮熟處로서 죄인을 잡아 쇠솥단지에 넣고서 마치 콩 볶듯 지져대기 때문에 붙여진 이름이다. 전생에 털 달린 짐승을 죽이고, 그것을 먹기 위해 불에 그슬리거나, 뜨거운 물에 산 채로 집어넣어서 털을 뽑아 요리해서 먹은 자가 이 지옥에 떨어지게 된다고 한다.

네 번째는 다고처多苦處로서 전생에 남을 포박하여 가두고 몽둥이로 때린 사람, 다른 사람을 먼 전쟁터로 징발해 보내서 죽게 한 사람, 다른 이를 험준한 곳에서 떨어뜨려 죽게 한 사람, 연기를 쐬게 해서 질식시키는 고통을 준 사람, 어린아이를 겁박한 사람 등, 이처럼 여러 가지 방식으로 남을 괴롭히고 고통을 준 사람이 모두 이 지옥에 떨어지게 된다. 다고처라는 이름에 어울리게 그야말로 다양한 방식으로 고통을 겪게 되는 곳인데, 그 양상을 보면 인류사에 등장하는 온갖 고문의 방법들이 혹시 이 지옥 관련 경전들에서 배운 것이 아닌가 싶을 정도로 잔혹한 내용들이 많다.

일례로 불로 죄인의 수염을 두루 지지고, 머리털을 뽑거나, 독충을 풀어 온몸을 물어뜯게 하기도 한다. 혹은 죄인을 물속에 담가두기도 하며, 물 젖은 옷을 얼굴에 씌우고 입을 막기도 한다. 그 밖에 죄인을 때려서 온몸이 붓게 만들고, 부어 있는 상태에서 또 때리거나, 혹은 노끈으로 묶고 아주 높은 곳에서 매달았다가 땅에 떨어뜨리기도 한다.

다섯 번째, 암명처 지옥은 외도外徒[6]들이 산 짐승을 죽여 희생물로 바치는 의례와 관계가 있는 것으로 보인다. 양의 입과 코를 막아 질식시켜서 죽인 자, 거북이를 두 벽돌 사이에 넣고 압살시킨 자가 그 살생의 업으로 인해 이 지옥에 떨어진다고 한다. 이러한 것은 고대 인도의 희생제사를 지내기 위해 동물을 도살하는 방식과 관련이 있는 것으로 보인다. 붓다는 살아 있는 동물을 죽여서 바치는 제사의식에 대해 분명하게 반대했으며, 초기불교의 계율 중에서도 불살생계는 첫 번째에 자리할 정도로 중요한 계율이었다. 따라서 불교 경전의 저자들이 이교도들의 동물 희생제의에 대해 어떤 시각으로 바라보았을지는 분명하다. 살생의 죄업에 더하여, 사견邪見을 일으키는 외도에 대한 부정적 시각이 중첩되어서 어둠 속을 헤매는 고통까지 더해지는 것이 이 지옥의 특징이다. 어둠은 무명無明, 즉 무지를 상징하기 때문에, 이 암명처

---

6 불교문헌에서 외도는 붓다의 가르침, 즉 정견(正見)을 따르지 않고, 삿된 견해[邪見]를 가지고 있는 이교도를 지칭하는 개념이다. 불교의 입장에서 볼 때, 붓다와 비슷한 시기에 베다 전통에 반기를 들면서 활동했던 사상가들 역시 외도에 속한다고 할 수 있다.

지옥의 불은 열과 빛을 함께 가지고 있는 사바세계의 불과는 달리 뜨거운 고통을 주되, 빛이 없는 열 그 자체일 뿐이다.

이 암명처지옥의 죄인들은 어두움 때문에 서로 볼 수 없고, 거칠고 사나운 바람에 휩쓸려 모래처럼 흩어지며, 항상 뜨거운 열풍이 마치 날카로운 칼로 베듯이 죄인들의 몸에 쐬게 된다. 또한 전생에 양의 입을 틀어막고, 벽돌로 거북이를 눌렀던 죄업 때문에 목마름과 배고픔에 비명을 질러도 소리가 나오지 않는다고 한다.

이 암명처 지옥의 죄인들은 온몸의 털에 불이 붙어서 스스로를 태우는 고통을 받아야 하는데, 이러한 업인은 모두 마음의 원숭이가 짓는 것이라 한다. 마음의 원숭이는 번뇌의 산에 살면서 견고한 교만으로 솟은 봉우리로 다니고, 거만의 숲에서 노닐며, 분노의 굴에 머무른다. 질투의 과일을 따먹고, 사견의 바위를 딛고 다니며, 애욕의 강물에 떠다니다가 결국 업을 지어서 온몸을 불로 태우는 과보를 받게 되는 것이다.

한편 이슬람의 꾸란에서는 불신자와 이교도에 대한 지옥행의 선언이 무척 강렬하게 표현되고 있다. 유일신 알라를 부정하는 불신자들에게는 펄펄 끓는 물이 부어지고, 마실 것은 오직 피고름, 내장을 녹일 만큼 뜨거운 물, 더러운 오물샘 뿐(꾸란78:24-25)이라고 선언한다. 또한 지옥의 사람들은 마치 사탄의 머리처럼 생긴 자꿈(jaqum)나무 열매를 먹게 되는데, 그 가시 돋친 열매를 먹는 즉시 내장이 갈가리 찢기게 된다고 한다. 이교도에 대한 이슬람의 시각은 "너회 불신자들과 하나님 외에 다른 것을 숭배한 자들은 지옥의 땔감이 될 것이다(꾸란21:98)"

라는 한 마디로 집약된다. 이처럼 경전 속 메시지에 대한 인간들 각자의 해석으로 인해 끊임없이 유혈충돌이 일어나는 현상들을 보며, 지옥을 가져오는 주체가 누구인지에 대해 다시 한 번 사유하게 된다.

『장아함경』제19권 제4분 「세기경」 지옥품에서는 8대 지옥 중 첫 번째 지옥의 이름을 활지옥이 아닌 상想지옥으로 부르고 있다. 왜 그 지옥에 이런 이름이 붙게 된 것일까? 그곳의 지옥 중생들은 고통 끝에 자신이 이미 죽었다는 상(想; 생각)을 내는 순간, 다시 살아났다는 상이 저절로 이어지게 되면서 실제로 살아나 또다시 기나긴 고통의 시간이 반복되기 때문이다.

또한 여섯 번째와 일곱 번째 별처지옥의 이름도 각각 일동부一銅釜와 다동부多銅釜지옥으로 다르다. 일동부지옥에서는 옥졸들이 죄인이 도착하는 즉시 붙잡아 물이 끓고 있는 가마솥 안으로 거꾸로 던진다. 죄인들은 솥 안에서 끓는 물을 따라 오르락 내리락 하면서 마치 콩이 삶아지듯이 안팎으로 익게 된다. 이런 고통을 겪고도 아직 죄업이 남아 있어 여전히 죽지도 못한 죄인들이 허겁지겁 달려가는 곳이 바로 다음 일곱 번째 다동부지옥이다. 다동부지옥은 그 이름에서도 알 수 있듯이, 이전에는 하나의 구리솥[銅釜]에서 고통을 받다가, 이제는 옥졸들이 끓는 물에 솟아오른 죄인을 다른 여러 솥으로 번갈아 내던지며 튀겨 익힌다는 점에서 차이가 있다.

한편 『증일아함경』제36권 「팔난품八難品」에서는 이 활지옥을 환활還活品지옥으로 부르고 있으며, 그 명명의 의미는 다른 경전과 대동소이하다. 하지만 『정법념처경』 등에서 8대 지옥 각각에 배속된 16별처지옥의 이름을 달리 부르고, 그 고통의 양상 역시 다르게 얘기하고 있는데 비해, 『증일아함경』에서는 통틀어 16개의 별처지옥명만 적고 있다. 이는 후대의 경전으로 갈수록 지옥에 관한 교의가 정밀해지고, 다양하게 확장된 것으로 볼 수 있는 대목이다. 그렇다면 아함부 경전들보다 후대에 성립된 『정법념처경』에서는 활지옥과 그 별처지옥에서의 고통을 어떻게 변형시키고 확장했을까?

『정법념처경』에서는 활지옥의 여섯 번째와 일곱 번째 별처지옥을 각각 불희처不喜處와 극고처極苦處지옥으로 부르고 있다. 여섯 번째 불희처지옥은 대화염이 주야로 타고 있는 곳을 말한다. 이 지옥에는 부리로 불을 뿜는 새, 개와 여우가 있는데, 그 울부짖는 소리가 극히 흉악하고 공포스럽다. 죄인을 보면 바로 달려와서 피가 낭자하게 뼈와 살을 씹어 먹는다고 한다. 또한 금강충이라는 벌레가 죄인의 몸에 파고들어 뼈 속으로 드나들면서 골수를 먹는다.

이 불희처는 살생의 업과 관련된 지옥으로서, 사냥할 때 조가비를 불거나, 큰 북 등을 울리면서 겁에 질린 짐승들을 몰아 사냥했던 이들이 가게 되는 곳이다. 바로 전생에 그가 죽인 새와 짐승들이 죄인의 몸을 뜯어 먹으며, 온갖 소름 끼치는 소리를 내면서 죄인의 청각을 고통스럽게 하는 것이다. 이 불희처 지옥에 떨어진 죄인은 설령 죄업의 고통을 다 받은 후에 이전에 지은 작은 선업이 익어서 인간으로 태어나더라도 평생 악담과 해로운 소리를 듣게 되며, 기쁨을 느끼지 못하고 살게 된다고 한다.

다음 일곱 번째 극고처는 두터운 번뇌와 깊은 원한을 가지고 악업을 저지른 이가 떨어지게 되는 곳으로 항상 쇠불이 타고 있는 지옥이다. 극고처 지옥의 죄인은 뜨거운 쇠불로 인해 고통을 받다가, 벼랑 밑에 있는 쇠갈고리와 불 속으로 떨어지게 된다. 이런 쇠불의 고통이 마치 인간의 번뇌처럼 밤낮으로 쉼 없이 이어지는 것이 극고처 지옥의 특징이다.

이제까지 등활지옥의 일곱 개 별처지옥들을 다루었는데, 나머지 별처지옥들인 중병처衆病處, 양철처兩鐵處, 악장처惡杖處, 흑색서랑처黑色鼠狼處, 이이회전처異異廻轉, 고핍처苦逼處, 발두마만처鉢頭摩鬘處, 파지처陂池處, 공중수고처空中受苦處 등의 아홉 개 별처지옥에 대해서는 대부분의 경전에서 자세히 서술하지 않고 있다.

『정법념처경』에서는 이러한 지옥의 고통에 떨어지지 않는 해결책으로서 '업의 과보를 분명히 아는 것'을 제시한다. 지옥의 고통을 치밀하게 관조함으로써 지옥으로 떨어지게 되는 업인과 그에 따른 과보를 분명히 알아야 한다는 것이다. 이는 또한 우리 인간들이 경전의 지옥 서사를 읽고 또 새겨야 하는 이유이기도 하다.

2) 흑승黑繩지옥: 도둑질의 업을 지은 자, 검은 오랏줄의 고통을

이번에는 8대 근본지옥 중 등활지옥의 바로 다음에 있는 흑승黑繩지옥에 대한 얘기를 시작하고자 한다. 흑승지옥은 말 그대로 검은 오랏줄과 관련된 지옥으로서, 등활지옥의 아래에 있으며, 그 면적은 등활지옥과 같다. 모든 지옥들이 그렇듯이 이 흑승지옥에도 정해진 수명이 있다. 인간의 일백 세는 도리천忉利天의 하룻밤인데 그 도리천의 수명은 일천 세이다. 이 도리천의 일천 세 수명이 흑승지옥의 하룻밤이다. 이 흑승지옥의 수명은 일천 세인데, 전생에 자신과 처자를 위해 살생하고 도둑질을 했던 자가 이 지옥에 떨어지게 된다고 한다.

이 흑승지옥에서는 죄인을 잡아서 뜨거운 쇠로 된 땅에 눕히고, 뜨거운 쇠오랏줄로 종횡으로 몸을 묶어서 뜨거운 쇠도끼로 오랏줄을 따라 쪼갠다. 그 몸을 톱으로 나누고, 칼로 저며서 수백 수천 조각으로 만들어 곳곳에 뿌린다. 또는 뜨거운 쇠오랏줄을 매달아 가로로 무수히 교차해 놓고 죄인들을 몰아 그 안에 집어넣는다. 악한 바람이 사납게 불면 죄인의 몸을 얽어서 그 살과 뼈를 끝도 없이 태운다.

흑승지옥 역시 기본적으로 16개의 별처지옥을 가지고 있지만 경전에서 주로 설명하고 있는 것은 ①등환수고처等喚受苦處 ②전다흑승처栴茶黑繩處 ③외취처畏鷲處의 세 지옥이다. 등환수고처等喚受苦處지옥은 높이가 끝간데 없는 험준한 산에 걸려 있다. 죄인은 이 지옥 안의 뜨거운 불에 태워지면서 끊임없는 고통에 시달리게 된다. 먼저 죄인은 뜨거운 검은 오랏줄로 묶인 후에 날카로운 쇠칼이 있는 뜨거운 땅으로 떨궈진다. 그 다음에는 뜨거운 쇠이빨을 가진 개에게 잡아먹히면서 온몸이 조각조각 갈라진다. 살려달라고 소리를 지르고 아우성을 쳐봐도 아무도 죄인을 구하러 오는 자가 없다.

『정법념처경』에서는 전생에 악한 사견에 의지하여 설법한 자, 그가 가르치는 교의가 진실하지 않고, 바른 계율에 의거하지 않는 자, 특히 벼랑에 떨어져 자살한 자 등이 이 지옥에 떨어진다고 설하고 있다. 이 등환수고처 지옥의 업인에서도 외도의 사견에 대한 경계 의식이 드러나고 있으며, 특히 자살을 악업으로 인식하는 불교의 생명관을 보여주는 대목이기도 하다.

흑승지옥에 외취처外驚處라 하는 또 다른 별처지옥이 있는데, 이곳은 노기등등한 옥졸이 죄인을 쫓아다니며 몽둥이로 때리는 지옥이다. 이 외취처 지옥에서는 손에 뜨거운 쇠칼과 쇠뇌, 화살을 든 옥졸이 밤이나 낮이나 죄인을 쫓아다니면서 베고, 때리며 쏜다. 전생에 재물을 탐하여 사람을 죽이고, 포박하고, 다른 이의 먹을 것을 빼앗은 자가 이 지옥에 떨어진다고 한다.

『정법념처경』에서는 흑승지옥에 관한 장에서 자신의 처자식을 먹여 살린다는 핑계로 죄의식 없이 다른 이들의 생존을 위협하면서까지 재물을 탐하는 인간들에 대해 다음과 같은 게송으로 경고하고 있다.

처자를 위해 악업을 짓고
이 지옥에 와서 고통을 받지만
처자도, 그 재물도
지인도 구원해주지 못한다.

3) 사음邪淫의 죄를 지은 자들이 떨어지는 중합衆合지옥

이제는 흑승지옥의 아래에 위치하고 있으며, 8대 근본지옥 중에서 세 번째에 해당되는 중합衆合지옥에 대해 얘기해보고자 한다. 먼저 중합지옥의 명칭에 대해서는 경전마다 차이가 있는데, 『정법념처경』에서는 이 지옥의 이름을 '합合지옥'으로 적고 있으며, 『왕생요집』에서는 이지옥을 '중합지옥'으로 부르고 있다. 중합지옥이라는 이름을 문자 그대로 해석하면 '여러 가지 합合지옥'이라는 의미일 것이다.

중합지옥은 가로세로의 면적이 흑승지옥과 같으며, 많은 철산이 짝을 지어 마주 보고 있다고 한다. 소머리 혹은 말머리를 한 옥졸들이 손에 몽둥이를 쥐고서 죄인들을 산 사이로 몰아넣고는 두 산을 당겨서 압박하면 죄인들의 몸이 꺾이고 부서지며, 피가 온 땅에 낭자하게 흐른다. 어떤 철산은 공중에서 죄인들에게로 떨어져 마치 몸이 모래처럼 부서지게 된다. 이때, 극히 사나운 지옥 귀신과 뜨거운 철사자, 호랑이, 이리 등의 여러 짐승과 까마귀, 독수리 등의 새가 다투어 와서 죄인들의 뼈와 살을 먹는다.

이 지옥에는 큰 강이 있는데 그 안에는 쇠갈고리가 항상 불타고 있다. 옥졸이 죄인을 들어 그 강물에 던지면 쇠갈고리 위에 떨어진다. 또한 그 강 속에는 뜨거운 붉은 구릿물이 가득 차 있고, 그 안에 죄인들이 잠겨서 흘러 다닌다. 그 강물 속에서 몸이 해처럼 떠오르는 자도 있고, 혹은 무거운 돌처럼 가라앉는 자도 있으며, 손을 들어 하늘을 향해 소리쳐 우는 자도 있고, 죄인들끼리 함께 가까이 모여 울기도 하지만, 이토록 오랫동안 큰 고통을 받아도 아무도 구해줄 이가 없다.

한편 『장아함경』에서는 이 중합지옥을 퇴압堆壓지옥으로 부르고 있는데, 이는 이 지옥의 죄인들이 산이나 무거운 돌 등에 의해 짓뭉개지고 부서지는 고통을 당하기 때문에 붙여진 이름인 것으로 생각된다. 이 퇴압지옥에는 큰 돌산이 마주보고 있으며, 그 사이에 죄인들을 몰아넣고 두 산이 저절로 합해지면서 몸을 짓눌러 뼈와 살을 모두 부숴버리고 나면 두 산이 다시 원래의 위치로 돌아간다. 『왕생요집』에서는 이 부분에서 돌산이 아닌 철산으로 묘사하고 있으며, 그 밖의 고통의 양상을 서술한 내용은 거의 『장아함경』과 유사하다.

이 퇴압지옥의 또 다른 고통으로는 온몸이 불타고 있는 큰 쇠코끼리가 괴성을 지르며 달려와 죄인들을 짓밟는 것이 있다. 다음으로 이 지옥의 죄인들은 옥졸들이 맷돌 안에 놓고 마치 곡식을 가는 것처럼 몸을 부수는 고통도 당하게 된다. 이 무지막지한 옥졸들은 다시 죄인을 잡아다가 큰 돌 위에 눕히고, 그 위에 큰 돌로 누르는 고통을 가하기도 하며, 쇠절구에 죄인을 넣고 찧기도 한다. '퇴압堆壓'이라는 이름에서 짐작할 수 있듯이 죄인의 몸을 누르고, 으깨고, 짓눌러서 부수는 것이 이 지옥의 특징이라 할 수 있다. 또한 다른 8대지옥과 마찬가지로 이 퇴압지옥에서도 몸은 다 부서져도 죽지 않기 때문에 끝없이 그 고통을 당하게 된다.

『장아함경』에서는 이 퇴압지옥으로 떨어지게 되는 업인에 대해 단지 '죄업'이라고 할 뿐 자세히 밝히지는 않고 있다. 한편 『증일아함경』에서는 죄인들이 모두 모여 서로 목을 베지만 죽지 않고 다시 살아나서 고통을 받는 세 번째 근본지옥을 '등해等害지옥'으로 부르고 있다. 이 경에서는 소나 염소를 잡은 인간이 이 등해지옥에 떨어진다고 밝히고 있는데, 이는 아마도 도살의 업을 지으면 그 축생들이 겪은 고통을 그대로 재현하여 받게 된다는 경고의 의미이리라 생각된다.

앙코르와트 제1회랑의 측벽에는 힌두의 신들과 신화, 천국과 지옥이 부조로 묘사되어 있는데, 그 중 불교 경전의 지옥 관련 교설과 상당부분 유사성을 보여주는 '32지옥도'가 남아있다. 화면에 새겨진 32지옥 중에서 유그마파르바타(Yugmaparvata)지옥을 보면 두 개의 산 사이에 끼워진 두 사람과 옥졸들이 묘사되어 있어서 바로 이 퇴압지옥을 묘사한 것임을 알 수 있다.

『정법념처경』에서는 도둑질과 살생, 그리고 삿된 음행을 많이 행한자가 바로 이 합지옥으로 떨어진다고 한다. 이러한 업인의 구조는 아래로 내려갈수록 받게 되는 징벌과 고통이 커지는 지옥의 교의상, 하부의 지옥으로 가면서 차근차근 중첩되는 형태로 나타난다. 다시 말해, 첫 번째, 등활지옥의 업인이 살생이었다면, 두 번째 흑승지옥의 업인은 살생과 도둑질, 그리고 세 번째 중합지옥의 업인은 살생, 도둑질, 음행이 되는 방식으로 점차 업인이 확장되어 간다는 것이다. 자세히 들여다보면 지옥에 떨어지게 되는 업인의 내용이 불교의 기본 계율구조와 맥락을 같이하는 것을 이해할 수 있을 것이다.

『정법념처경』에서 묘사하는 합지옥의 기본적인 고통의 양상은 『장아함경』에서 설하는 퇴압지옥과 상당 부분 겹치지만, 일부 새로운 내용도 추가되는 것을 볼 수 있다. 합지옥에는 도엽림 즉, 칼잎의 숲이 있는데, 불꽃이 이글대는 칼잎의 나무 위에는 아름답게 꾸민 여자가 앉아있다. 애욕을 참지 못한 죄인들이 여인을 향해 허겁지겁 나무를 올라가면 그 칼잎들이 저절로 아래쪽을 향해 숙이며 죄인들의 몸을 찌르고 저민다. 그러한 고통에도 불구하고, 욕망에 휩싸인 죄인이 피가 낭자한 채로 나무 위로 올라가면 어느새 그 여인은 아래쪽에서 죄인을 향해 웃으며 유혹한다. "당신을 그리며 이곳까지 힘들게 왔는데, 어찌하여 제게로 와서 안아주지 않는 건가요?"

다시 애욕이 불타오른 죄인이 서둘러 아래로 내려가기 시작하면 칼잎은 다시 스르르 위를 향하며 죄인의 몸을 난도질한다. 근육과 살이 다 베이고 너덜너덜 헤진 채로 뼈가 드러난 죄인이 땅에 내려오면 그 여인은 어느새 다시 나무 위로 올라가 있다. 이렇게 끝없이 실체도 없는 여인을 좇아 오르내리게 되는 것은 죄인이 지닌 애욕의 업력 때문이며, 그렇게 제 마음에 속아 지옥의 고통 속을 헤매고 다니는 것이다.

이 합지옥 안에는 취편驚遍이라는 산이 있는데, 고통을 당하던 죄인들이 배고픔과 목마름을 해결하기 위해 그곳으로 달려가면 불꽃부리를 가진 커다란 솔개가 이들을 맞이한다. 그 솔개는 구원을 찾아 달려오는 죄인들을 붙잡아 머리와 눈알을 먹은 후에 두개골을 부수어 골수를 꺼내 마시고는 아무 데나 던져 버린다. 머리와 눈이 없는 상태로 다시 빠져나갈 곳을 찾아 합지옥의 이곳저곳을 헤매던 죄인은 전생에 지은 죄의 업력 때문에 다시 거대한 솔개의 뱃속으로 들어가 화인火人이 된다. 마치 좀비에 물린 사람이 바로 좀비가 되듯이, 솔개 뱃속에 있는 화인들에게 잡아먹힌 죄인 역시 화인이 되어버리는 것이다. 전생에 남의 아내를 탐하여 범한 자들이 합지옥에서 이러한 고통을 받게 되는데, 그의 영혼과 양심을 잠식한 애욕의 불길을 '화인'이라는 존재로 상징화한 것으로 생각된다.

또한 합지옥에는 '무변피안無邊彼岸'이라는 이름의 강이 흐르는데, 죄인들의 눈에는 끓는 구리물이 가득 찬 그 강 너머에 온갖 깨끗하고 좋은 음식이 있는 것으로 보인다. 전생의 죄업으로 인해 마치 신기루 마냥 시원한 나무그늘이나, 좋은 자리, 맛난 음식 같은 것들이 나타나 보이는 것이다. 자기들끼리 서로 외쳐 부르며, 패거리를 지어 강 너머로 달려가던 죄인들은 뜨거운 백랍물 혹은 구리물에 빠져 마치 치즈덩이처럼 녹아버리거나 불까마귀에게 잡아먹히게 된다.

『정법념처경』에서는 전생에 세력을 지어 악업을 행했던 인연들이 이 지옥에서 오랜 고통을 받게 되는 원인으로 작용한다고 설하고 있다. 이 죄인들이 한량없는 고통 후에 악업이 다하고, 전생에 약간의 선행이 있어 인간으로 다시 나더라도, 평생 빈궁하고, 수명이 짧으며, 아내가 있더라도 다른 남자에게 빼앗기게 될 것이라고 선언한다.

'중합衆合' 또는 '합合'이라는 이름에서 짐작할 수 있듯이, 이 지옥은 이권을 취하기 위해 무리의 힘을 합세해서 저지르는 악행과, 사음邪淫 즉, 비윤리적인 교합交合으로 인한 죄업으로 인해 떨어지는 곳이다. 탐욕을 매개로 합쳐진 패거리들이 금방 윤리적 감각이 무뎌지듯이, 윤리를 넘는 애욕 역시 기본적인 인간사회의 룰을 무너뜨리기 쉽다는 점에서 이 중합지옥의 고통이 경고하는 바가 크리라 생각된다.

다음으로 중합지옥의 16 별처지옥 중에서 많은 고통을 겪는 대량수고뇌처大量受苦惱處지옥, 베고 쪼개는 할고처割刳處지옥, 맥을 끊는 혈맥단처血脈斷處지옥에 대해 알아보기로 하겠다.

이들 중합지옥의 별처지옥들과 연관되는 '삿된 행'의 업인은 좀 더 특별한 데가 있다. 『정법념처경』에서는 이 죄업을 '해서는 안 될 음행'이라 표현하고 있다. 대량수고뇌처에서는 뜨거운 날을 가진 창으로 죄인의 몸을 찌르는데, 전생의 그가 저지른 죄업인 간음을 상징하듯 창날이 몸 아래에서 파고들어 온몸을 뚫고 나오는 극한의 고통을 겪게 되는 것을 볼 수 있다. 이렇게 온몸이 만신창이가 된 후에, 그가 저지른 악행을 대표하는 기관器官인 불알을 뜨거운 쇠집게로 찝히거나, 지옥짐승인 쇠술개에게 뜯어 먹히게 하기도 한다. 그가 생전에 저지른 죄업을 고통으로 다 받고 나면, 간혹 전생의 작은 선업으로 인해 인간 세계에 다시 나기도 하지만 고자로 태어나는 것을 면하지 못한다고 한다.

다음 할고처는 여인의 입안口中에 음행을 한 자가 가게 되는 곳으로, 상대가 동의하지 않는 변태적인 성행위에 대한 과보를 받는 지옥으로 생각해 볼 수 있다. 죄인이 이 할고처지옥에 떨어지게 되면 옥졸에게 잡혀 입안에 뜨거운 쇠못이 박히게 된다. 입안에 못질한 쇠못이 귀와 머리로 뚫고 나오게 되면 급히 빼고 나서, 다시 그 입속에 뜨거운 구리 용액을 들이붓는다. 죄인의 몸 안으로 들어간 구리용액은 감각기관과 소화기관을 다 익히고 태우며 항문으로 흘러나오게 된다. 죄인은 전생에 저지른 음행의 죄업을 다 소멸할 때까지 이 지옥을 벗어나지 못하며, 혹 전생의 작은 선업이 남아있어 인간으로 다시 나더라도 구취가 몹시 심하거나, 몸에서 역한 냄새가 많이 나서 모든 사람이 가까이하지 않게 된다고 한다.

혈맥단처는 여성이 동의하지 않는데도 완력을 써서 강간하는 남성들이 떨어지게 되는 별처지옥이다. 이 혈맥단처의 죄인들은 뜨거운 그릇에 담긴 구리물을 입안에 끊임없이 들이붓는 고통을 당하게 된다. 문제는 그 기나긴 시간 동안 고통을 받으며 업을 소멸하고, 혹여 작은 선업으로 인해 인간으로 다시 나더라도 그의 아내가 다른 남자와 사통하게 되는 것을 지켜봐야만 한다는 것이다. 아내의 간통을 알고도 아무것도 할 수 없으며, 묵묵히 그 상황을 견뎌내야 하는 것은 전생에 여인을 강간한 죄의 업력이 후생에도 여전히 남아 힘을 발휘하는 것을 말해준다.

『정법념처경』에서 설명하는 합지옥과 16 별처지옥에서는 이처럼 주로 성적 교합으로 인해 발생하는 죄업과 그에 따른 과보를 중점적으로 다루고 있다. 이 경은 6세기 중엽에 반야류지般若流支에 의해 한역되었으며, 실제 저술된 것은 그보다 훨씬 이전이리라 생각된다. 여성의 인권이나, 성적性的 자기결정권 같은 개념이 존재하지 않았던 시대이지만, 불교 계율의 범위 안에서 지옥의 교설을 빌려 남성들의 성 윤리의식을 엄중하게 일깨우고 있는 것이다.

오계는 아주 짧은 단어로 함축되어 있기 때문에 개인별로 해석의 범주도 다양하겠지만, 죄업과 그에 따른 과보를 설하고 있는 지옥의 교설들에서는 이렇게 구체적이고 세세한 항목에 이르기까지 인간사회의 기본 윤리를 제시하고 있는 부분들이 드러난다. 지옥에서 받는 고통을 적나라하게 표현하는 장면들이 두렵고 역하더라도, 우리 인간들이 끝까지, 차분하게 지옥을 바라보고 사유해야 하는 이유 중의 하나가 바로 이것이다.

이번에는 합지옥의 별처지옥 중에서 ④악견처惡見處, ⑤단처團處, ⑥다고뇌처多苦惱處에 대해 알아보기로 하겠다. 합지옥의 네 번째 별처지옥인 '악견처惡見處'는 말 그대로 나쁜 것을 보게 되는 고통을 받는 곳이다. 이곳에 떨어지는 업인은 합지옥의 다른 별처지옥과 마찬가지로 살생, 도둑질, 삿된 행이지만 문제는 그 세 번째 '삿된 행'이 어떤 것이냐에 있다. 『정법념처경』에서는 정면으로 "남의 어린아이를 데려다 강제로 음행을 하는 것"이라고 적시한다. 여성에 대한 강간이 그러하듯이, 어린아이에 대한 음행 역시 지옥에 떨어지는 죄업임을 선언하고 있는 것이다.

이 악견처지옥의 죄인들은 생전의 자기 자식들이 지옥에 끌려와 옥졸들한테 고통을 당하는 모습을 지켜봐야 한다. 이곳의 옥졸들은 죄인이 지켜보는 앞에서 쇠막대기나 쇠못, 쇠송곳 등으로 그의 자식에게 성적 고문을 가한다. 죄인이 생전에 남의 집 어린아이에게 저질렀던 죄업을 상징적으로 죄인의 자식이 다시 겪게 만드는 것이다. 이런 광경을 본 죄인이 자식에 대한 애정과 생전의 죄업에 대한 회한으로 처절한 심적 고통을 겪고 난 후에는 다시 몸으로 견뎌야 하는 징벌이 기다리고 있다.

악견처 지옥의 옥졸은 죄인을 거꾸로 들고 뜨거운 구리용액을 죄인의 항문으로 집어넣는다. 죄인의 몸속으로 들어간 구리용액은 생장生臟과 숙장熟臟[7], 목구멍, 혀, 잇몸, 머리, 골을 차례로 다 태운 다음 다시

---

[7] 生臟(āma-āsaya)은 위胃를 말하며, 熟臟(pakka-āsaya)은 S자 형태의 결장結腸과 직장直腸을 말한다.

밖으로 흘러나오게 된다. 보통 악업을 지은 죄인이 지옥에 떨어지면 그 과보를 혼자서 받게 되는데, 이 악견처지옥에서는 자신의 자식까지 과보를 겪는 모습을 봐야 한다는 점에서 또 다른 고통의 극한을 보여 준다고 하겠다. 경에서는 지옥의 고통을 다 견뎌내고 악업을 소멸한 죄인이 혹여 전생의 작은 선업으로 인해 인간으로 다시 나더라도 평생 자식을 가질 수 없다고 한다. 이는 남의 자식을 학대한 인간은 자신의 자식을 낳고 기를 소양이나 자격이 없다는 선언이라고 봐야 할 것이다.

중합지옥의 다섯 번째 별처지옥인 '단처團處'는 수간獸姦의 음행을 저지른 이가 떨어지게 되는 곳이다. 전생의 업력이 남아있는 죄인은 지옥 안에서도 암말이나 암소를 보면 애욕에 불타서 달려가게 된다. 하지만 이미 뱃속이 불길로 가득 차 있는 지옥의 암말과 암소들은 생식기를 통해 죄인을 삼켜서 끝없는 세월 동안 불살라 버린다. 말 못하는 짐승들이 당했던 것처럼 이 단처지옥의 죄인들도 짐승의 뱃속에서 아무 소리도 내지 못하고 불에 타면서 자신의 죄업을 다 갚을 때까지 고통을 겪어야 한다. 이 지옥의 죄인은 고통 끝에 악업이 다 소멸된 후, 전생의 작은 선업이 인연이 되어 인간으로 다시 나더라도, 인습이 거친 곳에 태어나 자신의 아내가 다른 남자와 사통하는 일을 겪어야 하며, 심지어 그런 상황이 생겨도 제대로 질투조차 하지 못하게 된다.

여섯 번째 별처지옥인 '다고뇌처多苦惱處'는 남자들끼리의 동성애에 대한 과보로 떨어지게 되는 곳이다. 다고뇌처의 죄인들은 생전의 애욕과 집착의 업력으로 인해 자신의 짝이었던 남자가 온몸이 불에 탄 채, 금강처럼 단단한 모습으로 나타나는 것을 보게 된다. 죄인이 다가가서 그 상대 남자를 안으면 이내 온몸이 모래처럼 부서져 죽었다가 다시 살아나는 것이 되풀이된다. 죄인이 마침내 상대 남자가 두려워져서 이리저리 도망하다가 벼랑에서 떨어지면 미처 땅에 닿기도 전에 지옥의 불까마귀가 온 몸을 쪼아 겨자씨처럼 부숴 버린다. 죄인이 이러한 고통을 다 겪고 혹여 인간 세상에 다시 태어나더라도 자신의 아내에게 이유 없이 미움을 받게 되며, 종국에는 다른 남자에게 아내를 빼앗기게 된다고 한다.

지금 시대에는 개인의 성 정체성의 차이를 인정하고, 소수자에 대한 사회적 차별을 없애기 위해 노력하는 추세이지만, 『정법념처경』이 저술되던 시기에는 다른 상황이었음을 전제하고, 이 다고뇌처지옥에 관해 조심스럽게 서술해본다. 지옥 관련 불교 교설들이 기본적으로 계율에 근거하고 있으며, 대부분의 구성원이 비구였던 승가의 유지와 운영을 위해 필요한 요소들이 계율로 제정되었음을 생각해본다면 지옥의 업인에 동성애와 관련된 내용이 들어 있는 것이 부자연스럽지는 않을 것이다.

이번에는 중합지옥의 다른 별처지옥인 ⑦인고처忍苦處 ⑧주주주주처朱誅朱誅處 ⑨하하해처何何奚處에 대해 알아보기로 하겠다.

합지옥의 일곱 번째 별처지옥인 인고처忍苦處는 말 그대로 고통을 참고 견디는 지옥이라는 의미로서, 살생, 도둑질, 삿된 행을 많이 짓고, 즐겨 행하면 떨어지게 되는 곳이라 한다. 이 인고처지옥에서 말하는 '삿된 행'은 전쟁과 관련된 것으로서, 다른 나라와 전쟁을 벌여 군사들을 죽이고 그곳의 여인들을 강간하며, 혹은 물건처럼 다른 이들에게 주기도 하는 등 악행을 저지른 업보로 떨어지게 되는 지옥이다.

이 인고처지옥의 죄인들은 전생에 저지른 죄업으로 인해 큰 나무에 거꾸로 매달려 머리부터 태워지는 고통을 당하게 된다. 염부주의 불보다 훨씬 뜨겁고 사나운 지옥의 불길에 형체도 남지 않고 다 타버린 죄인들은 죽고 난 후에 이내 다시 살아나서 끝없이 화형을 당해야 한다. 죄인이 불에 태워지는 고통을 견디기 힘들어 큰소리로 비명을 지르면 그 입으로 불길이 파고들어 몸 안의 오장육부를 다 태우고 항문으로 빠져나와 발까지 다 태운다. 이렇게 온몸이 다 타고 망가진 다음에 남은 부스러기들은 지옥의 까마귀가 와서 쪼아 먹게 된다. 이 죄인들이 전생의 악업을 고통으로 다 갚고 나서 혹여 전생의 작은 선업으로 인해 인간 세상에 나더라도 전쟁의 와중에 군사들에게 자신의 아내를 빼앗기기 쉽다고 한다.

지금도 지구상에서는 끊임없이 국지전이나 내전 등으로 인한 난민들이 끊임없이 발생하고 있으며, 가장 큰 피해자들은 역시 노약자를 비롯한 여성들일 것이다. 전쟁을 일으키는 권력자들은 남자들을 전쟁의 소모품으로 내몰면서 그에 대한 보상으로 늘 여자와 재물을 약속했으며, 그 결과로 전장은 살인과 약탈, 성폭력이 상존하는 생지옥이 된다. 이렇게 생전에 전장에서 약자와 여성들에게 폭력을 가했던 이들은 죽어서 지옥에 떨어지게 되어 자신들이 저지른 죄과를 고스란히 다 갚게 되는 것이다. 이 인고처지옥의 고통상은 제국주의 전쟁을 일으키고 강제로 점령한 국가의 여성들을 군부대에 위안부로 보냈던 이들에게도 경고하는 바가 있으리라 생각한다.

다음 합지옥의 여덟 번째 별처지옥인 주주주주처朱誅朱誅處는 이름이 좀 특이한 곳으로, 지옥 죄인의 살과 뼈를 파먹는 쇠개미의 이름이기도 하다. 『정법념처경』에 의하면, 이 주주주주처에 떨어지는 업인이 되는 '삿된 행'의 범주에는 사람 여자 대신 염소나 나귀를 수간獸姦하거나, 불타에 대한 존경심 없이 부도浮圖에 머무는 것이 포함된다. 여기서 말하는 '부도浮圖'는 탑으로 대표되는 수행처를 의미하는 것으로, 신심이 없이 형식적으로 사원에 머무는 비구 내지 재가신자에 대해 경고하는 대목이 아닐까 생각된다.

이 주주주주처지옥의 죄인들은 항상 쇠개미에게 물어뜯기며 고통을 당하는데다가, 그 뱃속에 전생의 애욕이 만들어낸 불길이 가득 차 있어서 온몸이 불살라지게 된다. 이 지옥의 죄인은 죄업이 다할 때까지 쇠개미에게 살과 힘줄, 뼈, 골수를 다 파 먹히고, 불에 태워지면서 영원에 가까운 시간 동안 고통을 겪다가 간혹 전생의 작은 선업이 익어서 인간세계에 다시 나기도 한다. 하지만 그 죄인은 다시 태어난 생에서도 늘 주변에 원수지는 이들이 많고, 혹여 대궐에 있게 되더라도 힘을 얻지 못하며, 항상 빈궁하여 쪼들리고 오래 살지 못한다. 비록 지옥의 고통으로 전생의 죄를 갚는다 하더라도 그 업력이 후생에까지 질기게 남아 그의 인생을 어둡게 만드는 것이다.

중합지옥의 아홉 번째 별처지옥인 하하해처何何奚處는 살생과 도둑질, 그리고 근친상간을 저지른 이들이 떨어지게 되는 곳이다. 『정법념처경』에서는 그 나라의 풍속과 법이 근친상간을 허락하더라도 이는 죄업이므로 죽음 이후에 하하해처지옥에 떨어지게 된다고 설하고 있다.

죄인들은 이 지옥에 떨어지기 전 중유中有[8]에 머무르는 동안 하하해처의 죄인들이 고통을 당하며 지르는 비명소리를 듣는데, 생전에 지은 죄의 업력으로 인해 이를 아름다운 음악소리로 듣게 된다고 한다. 죄인은 마음으로 끌어당기는 취取의 인연으로 인해 바로 그 하하해처지옥에 떨어지게 되고, 가자마자 그곳에서 나는 온갖 악한 소리로 인해 고통을 당하게 된다. 죄인은 육신을 찢고 파먹는 불까마귀와 옥졸의 매질, 그리고 불길에 의해 죽어가지만, 이내 다시 살아나서 끝없는 고통을 되풀이해서 받게 된다. 이 지옥의 죄인들은 혹여 전생의 작은 선업이 익어서 다시 인간 세상에 나더라도 천형의 병에 걸리게 되거나, 늘 원수들에 둘러싸이게 된다고 한다.

중합지옥의 열 번째 별처지옥인 누화출처淚火出處지옥은 말 그대로 눈에서 눈물처럼 불이 나오는 고통을 당하는 곳이다. 살생, 도둑질, 삿된 행을 한 사람이 가게 되는 곳인데, 여기서 말하는 삿된 행은 비구니와 관련이 있다. 설령 파계한 비구니라 하더라도, 그 비구니를 범한 자는 죽은 뒤에 이 지옥에 떨어지게 된다는 것이다.

죄인의 눈에서 떨어진 불눈물은 바로 큰 불이 되어 그의 온몸을 불사르는데, 옥졸은 눈 속에 불을 계속 지피기 위해 죄인의 안와골을 빠갠 후 숯을 자꾸 집어넣는다. 이 고통을 다 겪고 나면 다시 쇠갈쿠리 등으로 죄인의 몸을 골고루 조각내고, 쇠집게로 그 항문을 찢은 후,

---

8 생이 끝나는 죽음과 새로운 윤회가 시작되는 시점의 중간을 중유中有 혹은 중간유中間有라고 한다. 『유가사지론』에 근거하면, 윤회가 결정될 때까지는 최장 칠칠일(49일)에 이르기까지 중유에 머물게 되며, (교의적으로) 그 기간 동안에 망자를 위한 천도의식을 성행하는 것이 가능하다.

구멍 속으로 뜨거운 백납용액을 들이붓는다. 몸 안으로 들어간 뜨거운 납용액은 그대로 죄인의 몸속 장기를 태우고, 눈에서 흘러나오는 불눈물은 몸 바깥을 태우게 되는 것이다.

『정법념처경』에서는 이러한 지옥의 고통상과 업인에 대한 설명을 게송 몇 구절로 축약하여 들려준다.

다른 사람이 지은 악업으로
고통을 받는 것이 아니다.
제 업으로 스스로 과보를 받는 것이니
중생들 모두가 그러한 것이다.

다음 합지옥의 열한 번째 별처지옥인 일체근멸처一切根滅處는 모든 감각기관과 인식의 기능이 소멸되는 고통을 당하는 곳이다. 이 일체근멸처에 떨어지게 되는 '삿된 행'의 주체는 변태적인 성행위를 하는 남성이다. 특히 성性에 있어서는 어떤 형태로든 '정상적이지 않은 것'을 여법하지 않은 것으로 보는 불교의 시각이 이 지옥의 업인에서도 드러난다 하겠다. 무엇보다도 '정상적이지 않은 성性'은 상호 동의를 구하지 않은 상태에서 행해지기가 십상이기 때문에 그 자체로 상대방에게 모멸감과 고통을 안길 수 있다는 점도 생각해 볼 수 있을 것이다.

이 지옥의 죄인들은 생전에 자신들이 행했던 형태 그대로, 옥졸들에 의해 강제로 입속에 불덩이와 붉은 구리물을 들이붓는 고통을 당하게 된다. 또한 그 죄인들의 뱃속에는 뜨거운 검은 벌레가 있어서 온몸을 다 태우게 된다. 뜨거운 불로 된 쇠개미는 죄인의 감관을 관장하는 눈과 코, 귀, 혀와 온몸을 물어뜯고, 베고, 가르다가 마침내 태워버린다. 죄인은 불로 타면서도 계속 살아 있어서 그 고통을 생생하게 겪어내야 한다.

전체적으로 지옥 죄인들의 몸속에 들어와 타는 불은 생전에 그가 늘 마음속에 품고 있던 욕망을 상징하는 것으로 생각된다. '삿된 음행'으로 인해 떨어지는 것으로 설정된 중합지옥과 그 별처지옥의 성격상, 불 혹은 뜨거운 벌레와 관계된 고통이 많이 나타나는 것은 생전의 욕망이 사후 지옥에서 불로 변해 죄인을 태우는 것으로 인식하고 있음을 알 수 있다. 이는 다시 말해, 인간이 계율을 거스르며 발현하는 욕망이 언젠가는 그 자신을 불사르는 고통이 되리라는 불교의 경고인 것이다.

다음으로 합지옥의 열두 번째 별처지옥인 무피안수고처無彼岸受苦處는 말 그대로 위로와 구원을 주는 언덕[彼岸]도 없이 고통을 받게 되는 곳이다. 자신의 아내를 두고 다른 여인과 사통한 남자들이 바로 이 무피안수고처지옥에 떨어지게 된다고 한다. 이 지옥의 죄인들은 한량없는 시간 동안 칼로 베이고, 불에 태워지고, 뜨거운 재를 뒤집어쓰며, 온갖 병에 시달리면서 자신의 죄업을 다 갚을 때까지 고통을 받아야 한다. 설령 전생의 작은 선업이 익어서 인간으로 다시 나더라도 평생 빈궁하게 지내야 하고, 황량한 지역에 태어나 노예의 삶을 살게 된다고 한다.

이 중합지옥에 대해 가장 자세하게 묘사하고 있는 『정법념처경』에서는 아주 특별한 경우 외에는 주로 남성들이 악업과 과보의 주체로 설정되어 있어서 당시 경전이 저술되던 당시의 사회-여성들이 수동적

◆ 감로도 하단에 묘사된 지옥의 모습, 경국사(문화재청)

인 피해자일 수밖에 없었던-분위기를 짐작해 볼 수 있다. 이는 또한 불교 문헌들의 지옥에 관한 교의가 약자의 입장에서 저술되었음을 보여주는 것이기도 하다.

　중합지옥의 열 세 번째 별처지옥인 발두마처鉢頭摩處는 홍련紅蓮을 의미하는 '파드마(padma)'를 음역한 명칭이다. 왜 무서운 지옥에 아름다운 꽃 이름을 붙인 것일까? 그 이유는 이 발두마처 지옥의 색이 연꽃의 붉은 색과 흡사하기 때문일 것으로 짐작된다.

이 지옥에 떨어지는 업인인 '삿된 행'은 출가한 비구가 속세에 있을 때 행했던 음행의 습관을 버리지 못하고 꿈속에서 육체적 쾌락에 탐닉하거나, 마음속으로 여전히 집착하는 것을 말한다. 설령 꿈속이나 마음에서 음행을 즐기는 것이라도 지옥행으로부터 벗어날 수 없다는 점에서 비구들에게는 일반인들보다 훨씬 엄정한 기준을 적용하고 있음을 발견하게 된다.

이 발두마처 지옥에서는 옥졸들이 죄인을 잡아다 쇠솥에 넣고 삶거나, 쇠함에 넣고 찧는다. 이러한 고통을 다 겪고 난 후 죄인들은 멀리 맑은 연못에 피어 있는 홍련을 발견하게 된다. 목마르고 주린 지옥의 죄인들이 구원의 길을 찾아 홍련이 있는 쪽으로 달려가지만, 그 길에는 수없이 많은 쇠갈고리들이 있어서 죄인의 육신을 할퀴고 찢는다. 죄인들은 등 뒤에서 칼과 항쇠, 도끼를 든 옥졸들의 공격을 감수해가며 겨우 홍련이 피어 있는 곳에 당도하지만, 커다란 꽃에는 불이 붙고, 금강처럼 단단한 잎이 죄인의 몸을 감아 조인다. 이 지옥의 죄인들은 혹여 업보를 다 지우고 인간으로 태어나더라도 평생 빈궁하고 수명이 짧다고 한다. 이는 속세에서 한때 쾌락을 안겨 주었던 것들이 업력이 되어 후생에 두고두고 고통의 원인이 된다는 것을 의미한다고 하겠다.

다음 합지옥의 열 네 번째 별처지옥인 대발두마처大鉢頭摩處는 제대로 사문의 수행을 하지 않는 이가 스스로를 사문이라 사칭하고, 열반에 대해 올바른 이해를 하지 못하는 이가 떨어지게 되는 곳이다. 이 지옥의 고통상을 보면 재[灰]가 물처럼 흐르는 강에서 마치 구운 물고기처럼 육신이 익은 채로 사방으로 흩어져서 까마귀의 먹이가 된다.

죽지도 못하고 수천 년 동안 그 고통을 당해내던 죄인이 마침내 그곳을 벗어나게 되면 저 건너의 연못에 그림처럼 피어 있는 커다란 홍련을 발견하게 된다. 죄인은 허겁지겁 그 홍련을 향해 달려가지만, 그가 바라던 구원 대신에 홍련의 잎은 칼처럼 죄인의 몸을 깎고 베어서 조각조각 쪼개놓는다. 마침내 누더기가 된 죄인의 몸은 홍련의 쇠잎에 감긴 채로 전생의 죄업이 소멸될 때까지 불에 타게 된다. 혹여 죄인이 전생에 지은 다른 선업이 익어서 인간 세상에 다시 나게 되더라도 늘 병에 시달리고, 목마르고 굶주리며, 화를 잘 내는 괴팍한 성정을 타고 나게 된다고 한다.

다음 합지옥의 열 다섯 번째 별처지옥인 화분처火盆處, 즉 '불동이' 지옥은 속세의 생활을 하던 자가 사문이 된 후에도 애욕과 소유에 대한 집착을 버리지 못하는 것이 업인이 되어 떨어지게 되는 곳이다. 커다란 동이[盆]에 불꽃이 가득 넘실대는 듯한 이 지옥에서는 죄인의 몸이 마치 장작과 같은 구실을 하게 된다. 죄인은 전생에 계율을 어기고 남의 음식을 먹었기 때문에 이 지옥에서 혀가 불타고, 애욕에 가득 차서 남의 여자를 훔쳐보았기 때문에 눈알이 불타며, 계율을 어기고 남의 여자와 서로 웃고 노래하며 그 소리를 들었기 때문에 귀에 끓는 백랍물이 부어지게 되고, 계율을 범하여 다른 승려의 향을 취했기 때문에 그 코를 베이게 되는 것이다.

다음 합지옥의 마지막 열여섯번째 별처지옥인 철화말처鐵火末處, 즉 '쇳가루불' 지옥 역시 제대로 사문의 길을 걷지 않는 자가 사문이라 사칭하고, 여인과 어울려 유희를 즐기며, 장식물 등에 집착하는 업으로 인해 떨어지게 되는 곳이다. 이 철화말처 지옥은 뜨거운 쇠로 된 오백 유순의 철벽이 네 주위를 둘러싼 곳으로, 그 안에 빈틈없이 쇠불이 타고 있으며, 위에서도 끊임없이 쇠불이 비처럼 내려와 죄인들의 몸을 태우게 된다. 어느 지옥이나 그렇듯이, 전생에 계율을 깨뜨리는 원인이 되었던 애욕과 물질에 대한 집착이 지옥에서 쇠불의 형태로 화하여 죄인의 육신을 태우고 파괴하는 고통을 주고 있는 것이다.

이상으로 세 번째 근본지옥인 합지옥과 그 16 별처지옥의 고통상, 그리고 업인을 모두 관찰했다. 네 번째 규환叫喚지옥으로 건너가기에 앞서 합지옥을 다시 한 번 돌아보며, 불교의 '죄'에 대한 인식이 이천년의 시간을 관통하며 보여주는 보편성에 대해 새삼 눈을 뜨게 된다. 죄보 중에 "남은 업력의 과보로 인해 후생에 장애인으로 태어나게 된다"는 것이나, 동성애 관련 내용은 현대에서는 '소수자 차별금지'에 역행하게 되는 등의 한계를 드러내는 측면이 나타나기도 한다. 하지만 전체적으로 합지옥의 교의에서는 특별히 성性에 대해 상대적으로 억압자의 위치에 있게 될 가능성이 큰 남성들에게 경고하는 내용이 많아서 앞으로도 연구할 부분이 많으리라 생각된다.

4) 고통과 회한의 비명이 울리는 규환叫喚지옥

이번 장에서는 네 번째 근본지옥인 규환叫喚지옥에 대한 이야기를 시작해보기로 하겠다. '규환叫喚'이라는 제목이 붙은 것은 지옥에서 울리는 죄인들의 고통과 회한에 가득 찬 비명소리에서 기인한 것으로 보인다.

그렇다면 규환지옥은 죄인들이 어떠한 고통을 겪는 곳이기에 이런 이름이 붙게 된 것일까? 『장아함경』 제19권에서는 옥졸들이 죄인을 잡아 큰 솥에 던지는 모습을 묘사하고 있다. 큰 솥 안으로 던져진 죄인은 뜨거운 물속에서 오르락 내리락 하면서 비명을 지르지만 그 죄가 다하기 전까지는 죽을 수도 없다. 이 규환지옥의 옥졸들은 죄인을 잡아 큰 쇠독, 큰 가마솥, 작은 쇠솥, 번철 등에 번갈아가며 내던져서 삶고, 튀기며, 굽고, 지져댄다. 죄인들은 이러한 고통을 다 겪고 나서 허겁지겁 규환지옥을 벗어나려 구원을 요청하지만 전생에 저지른 죄의 업력 때문에 결국 흑사黑沙지옥과 한빙寒氷지옥으로 이끌려가게 된다고 한다.

『정법념처경』에 의하면 이 규환지옥에 떨어지게 되는 주요 업인은 바로 '술을 자주, 그리고 많이 마시는 것'이다. 본인이 마시는 것뿐만 아니라, 청정한 수행을 행하는 불자나 승려에게 술을 권하고, 마시게 하는 것도 이 규환지옥에 떨어지게 하는 업인이 된다. 『장아함경』에서는 규환지옥의 죄인들을 뜨거운 물이 끓고 있는 쇠솥 등에 번갈아가며 집어던지는 고통을 묘사하고 있는데 비해, 『정법념처경』의 규환지옥에서는 옥졸이 쇠집개로 죄인의 입을 벌려 뜨거운 구리물을 들이붓는다. 죄인의 입을 통해 들어간 뜨거운 구리물은 입술, 잇몸, 혀, 목구멍을 차례로 태우고, 몸 안의 생장과 숙장까지 다 태운 다음에 항문을 통해 밑으로 나오게 된다.

이 지옥에서 물이 끓는 쇠솥에 거꾸로 잠기기, 쇠까마귀에게 쪼아 먹히기, 입속에 끓는 구리물 들이붓기 등의 고통을 당하고 난 죄인은 육신을 조이는 허기와 목마름으로 인해 정신없이 시원한 호수를 찾아 달려가게 된다. 맑은 물을 마셔보려고 너덜너덜해진 육신을 끌고 달려 왔건만 호수를 가득 채우고 있는 것은 물이 아니라, 끓는 백랍물이다. 더군다나 호수 안에는 엄청난 힘을 가진 거대한 자라가 있어서 목욕하 러 들어온 죄인을 잡아서 끓는 백랍물 속에 담가 골고루 익혀 버린다. 수백 수천 년 동안 죄인을 백랍물 속에 붙들고 있던 자라는 그 죄업이 다한 후에야 죄인을 호수 밖으로 풀어주게 된다.

자라에게서 풀려난 죄인이 허둥지둥 도망치다 보면 어느새 지옥의 옥졸이 죄인을 쫓아오면서 기다란 창으로 온몸을 찌르기 시작한다. 죄 인은 불길을 머금은 지옥 옥졸의 창이 자신의 몸을 사정없이 찌르고 뚫는 것을 견디지 못하고 계속 비명을 지르게 된다. 문제는 다른 지옥 의 죄인들이 스스로의 업력으로 인해 이 비명소리를 아름다운 노랫소 리로 듣게 된다는 것이다. 그 소리에 이끌려 규환지옥에 들어오는 이 웃 지옥의 죄인들 역시 이내 똑같이 창과 칼에 베이고, 찔리는 고통을 당하게 된다.

전생의 죄업이 다하도록 한량없는 고통을 당하던 죄인은 수백 수천 년 후에 마침내 이 지옥을 벗어나 비척대며 도망가다가 어떤 마을을 발견하게 된다. 많은 인가와 강, 호수가 있는 마을이 좋아 보여서 죄인 이 힘겹게 그곳에 들어가면 어느 샌가 모든 집들이 문을 닫아건 채로 마을에 불길이 타오르고 있다. 사람의 흔적을 볼 수 없는 그 마을에서 죄인을 맞이하는 것은 불길로 몸을 감싸고, 금강처럼 단단한 입과 날카로운 어금니를 가진 지옥의 벌레들뿐이다. 신기루처럼 눈앞에서 불에 타 사라져버린 마을에서 죄인은 이 뜨거운 금강충들에게 잡아먹히게 된다. 이러한 고통 끝에 간혹 죄인이 전생에 지은 작은 선업이 익어 다시 인간 세상에 나기도 하지만 늘 망각증세가 심하고, 지혜롭지 못하며, 마음이 어둡고 어리석은 데다 처지도 빈궁하여 다른 이의 존중을 받지 못하며, 작은 병으로도 쉽게 죽음에 이르게 된다고 한다.

이 규환지옥의 지옥 교설 중에 눈에 띄는 것은 술을 마시는 것뿐만 아니라, 권하는 것에까지 죄업의 범주에 포함시키고 있다는 점이다. 이는 본인이 술을 많이 마시는 것도 문제이지만, 다른 이에게 술을 많이 권하여 먹게 하는 것 역시 술로 인한 죄업의 인因을 제공하는 것이라 하여 무척 엄하게 경계시키는 의미가 있다고 하겠다. 결국 이 규환지옥에서는 술을 권하여 마시게 함으로써 상대방이 술 취해 저지른 업의 과果까지 모두 감당해내야 하는 것이다.

규환지옥에 딸린 별처지옥 역시 술과 관계된 곳들이 많이 보인다. 그 중 보성처普聲處는 "술 마시기를 즐기고, 많이 마시며, 이제 막 계율을 받은 이에게 술을 권하여 마시게 하는" 이가 떨어지게 되는 곳이다. 이 보성처에서는 '두루 소리가 울려 퍼지는 곳'이라는 의미의 이름에 걸맞게 고통을 당하는 죄인들의 비명소리가 그 지옥은 물론이고, 지옥을 둘러싸고 있는 철위산과 다른 염부제에까지 들린다고 한다. 보성처의 옥졸은 죄인을 보자마자 잡아서 절구에 넣고 찧어 대는데, 그 과정에서 죽지도 못하고 죄업이 소멸될 때까지 절굿공이에 고통을 당하며 소리를 질러대는 것이다. 이러한 기나긴 고통 끝에, 혹여 죄인이 전생에 지은 작은 선업이 익어 다시 인간 세상에 태어나더라도 늘 물이 부족한 광야 같은 곳에 태어나게 된다고 한다.

이는 현대인의 시각에서 보면 특정 지역-즉, 물이 귀한 환경-에 태어나는 이들에 대한 차별적 서술로 느껴질 수도 있으나, 기본적으로 경전이 서술되었던 환경에서 살펴볼 필요가 있다. 정토 교설에서 보면 맑고, 깨끗하며, 시원한 물은 '공덕수功德水'로 불리며, 정토에 있어서 매우 중요한 요건이 된다. 너무 깊지도, 얕지도 않고, 연꽃이 떠 있으며, 바닥에 황금모래가 깔려 있는 맑은 연못의 존재가 정토 교설에서 비중 있게 서술된다는 것은 그만큼 경전이 서술되었던 환경에서 맑고 풍부한 물이 절박했음을 보여준다. 따라서 이러한 시각으로 보면 '물'이 부재한 지역에 태어나는 것 자체가 전생의 업력이 작동하는 과보로 해석될 수도 있는 것이다.

다음으로, 발화류처髮火流處 역시 보성처와 마찬가지로 살생, 도둑질, 삿된 행의 기본적인 업에 더하여 음주와 관련된 업인으로 떨어지게 되는 지옥이다. 도대체 어떤 형태의 음주이기에 이런 별처지옥에까지 떨어지게 되는 것일까.

『정법념처경』에서는 발화류처로 떨어지는 업인으로서 우바새에게 술의 공덕을 설명하면서, 술도 계율이라고 권하는 행동을 적시하고 있다. 이러한 업의 결과로 발화류처의 죄인은 항상 위에서 비처럼 내리는 불에 온몸이 타게 되며, 지옥의 짐승인 뜨거운 쇠개[鐵犬]에게 발을 물어 뜯기고, 쇠솔개에게 두개골을, 그리고 쇠여우에게 내장을 뜯어

먹히게 된다.

『정법념처경』에서 이 발화류처 옥졸의 입을 빌려서 읊는 게송 중의
한 대목을 적어 본다.

　술은 탐욕을 불붙게 하고
　성내는 마음도 또한 그러하다
　어리석음도 술로 인해 왕성해지나니
　그러므로 술 마시기를 버려야 한다.

다음으로 화말충처火末虫處 역시 술의 업과 관련된 별처지옥인데, 이
곳은 특이하게도 '술에 물을 타서 파는' 과보로 인해 떨어지게 되는 곳
이라 한다. 이러한 행위는 도둑질과 같은 것이기 때문에 그 죄업의 의
미가 큰 것으로 보는 것이다.

『왕생요집』에서는 과거에 술에 물을 타서 판 자가 이 지옥에 떨어져
서 404 종류의 병을 한꺼번에 앓게 된다고 설한다. 풍병, 황병, 냉병,
잡병의 네 가지 기본 병에 각자 101 가지의 병증이 있어 합치면 404
종류가 되는데, 그 중 한 가지 병만으로도 하루 새에 4대주의 사람들
을 모두 죽게 할 수 있을 정도로 치명적이라고 한다. 또한 이러한 병
들 외에도 죄인 자신의 몸에서 벌레가 나와서 그 피부와 살, 뼈, 골수
를 파먹게 된다.

이 지옥의 죄인들은 전생의 죄업이 다할 때까지 온갖 병과 벌레, 불
에 고통을 당하다가, 혹여 먼 과거생에 지은 선업이 익어 인간 세상에
다시 나게 되더라도 늘 빈궁함에 시달리는 삶을 살게 된다고 한다. 이

는 남의 눈과 자신의 양심을 속여 돈을 벌었던 전생의 업력이 후생에 까지 두고두고 작용하게 되는 것이라 볼 수 있을 것이다.

열철화저처熱鐵火杵處는 규환지옥의 다섯 번째 별처지옥에 해당되는 곳으로 이곳 역시 술과 관계되는 죄업으로 떨어지게 되는 지옥이다. 살생, 도둑질, 삿된 행의 기본적인 업 외에 추가로 "동물들에게 술을 먹인 죄업"이 지옥행의 인因이 된다고 한다. 현대 사람들에게는 조금 낯선 행위일 수도 있지만, 경전 서술 당시에는 가축이나, 사자, 곰 등의 맹수들에게 술을 먹여서 정신을 잃고 혼미할 때 사냥을 하는 식의 '오락'이 있지 않았나 생각된다. 인간들의 일시적인 쾌락을 위해서 짐 승들에게 술을 먹인 상태로 사냥하는 행위가 지옥행의 업인이 되고 있는 것이다.

이 열철화저처의 고통상은 죄인이 전생에 사냥했던 짐승들이 당했 던 것을 그대로 재현하는 구조로 보면 될 것이다. 먼저 열철화저처의 죄인은 옥졸에게 잡혀서 온몸이 낱낱이 부서져 가루가 되도록 두들겨 맞게 된다. 죄인들이 매질을 피해 비명을 지르면서 도망가더라도 불에 타는 몽둥이[火杵]가 따라 다니면서 계속 그들을 후려친다. 옥졸들은 그렇게 육신이 흩어진 죄인을 붙잡아, 마치 사냥한 짐승을 도륙하듯 쇠칼로 찌르고, 베고, 저미면서 조각을 낸다.

그 다음으로, 규환지옥의 여섯 번째 별처지옥은 우염화석처雨炎火石處 라는 곳이다. 이 별처지옥 역시 살생, 도둑질, 삿된 행 외에 술과 관계 된 업을 추가적으로 저지른 자가 떨어지게 되는 곳이다. 바로 이전의 열철화저처는 축생과 야생 동물들에게 술을 먹이는 죄업이었던 것에 비해 이 우염화석처는 코끼리에게 술을 먹여 살생을 시키는 행위가 업인이 되는 것으로 볼 수 있다. 경전이 서술되던 시기 혹은 그 이전에는 전쟁할 때 거대한 코끼리를 앞세워 상대편의 전차와 군사들을 짓밟고 대열을 흩뜨리면서 공격하는 경우가 많았는데, 이때 코끼리의 공격성을 높이기 위해 술을 먹였던 것으로 생각된다. 이처럼 전쟁에서 이기기 위해 코끼리를 살상용 무기로 길들이고, 술을 먹여 공격의 도구로 삼는 행위가 죄업이 되어 떨어지게 되는 지옥이 바로 우염화석처인 것이다.

이 우염화석처에는 온몸이 불타는 거대한 코끼리가 있어서 보이는 모든 사람을 떠받아서 떨어트리고 부순다. 죄인들은 커다란 비명을 지르며 공중으로 몸이 들렸다가 바닥으로 떨어져서 온몸이 부서지게 된다. 죄인이 용케 코끼리로부터 벗어나더라도 다시 옥졸에게 붙잡혀 붉은 구리물이 끓고 있는 쇠솥 안으로 내동댕이쳐지게 된다.

그렇게 한량없는 세월 동안 코끼리에게 공격당하고, 쇳물에 삶기던 죄인이 전생의 업을 고통으로 다 갚고 난 다음에, 혹여 인간 세상에 나더라도 자신의 업력으로부터 온전히 자유로울 수는 없다. 후생에서도 그는 코끼리를 죽이는 일을 가업으로 하는 집안에 태어나게 되며, 평생 빈궁한 삶을 살게 되고, 늘 손발이 뻣뻣하며, 온몸이 코끼리 가죽처럼 거칠다고 한다.

다음으로, 규환지옥의 일곱 번째 별처지옥인 살살처殺殺處는 다른 이의 부인에게 술을 먹이고, 그 정신이 흐트러진 상태에 있을 때 음행을 저지른 자가 떨어지게 되는 곳이다. 거의 대부분의 지옥이 그렇듯이 이 살살처 역시 죄인이 전생에 행한 죄업을 그대로 재현해서 고통을 당하거나, 죄업을 저지르게 되는 근본 요인에 직접 형벌을 가하는 방식의 고통상을 보여준다. 다시 말해, 이 지옥에 떨어지는 업인이 음행이기 때문에 그에 관련된 욕망을 상징하는 기관인 생식기를 뜨거운 쇠갈고리로 반복해서 뽑아내는 형벌을 당하게 된다는 것이다. 이 지옥의 죄인은 생식기를 한 번 뽑히더라도 계속 새로이 솟아나서 끊임없이 반복해서 생식기를 뽑히는 고통을 겪어야 한다.

이 고통을 견디다 못한 죄인이 큰 소리로 비명을 지르며 도망하더라도 그를 기다리고 있는 것은 쇠로 된 몸과, 뜨거운 부리, 쇠발톱을 가진 지옥의 짐승들이다. 지옥짐승들에게 온몸을 물리고, 쪼이며 한량없는 시간 동안 전생의 죄업을 고통과 맞바꾸는 것이 이 살살처 죄인들의 숙명이라고 하겠다.

규환지옥의 여덟 번째 별처지옥인 철림광야처鐵林曠野處는 살생, 도둑질, 삿된 행의 세 가지 기본적인 죄업 외에도 술에 독약을 타서 사람을 살해한 죄를 지은 이들이 가게 되는 지옥이다. 이 철림광야처 안에는 뜨거운 불꽃의 쇠수레바퀴가 끊임없이 구르는데, 그 밑에는 옥졸에 의해 뜨거운 쇠줄로 묶인 죄인들이 깔려 있다. 옥졸들은 잠시도 쉬지 않고 바퀴에 깔리는 죄인들을 향해 뜨거운 쇠화살을 쏘아대서 죄인들의 몸에 겨자씨만큼도 성한 곳이 없게 만든다. 죄인들은 차라리 죽는 것이 낫겠다고 생각하지만, 전생에 저지른 살생의 업력으로 인해 죽음마저도 마음대로 할 수 없어 계속 다시 살아나 끊임없이 죄의 댓가를 치러야 한다.

그 수레바퀴 밑을 벗어나 다른 곳으로 달아나더라도 이내 지옥의 쇠뱀에게 잡히어 수천 년 동안 끊임없이 물리게 된다. 죄인이 기나긴 시간 동안 고통을 받으며 죄업이 다하기를 기다리다가, 마침내 전생의 작은 선업이 익어 인간 세상에 태어나더라도 남은 업력으로 인해 끝내는 뱀에 물려 세상을 하직하게 된다고 한다.

다음 규환지옥의 아홉 번째 별처지옥인 보암화처普闇火處는 앞의 세 가지 기본 죄업 외에도 술값을 모르는 이에게 비싸게 술을 팔아 부당한 이익을 챙기는 자가 가게 되는 지옥이다. 이 보암화처는 이름 그대로 지옥 전체에 좁쌀만큼도 빛이 들어오지 않는 곳인데, 그 어둠 안에서 뜨거운 불이 타고 있는 것이 특징이다. 빛이 없는 지옥이다 보니, 죄인들이 서로 공격성을 곤두세우며 상대방을 때리는데, 어둠 속이라 누가 때리는지도 모르고 잡히는 대로 계속 치고 박으며 싸운다고 한다. 또한 지옥의 불은 빛이 없는 뜨거운 열뿐이라, 그 어둠 속에서 죄인들은 데이고, 그을리며, 온몸이 녹아내리는 고통을 겪어야 한다. 보암화처에는 불과 폭행뿐만 아니라, 아무것도 보이지 않는 어둠 속에서도 정확하게 죄인들의 머리에서부터 시작하여 발끝까지 세로로 이등분하는 톱질의 공포가 버티고 있다.

이 보암화처의 죄인들은 혹여 기나긴 고통으로 죄업을 다 보상하고 난 후에 전생의 작은 선업으로 인해 인간 세상에 다시 나더라도, 남은 업력이 작용하여 늘 목마르고 굶주리는 삶을 살게 되며, 그가 사는 곳에는 흉년이 자주 들게 된다고 한다. 이는 불교에서 금하고 있는 술을 다른 이에게 속여서 팔았다는 점에서 파계의 업이 중첩적으로 작용하게 된 결과라 하겠다.

다음 열 번 째 별처지옥인 염마라차약광야처閻魔羅遮約曠野處는 세 가지의 기본 죄업 외에, 노약자나 산모에게 억지로 술을 권하여 취하게 하고 돈과 의복, 재물 등을 탈취한 죄업으로 인해 떨어지게 되는 곳이다.

이 염마라차약광야처의 고통상 역시 뜨거운 불이 등장하는데, 죄인의 발끝에서부터 타기 시작한 불이 위로 올라가면서 머리끝까지 골고루 그을리게 된다. 지옥의 옥졸은 이렇게 불타고 있는 죄인의 몸을 뜨거운 칼과 창을 써서 점차 고통의 강도를 올려가면서 찌르고, 자르며, 베고, 저민다. 한량없는 시간 동안 죽지도 못한 채 이 고통을 다 겪어내던 죄인이 마침내 죄업을 다 갚고 나서 다시 인간 세상에 나더라도 돼지를 기르는 비천한 일을 하게 된다고 한다.

경전 속의 지옥 교설에서는 이처럼 인간 세상에 다시 태어난 죄인들이 남아있는 업력으로 인해 특정 직업에 종사하게 된다고 제시하는 내용을 볼 수 있는데, 이러한 것들은 주로 경전이 서술되던 당시에 최하위층으로 분류되던 이들이 종사했던 일이었던 것으로 보인다. 다시 말해, 전생에 행한 죄업이 지옥의 참혹한 고통을 겪은 뒤에도 여전히 그 파장이 남아 있기 때문에, 현생에서도 사람들이 보편적으로 꺼리는 직업에 있게 되기가 쉽다는 정도로 수용하면 될 것이다. 현대의 관점에서는 직업에 대한 차별적인 시각으로 해석될 여지도 있겠지만, 경전이 성립된 시기의 사회문화적 배경에 비추어 해석한다면 특별히 무리가 없으리라 생각된다.

규환지옥의 11번째 별처지옥인 검림처劍林處는 기본적인 세 가지 죄업, 즉 거짓말, 도둑질, 삿된 행 외에 술로써 다른 이를 속이는 죄업으로 인해 떨어지게 되는 곳이다. 좀 더 구체적으로 이 죄업에 대해 얘기하자면, 먼 길을 떠나는 이에게 좋은 술이라고 속이고 다른 질 낮은 술을 줘서 결국 정신을 혼미하게 만든 결과로, 재물을 강탈 당하고, 심지어 목숨까지 빼앗기게 만든 과보를 말한다. 이는 그 사람에게 직접 강도나 살인의 위해를 가하지 않더라도, 나쁜 술을 마시게 하여 심신을 통제하지 못하게 함으로써 결과적으로 상해나 살해에 준하는 악업을 짓게 되는 것이라 할 수 있다.

나쁜 술을 준 과업으로 이 검림처 지옥에 떨어지게 된 죄인은 하늘에서 비처럼 쏟아지는 불돌火石에 맞아 온몸이 불타고 부서져서 땅에 쓰러져 혀를 빼물게 된다. 또한 이 검림처 안에는 핏물과 구리, 백랍이 섞여서 항상 끓고 있는 열비하熱沸河라는 강이 있다. 불돌의 고통의 시달리던 죄인은 다시 또 수많은 시간을 그 끓는 강 속에서 익혀지고 튀겨지면서 전생의 죄업이 다하기를 기다려야 한다. 이 검림처 지옥의 죄인들은 한량없는 고통의 시간으로 악업을 지운 뒤에 혹여 전생의 작은 선업이 익는 경우에 인간 세상에 나기도 하지만 업력이 남아 항상 분노와 질투가 많으며, 늘 인색하게 굴어도 가난을 면치 못하는 삶을 살게 된다고 한다.

다음으로 규환지옥의 열두 번째 별처지옥인 대검림처大劍林處는 많은 이들이 지나다니는 대로에서 술을 팔아 이익을 챙긴 자가 떨어지게 되는 지옥이다. 현대 사회에서의 일반적인 상황을 생각하면 이 교의가

낯설게 느껴질 수 있겠지만, 술과 관련된 『정법념처경』의 지옥 교설에
는 술로 인해 생겨날 수 있는 과업을 술을 마신 자와 마시게 한 자가
함께 공유한다는 사고가 그 저변에 자리하고 있는 것으로 이해한다면
무리가 없을 것이다.

　이 대검림처는 '검림劍林'이라는 이름에 맞게 날카로운 칼나무들이
늘어선 숲에서 죄인들이 고통을 받게 된다. 1요순이 넘는 거대한 칼나
무에는 수없이 칼잎이 돋아 있고, 항상 줄기가 불에 타고 있으며, 주변
에는 독한 연기가 자욱하게 피어오른다. 이 지옥의 옥졸들은 죄인들을
몰아 검림으로 몰아넣는데, 그 숲의 넓이는 3천 요순, 수백만 겹의 칼
잎이 무성하고 죄인이 자유의지대로 죽을 수도 없는 곳이다. 이 검림
에서는 죄인이 불타는 칼나무에 닿기도 전에 몸이 익어서 곳곳이 터지
지만, 옥졸들은 아랑곳하지도 않고 도리어 불칼 등으로 죄인의 몸을
마저 부순다. 혹여 검림의 고통을 견디다 못해 도망쳐 나오는 죄인이
있으면 옥졸이 밖에서 지키고 있다가 불칼 등을 들고 온몸을 자르고
부수기 때문에 꼼짝없이 갇혀서 기나긴 시간 동안 전생의 악업이 소멸
될 때까지 견뎌내야 한다.

　또한 이 대검림처의 죄인은 옥졸들이 두려워서 숨거나, 나무 위로
올라가고, 이리저리 도망가기도 하는데 그가 어떤 식으로 옥졸의 매질
을 피하던 간에 쇠솔개 등에게 눈알을 쪼아먹히거나, 나무에서 떨어져
몸이 동강나거나, 도망가다가 뜨거운 잿물의 강에 빠져 익혀지는 등의
고통을 당하게 되어 있다. 이 모든 고통들은 모두 죄인이 전생에 남에
게 술을 준 과보로 인한 것이니, 엄밀히 말하면 죄인이 준 술로 인해

빚어지는 과보를 짊어지는 것이라 할 수 있을 것이다.

다음으로 규환지옥의 열세번 째 별처지옥인 파초연림처^{芭蕉烟林處}는 다른 이의 아내에게 탐심을 품고 술을 권하여 몸과 마음이 흐트러지게 한 죄업을 지은 자가 떨어지게 되는 지옥이다. 이 파초연림처는 가로 세로가 5천 요순이며, 그 안에 뜨거운 쇠불덩어리가 타고 있는데, 이른바, 열^熱만 있고 빛이 없는 지옥의 불이라 어둠 속에서 보이지도 않으며, 독한 연기가 자욱하다. 그 보이지 않는 불 속에 빨려 들어간 죄인은 온몸과 모든 감관에 불이 가득 차고, 연기에 질식되는 고통을 받게 된다. 혹여 그 불 속에서 벗어나더라도 쇠까마귀에게 뼈와 골수를 쪼아먹히게 되며, 전생에 지은 죄업의 기운이 다하는 날까지 이 파초연림처에서 벗어나지 못한다. 죄인이 한량없는 고통으로 악업을 다 갚고 나면 인간 세상에 다시 나기는 하지만 과거의 업력이 남아 늘 빈궁하고 몸에 병이 끊이지 않으며, 짧은 생을 살게 된다고 한다.

이번에는 규환지옥의 열네 번째 별처지옥인 연화림처^{煙火林處}에 대해서 이야기해보도록 하겠다. 연화림처는 원수 관계에 있는 사람에게 술을 주어 고통을 받게 한 인연으로 떨어지게 되는 지옥이다. 불교의 지옥교설에 의하면, 원수 관계가 된 인연과는 별개로 일단 누군가에게 술을 먹여서 고통을 받게 한 것 자체로 악업을 짓게 되는 것이라 할수 있다.

이 연화림처의 죄인들은 불처럼 뜨겁고, 칼처럼 날카로운 바람에 휩쓸려 공중으로 불어 올려져서 이리저리 부딪치고 몸을 가누지 못하다가 마침내 모래덩이처럼 온몸이 부서진다. 고통이 반복되면서 차라리 죽는 것이 낫겠다 싶지만 전생에 저지른 죄의 업력으로 인해 죽었다가도 끊임없이 되살아나게 된다. 또한 이 지옥의 죄인은 악업의 기운이 다할 때까지 뜨거운 불, 날카로운 칼, 무거운 쇠, 온갖 병, 뜨거운 재 등으로 인한 고통을 견뎌내야 한다. 죄인이 머나면 고통의 시간을 보내고 나서 혹여 전생의 작은 선업으로 인해 인간 세상에 나더라도 항상 사람을 지고 다니는 일을 하게 되어 목 부위에 늘 종기가 나 있게 된다고 한다.

다음으로 열다섯 번째 별처지옥인 운화무처雲火霧處는 외도나 불교도에게 술을 주어 취하게 해서 망신을 주고 조롱한 사람이 떨어지게 되는 지옥이다. 운화무라는 이름 그대로 이 지옥 안에는 거대한 불덩이가 타고 있으며 옥졸들이 들어 온 죄인들 잡아 그 안에서 걷게 한다. 온몸이 불에 타서 절명한 죄인들을 옥졸이 집어 올리면 다시 살아나서 또다시 불 속에 던져져 같은 고통을 끊임없이 반복하여 받게 된다. 마치 재처럼 형체가 사그라들었다가도 불바람에 날리면 다시 낙엽처럼 이리저리 휩쓸리면서 돌아다니는 것이 이 운화무처 죄인들의 모습이다.

다음으로 규환지옥의 열여섯 번째 별처지옥인 분별고分別苦지옥은 탐욕에 물든 이가 자신의 하인들에게 술을 먹여서 술기운에 힘입어 사냥을 하도록 만든 자가 떨어지게 되는 지옥이다. 그 이름처럼 고통을 분별分別하여 받는 지옥이라, 죄인들의 업을 갖가지로 분별하여 그에 맞는 온갖 고통을 각각 따로 받게 된다. 업에 따른 징벌을 세세하게 나누어서 받다 보니, 결국 이 분별고 지옥에서는 다른 모든 지옥에서 받는 고통보다 두 배로 받게 된다.

죄인의 몸이 지옥에서 징벌로 인해 죽었다 살아나기를 수없이 반복해도 악업은 저절로 타거나 부서지지도 않으며, 기나긴 시간 동안 서서히 죄인의 고통으로 악업을 보상하는 과정을 거쳐 소멸되어 간다. 혹여 전생의 작은 선업이 익어 죄인이 다시 인간 세상에 나더라도 성격이 괴팍하여 대하기 힘든 사람으로 살게 된다고 한다. 결국 전생의 업력의 기운이 남아 악업의 가능성을 다시 지니고 태어나게 되는 것이다.

보편적으로 지옥의 고통상은 읽는 것도 힘들 정도로 묘사의 극한을 보여주는 경우가 많다. 이 규환지옥의 죄인들이 옥졸들에게 자비를 읍소하는 장면을 읊은 게송을 읽으면 왜 불교가 지옥의 교의에서 이토록 촘촘하게 고통의 양상을 설하고 있는지 짐작할 수 있을 것이다.

그대들은 어찌 자비심이 없는가.
다시 어찌 적정寂靜하지 않는가.
나는 자비심의 그릇이니
나에게 어찌 자비심이 없는가.

이때 염라인들이 죄인들에게 답하기를,
너는 애욕의 올무에 넘어가서 악과 불선업을 저질렀다.
지금 악업의 과보를 받고 있는 것인데 어찌하여 나를 원망하는 것이냐.
또 말하기를, 네가 본디 악업을 지은 것은 욕심과 어리석음에 끌린 것이다.

그 때에 어찌 참회하지 않았느냐.

지금 참회한들 어찌 그 죄에 닿겠느냐.

5) '망어(거짓말)'의 악업과 대규환大叫喚지옥

이제는 8대 근본지옥 중 다섯 번째인 대규환大叫喚지옥을 살펴보기로 하겠다. 일단 그 명칭으로 보면 규환지옥보다 큰 지옥이니, 겪게될 고통도 더 크리라는 점을 짐작할 수 있다.

『왕생요집』에서는 이 대규환지옥이라는 곳은 규환지옥의 아래에 있으며, 가로세로의 면적이규환지옥과 같고, 고통 받는 모습도 같은데 다만 앞의 네 근본지옥과 그에 딸린 16별처지옥의 모든 고통을 열 배로 받는다고 말하고 있다. 인간세계의 8백년이 화락천의 하루가 되고, 화락천의 수명인 8천년이 이 대규환지옥의 하루이며, 대규환지옥의 수명은 8천년이라고 한다.

그렇다면 어떠한 과보로 인해 이 대규환지옥에 떨어지게 되는 것일까? 『정법념처경』에 따르면 이 대규환지옥의 업인은 이전의 네 가지 근본지옥에 해당되는 살생, 도둑질, 삿된 행, 음주 외에 망어가 추가된다. 따라서 대규환지옥과 그에 부속된 16 별처지옥에서는 망어와 관련된 온갖 죄업과 그 과보로 인한 온갖 고통상이 설해지게 될 것이다.

『정법념처경』에서는 망어妄語의 업에 대해 "가장 큰 악을 기르고 충족시키는 것으로서, 모든 선한 이들이 미워하는 것이며, 모든 나쁜 것이 나오게 되는 문"이라고 선언하고 있다. 그러한 '망어'의 업도 그 의

도와 결과가 다양하리라 생각된다. 그렇다면 중생을 대규환지옥으로 떨어지게 만드는 '망어'의 악업이란 어떤 것일까?

첫째, 마음속으로는 진실을 알면서 입으로 바로 말하지 않는 것을 '망어'라고 한다. 스스로 정직하다고 말하면서도, 재물이나, 지인의 편을 들기 위해서, 또는 탐욕으로 인해 진실을 속이고 자신의 양심을 무너뜨리는 것이다.

둘째, 자신의 상황과 입장에 따라 다른 말을 하는 것으로서, 이는 그 상황에 연루된 이들 각각에게 죄를 짓는 것이 된다. 더군다나 그 망어로 인해 연루된 이들이 처벌을 받게 되거나, 억울하고 두려운 삶을 살게 된다면 그 죄업이 더욱 커지게 된다. 결국 망어는 자신과 남을 속이는 거짓말로서, 그 거짓말로 인해 남에게 피해를 주는 것은 물론 자신의 선근까지 무너뜨리고, 세간의 악을 키우게 되는 결과를 낳게 되는 죄업이라 할 수 있을 것이다.

그렇다면 망어의 과보로 인해 대규환지옥으로 떨어지게 되는 죄인은 어떠한 고통을 받게 되는 것일까? 기본적으로 망어는 입으로 짓게 되는 죄업이므로 가장 먼저 혀에 고통을 당하는 것을 볼 수 있다. 옥졸이 길게 뽑힌 죄인의 혓바닥에 뜨거운 쇳물을 들이부으면 바로 뜨거운 부리를 가진 벌레가 생겨나는데, 그 벌레들은 다시 죄인의 혀를 갉아먹게 된다. 문제는 그 고통을 당하는 죄인이 아무리 애를 써도 다시 그 혀를 입속으로 집어넣을 수가 없다는 것이다.

이 대규환지옥의 죄인들의 입속에는 퇴충蛻虫이라는 벌레가 있어서 이를 뽑아내고, 악업의 바람이 불면 잇몸이 모래처럼 부서지게 되며,

뜨거운 칼바람이 목구멍을 깎아내고, 불꽃의 부리를 가진 쇠벌레가 심장을 파먹는다. 또한 거짓말 하는 이들은 그 악업 때문에 몸속에 불타는 부리를 가진 벌레가 생겨서 몸을 파먹는 까닭에 위급한 병이 생기고, 옥졸이 쫓아다니며 불타는 쇠톱으로 몸을 켜기 때문에 늘 안팎의 고통에 시달리게 된다.

『정법념처경』에서 나와 남을 속이지 말고, 진실만을 말할 것을 설하는 불타의 게송 중에 두 구절을 적어 본다.

누구나 사람으로 태어날 때
그 입 안에 커다란 도끼 있어
제 몸을 능히 베나니
그것은 바로 거짓말이다.

부모도 재물도 아니요
벗이나 친한 사람도 아니다.
능히 저승에서 구호하는 것
오직 진실한 말이 구할 수 있다.

다음으로, 대규환지옥의 별처지옥들에 대한 이야기를 시작하기에 앞서, 경전 속에 서술된 죄와 지옥, 과보와 고통상에 대한 그간의 사유를 약간 정리해보고자 한다.

인도에서 전입된 한역경전들의 내용을 보면 누군가 절대적인 심판자가 있어 전생에 지은 죄업을 판결하고 그에 따른 징벌을 받는 구조라기보다는 자신의 죄업에 상응하는 고통으로 갚아가는 것임을 알 수 있다. 죄업을 고통으로 갚는다는 결과론적 측면에서는 양자의 차이가 없어 보이겠지만, 후자의 경우에는 죄에 대한 '참회'와 '수행'이 개입할 여지가 생긴다는 점이 다르다. 경전의 내용을 보면 옥졸들이 죄인을 때리면서 '왜 뉘우치지 않느냐'고 추궁하는 게송들이 자주 등장하는 것도 이 때문일 것이다.

당송대에 새로이 형성된 시왕신앙에 이르면 사후의 심판에 대한 교의적 짜임새가 재구성되지만 그 이전에 인도에서 전입된 한역경전의 지옥교설에서는 죄의 본성과 그에 따른 과보에 대한 치밀한 관조가 주를 이룬다. 다시 말해 인도에서 성립된 불교문헌의 지옥 교설에서는 단지 죄벌에 대한 경고만이 목적이 아니라, 어떤 것이 죄인지, 그것이 왜 죄가 되는지를 끊임없이 각인시키려고 노력했던 점이 드러난다. 죄의 원인과 과보를 알아야 죄업을 소멸시킬 수 있는 참회의 수행도 제대로 이루어질 수 있기 때문에 현대의 인간들 역시 지옥을 치밀하게 사유하는 것이 필요하다는 생각이다.

이제 대규환지옥의 첫 번째 별처지옥인 후후처吼吼處에 대해서 알아보기로 하겠다. 후후처는 '아우성치며 우는 곳'이라는 이름에서부터 뭔가 입으로 내뱉는 말로 쌓은 구업口業을 갚는 곳임을 짐작케 한다. 그렇다면 어떤 구업으로 인해 이 후후처지옥에 떨어지게 되는 것일까? 『정법념처경』에서는 친구들 간의 싸움에서 특정인의 편을 들기 위해 진실이 아닌 거짓을 말한 자들이 그 과업으로 인해 후후처에 떨어지게 된다고 말한다. 다시 말해, 자신의 입장과 상황에 따라 거짓말을 해놓고도 이에 대한 양심의 가책과 후회도 없으며, 나중에도 자주 거짓말을 하는 자가 떨어지게 되는 지옥이라는 것이다.

이 후후처 지옥에서는 먼저 쇠칼로 턱밑을 뚫어서 과보의 근원이 된 혀를 끄집어내서 더러운 것을 바르고, 불꽃부리를 가진 벌레가 그 혀를 물어뜯는 고통을 당하게 된다. 죄인은 혀뿌리가 타고 입안이 다 문드러질 때까지 그가 전생에 지은 거짓말의 악업을 갚아야 한다. 혹여 죄업의 기운이 다한 후에 전생에 지은 작은 선업이라도 있어서 인간 세상에 다시 나더라도 업력으로 인해 늘 사람들에게 멸시와 천대를 당하고 수명도 짧은 삶을 살게 된다고 한다.

다음 수고뇌무수량처受苦惱無數量處는 탐욕이나 분노로 인해 거짓말하는 것, 자신의 의지가 아닌 남이 시키는 거짓말을 하는 것, 자신과 가까운 무리의 이익을 위해 하는 거짓말의 죄업으로 인해 떨어지게 되는 지옥이다. 이 수고뇌무수량처에서는 대규환지옥 이전의 근본지옥인 등활지옥, 흑승지옥, 중합지옥, 규환지옥 등에서 받는 것을 모두 합친 것만큼의 고통을 당하게 된다. 이는 거짓말이 갖는 부정적인 확장성 때문에 이전의 업; 살생, 음주, 사음 등보다 무거운 것으로 해석했기 때문일 것이다. 사람의 말이란 계속 퍼져나가게 되어 있는 것이기 때문에 그 거짓말에 얽힌 악업의 인연도 계속 자라날 수밖에 없는 것이라, 그에 따른 지옥의 고통 역시 커질 수밖에 없는 것이다. 거짓말의 또 다른 부정적인 업은 선근의 기둥을 끊어 없애게 되는 것이다. 사람들의 입을 타고 다니면서 또 다른 오해와 악을 재생산하는 거짓말의 악업이 종내는 사람들의 선근을 파괴시키는 것에 대해 강력하게 경고하는 교의라 하겠다.

그렇다면 이 수고뇌무수량처에서는 어떤 고통을 받게 되는 것일까? 지옥에서 겪을 수 있는 모든 고통의 집합처인 이곳에서는 벌레가 생기는 것·주리고 목마른 것·큰 불에 타는 것·희망이 없는 것·위안이 없는 것·빛이 없이 어둠만 있는 것·서로 부딪치는 것·불쾌한 접촉·빛깔과 소리, 냄새로 인한 고통·전생의 원수가 와서 칼로 베는 것·뜨거운 재가 흐르는 강을 건너야 하는 것·쇠갈고리로 찍히는 것·험한 벼랑에서 떨어져 큰불에 타는 것·맞아서 생긴 상처에 풀을 붙였다가 마른 후에 다시 풀을 떼어내는 고통 등을 겪게 된다.

이 수고뇌무수량처의 죄인은 기나긴 고통 끝에 죄업을 다 소멸하고 나서 혹여 인간 세상에 태어나더라도 남은 업력으로 인해 늘 입이나 목구멍과 관련된 질병을 앓기 쉬우며, 사람들에게 불신을 당하며 살게 된다고 한다.

다음 대규환지옥의 세 번째 별처지옥인 수견고뇌불가인내처受堅苦惱不可忍耐處는 말 그대로 '참기 힘든 참혹한 고통을 받는' 지옥이다. 왕과 관리 등의 권력자에게 잡혀서 두려움 때문에 다른 사람에게 위증하거나, 살아남기 위해 거짓말을 하는 것이 악업이 되어 이 수견고뇌불가인내처에 떨어진다고 한다.

이 수견고뇌불가인내처의 죄인들은 악업으로 인해 몸속에 뱀이 생기는데, 그 뱀이 몸 안 곳곳을 돌아다니면서 힘줄을 잡아당기고, 내장들을 뜯어 먹으며, 이리저리 뒹굴기 시작하면 그 고통을 참기 힘들다. 몸속에 생겨난 뱀은 맹렬한 불에 그슬리고 태워지는 것보다 더한 고통을 주지만 죄인은 전생의 악업이 지워질 때까지는 마음대로 죽을 수도 없어서 기나긴 시간 동안 견뎌내야만 한다.

만일 그 악업의 기운이 다하면 지옥에서 벗어날 수 있는데, 요행히 전생의 선업이라도 있으면 다시 인간 세상에 날 수는 있지만, 태중에서부터 그 어미에게 병을 가져다주고, 태어난 후에도 고치기 힘든 병을 지니고 살게 된다고 한다. 이러한 상황들이 모두 전생의 업력이 여전히 작용하기 때문임은 더 말할 필요도 없을 것이다.

다음 대규환지옥의 네 번째 별처지옥인 수의압처隨意壓處 역시 거짓말의 업으로 인해 떨어지게 되는 지옥이다. 진실을 알면서도 자신의 이익을 위해 억지로 거짓을 우기고, 스스로 그것을 진실로 믿어버리는 이들, 말로 남을 누르고 자신만이 옳다고 강변하는 이들이 가게 되는 지옥이기에 '수의압隨意壓'이라는 이름이 붙은 것으로 생각된다. 여기서 '수의隨意'란 '자신의 의지대로 행하는 것', 그리고 '압壓'은 '남에게 강제하고 압박하는 것'으로, 자신의 이해와 의지에 따라 다른 사람을 조정하고 압박하는; 이른바, 가스라이팅(gaslighting)에 가까운 개념일 것이다.

그렇다면 진실을 속이면서 타인을 압박하는 거짓말의 악업은 어떤 고통으로 갚게 되는 것일까? 전생에 진실을 속이고 말로써 다른 이를 압박했기 때문에 지옥에서도 눌리게 되는 고통을 겪게 된다. 이 수의압처에서는 옥졸이 죄인을 쇠화로 속에 넣고 쇠로 된 두 개의 풀무 속에 바람을 가득 채워서 풀무질을 한 다음, 쇠집게로 죄인을 집어내어 쇠다듬잇돌 위에 올려놓고 쇠망치로 다진다. 그래도 죽지 않고 있는 죄인을 쇠집게로 다시 집어 끓는 쇠솥에 넣어 익힌 다음에 끄집어내서 다시 쇠몽둥이로 다지기를 끊임없이 반복한다. 죄인은 기나긴 시간 동안 고통을 당하다가, 마침내 전생에 지은 악업의 기운이 다하면 인간 세상에 다시 나기도 하지만 업력으로 인해 늘 성내는 일이 잦아서 다른 사람의 신뢰를 얻지 못하게 된다고 한다.

다음으로 다섯 번째 별처지옥인 일체암처一切闇處는 여인과 간음한 자가 그 사실을 부인하고, 결국 그 여인만 집안에서 재앙을 당하게 한 죄로 떨어지게 되는 지옥이다. 거짓말로 지은 죄를 부정하고 그것이 또 다른 악업을 키운 것이기 때문에 지옥에서도 주로 죄인의 혀에 고통을 가하게 된다.

일체암처의 옥졸들은 죄인을 잡아 머리를 쪼갠 후에 혀를 빼어 칼로 베고, 그 다음에 다시 자라나면 불에 달궈진 칼로 다시 베어낸다. 전생에 지은 악업의 기운이 사라질 때까지 이 고통이 끊임없이 반복된다. 지옥에서 전생의 악업을 다 갚은 죄인이 혹여 인간 세상에 다시 태어나더라도 죽을 때까지 처자가 없이 혼자 살게 되며, 자유롭지 못한 몸으로 늘 구걸을 해야 하고, 수명 역시 짧다고 한다.

이제 대규환지옥의 여섯 번째 별처지옥인 인암연처人闇煙處에 대해 알아보고자 한다. 인암연처는 함께 동업하기로 맹세한 인연들을 속이고 몰래 이익을 취한 자가 떨어지게 되는 지옥이다. 마치 맡겨둔 재물의 이식利息을 떼어가듯 끊임없이 온몸의 살을 베어내고, 그 자리에 또 새 살이 차오르면 다시 베어내는 고통을 반복하는 것이 이 지옥의 특징이다. 또한 죄인의 몸속에는 금강의 단단한 부리를 가진 불꽃의 벌레가 생겨서 온몸을 파먹고 여기저기 불태우게 된다.

죄인이 인암연처 지옥에서 죄업을 다 갚은 후에 인간세계에 다시 나더라도 동업의 인연을 속인 업력의 기운으로 인해 늘 몸의 피부가 문드러지고, 머리에는 습충이 생겨 자주 짓무르게 된다. 또한 후생에서는 그가 하는 말을 누구도 잘 믿어주지 않고, 사람들의 신뢰와 애정을 얻지 못하며, 이재를 운영하는 감각이 전혀 없어서 항상 가난한 삶을 살아가게 된다고 한다.

다음으로 대규환지옥의 일곱 번째 별처지옥인 여비충타처如飛虫墮處는 어떠한 업인으로 떨어지게 되는 곳일까?

승려의 의복이나 곡식 등을 가져다 팔고서 그 매매금액을 속여 합당한 이익금보다 훨씬 적게 갖다주고 사사로이 착복한 자들이 바로 여비충타처에 떨어지게 된다고 한다. 이는 신도들이 보시한 의복과 곡식 등의 생필품 중에서 여유분을 팔아 승가의 운영에 보태는 과정에서 매매를 유통하는 자들이 승려들을 속이고 부당하게 이익을 취했던 상황이 반영된 교설로 생각된다.

이 여비충타처에서는 쇠로 된 지옥의 개들이 죄인의 배를 물어뜯으며 내장과 등까지 다 파먹는다. 이 지옥의 옥졸들은 불타는 도끼를 들고 죄인의 몸을 한 부분씩 토막 내어 개에게 먹이로 던져준다. 나중에는 죄인의 뼈까지 다 쪼개서 골수를 끄집어내고, 뜨거운 쇠갈고리를 턱에 걸어 쪼갠 후에, 뜨거운 쇠집개로 혀를 빼내거나 하는 등의 고통을 준다.

이 지옥의 이름인 '여비충타如飛虫墮'는 옥졸들이 지옥 안에 빈틈없이 큰불을 놓아두고, 죄인들이 마치 하루살이 벌레처럼 그 안에 날아 들어가서 타죽는 모습을 묘사한 것이다. 지옥의 특성상 죄인이 한 번 타서 죽으면 끝나는 것이 아니라, 죽었다가도 다시 살아나서 하루살이처럼 불 속으로 뛰어들어 다시 타죽는 것을 끊임없이 반복하면서 죄업을 갚아나간다. 기나긴 고통의 시간이 지나고, 혹여 전생의 작은 선업이 익어 죄인이 인간 세상에 다시 나더라도 전생의 업력으로 인해 늘 화재의 위험을 안고 살아야 하는데, 아무리 많은 사람이 철저하게 지켜도 기어이 그가 가진 것을 다 태우게 된다고 한다.

다음 대규환지옥의 여덟 번째 별처지옥인 사활등처死活等處에 대해 알아보기로 하겠다. 사활등처死活等處는 남에게 일부러 거짓 정보를 알려줘서 그 사람의 모든 재물을 잃게 만드는 과보로 인해 떨어지게 되는 지옥이다. 이 사활등처에서는 '죽었다가 살아나는[死活]' 지옥 이름에 걸맞게 몽둥이로 치면 죽었다가 다시 살아나는 일이 끊임없이 반복된다. 혹여 죄인이 그곳에서 벗어나 도망하더라도 이내 우발라優鉢羅숲을 발견하고는 어떠한 고통이 기다리고 있는지 가늠조차 하지 못한 채 숲으로 달려가게 된다. 죄인이 푸른 연꽃이 가득한 숲이라고 생각했던 곳에는 실은 푸른 불꽃이 마치 숲처럼 넘실대고 있다. 이 지옥의 옥졸들은 숲으로 도망쳐 오는 죄인들을 잡아 푸른 불꽃의 숲에 올려놓고 태우지만 이미 업력으로 인해 손발과 눈이 없어진 죄인들은 마음대로 도망칠 수도 없다.

이 지옥의 죄인들은 그렇게 한량없는 시간을 타서 재가 되었다가 다시 살아나서 또 다시 타서 죽는 고통을 되풀이하며 아주 천천히 전생의 죄업을 갚아나가게 된다. 이윽고 악업이 다하는 어느 시간에, 전생의 작은 선업이라도 있으면 인간 세상에 다시 날 수는 있지만, 그가 하는 말은 늘 이치에 맞지 않고 횡설수설하여 다른 이의 신뢰를 얻지 못하며, 혹여 재물이 생기더라도 권력자에게 빼앗기고 종내는 감옥에서 생을 마감하게 된다고 한다. 이는 거짓말로 남의 재산을 잃게 만든 악업의 기운이 후생에까지 미치는 결과라 하겠다.

이번에는 대규환지옥의 아홉 번째 별처지옥인 이이전처異異轉處에 대해 알아보기로 하겠다. 이이전처 역시 거짓말의 악업으로 인해 떨어지게 되는 지옥으로서, 간사하게 아첨하는 말을 하거나, 또는 거짓말 몇 마디로 다른 이의 이해관계나 일의 성패, 생사까지 좌우하는 이들이 죽은 이후에 가게 되는 곳이다. 이이전처의 업인과 관련하여 특기할만한 점은 사회에서 덕망이 높기로 소문난 이나, 적중률이 높아서 인기 있는 점장이들의 말로 인해 사람들이 서로 싸우고, 재물을 잃는다면 그들의 말 역시 지옥행의 업인이 된다는 것이다.

이이전처에 떨어지게 된 죄인은 그가 전생에서 익히 알던 친구, 친지들이나 좋은 이웃, 가족들을 멀리서 보게 된다. 죄인은 멀리 떨어진 곳에서 다정하게 위로하는 가족과 지인들에게 달려가려 하지만 무슨 이유에선지 그들에게 가까이 다가갈 수가 없다. 뛰어가다가 불씨가 피어 오르는 재구덩이에 빠지고, 겨우 다시 나와서 신기루 같은 지인의 무리에게 달려가려 하지만 곧 옥졸들의 쇠갈고리에 걸리고 만다. 죄인을 잡아챈 옥졸은 이내 불타는 쇠톱으로 마치 나무를 켜듯이 죄인의 몸을 켜기 시작한다.

겨우 불톱의 고통에서 벗어난 죄인이 다른 곳으로 도망치다가 다시 옥졸들에게 붙잡히게 되면 이제부터는 불타는 칼이 돌아가는 바퀴 밑에 깔리게 된다. 불이 붙은 채로 돌아가는 칼바퀴는 이내 죄인의 몸을 가루로 만들어버리는데, 그렇게 죽었다가도 다시 몸이 온전해진 채로 살아나서 또다시 바퀴에 갈리는 고통을 반복하게 된다.

이 칼바퀴의 고통을 벗어난 죄인은 저 멀리서 자신을 위로하는 지인과 가족들을 발견하고, 곧바로 그들에게 달려가려고 하나, 길 곳곳에 있는 쇠갈고리에 걸려 찢기거나, 거대한 지옥의 사자를 만나 그 입속에 들어가게 된다. 지옥의 옥졸들은 거대한 사자의 이빨 사이에 끼어 있는 죄인을 갈고리로 걸어서 당겨 내린다. 그 와중에도 죄인들은 지인과 가족들의 환영을 좇아 끊임없이 달리다가 발바닥에서부터 온몸이 타들어가게 된다.

이이전처의 죄인들로 하여금 그토록 달려가게 만드는 친한 무리의 신기루는 결국 그가 생전에 거짓으로 만들어냈던 자신의 이미지이자, 스스로 믿고 집착했던 것들의 표상이라고 할 수 있다. 언제나 남들에게 '진실한 사람'으로 보이게 하고, 믿게 만들었던 그 거짓말들의 업력이 결국 지옥에서 신기루의 형태로 나타나 죄인을 고통으로 이끌게 되는 것이다.

다음으로 대규환지옥의 열 번째 별처지옥인 당희망처唐悕望處는 어떠한 죄업으로 인해 떨어지게 되는 곳일까? 이 지옥은 굶주린 자, 목마른 자, 병든 자, 빈궁하고, 고독하며 어리석은 자들에게 보시를 약속하고도 제대로 이행하지 않은 이들이 떨어지게 되는 곳이다. 다시 말해, 음식과 옷, 집 등을 구걸하는 이들의 희망을 저버리고 단념하게 만든 이들이 사후에 떨어지게 되는 지옥이라고 할 수 있다.

만약 죄인들이 전생에 남들에게 절망을 안겨준 대상물이 음식이라면, 당희망처 지옥에서 음식으로 인해 고통을 당하게 된다. 지옥에서 늘 목마르고 굶주려 있는 죄인이 문득 향기롭고 맛난 음식을 발견하고 미친 듯이 달려가지만 정작 그곳에 다다르면 음식은 간데없고 불꽃이 피어 오르는 쇳물이 있을 뿐이다. 음식이 있는 곳으로 달려가는 도중에도 길의 곳곳에 있는 쇠갈고리에 걸려서 몸의 곳곳이 찢어지기 일쑤이다.

행여 그가 음식이라고 믿었던 쇳물 옆에 가까이 가기라도 하면 독한 냄새로 인해 코가 타버리게 되고, 몸의 일부에 쇳물이 닿으면 이내 반딧불 같은 불꽃을 내면서 온몸이 타기 시작한다. 또한 헐벗고 추위에 떠는 이들에게 자리와 침구를 보시해 준다고 해놓고도 그것을 실천하지 않은 이들은 그 거짓말의 업력으로 인해 이 지옥에서 늘 추위와 더위에 시달리게 된다. 이 당희망처 지옥의 바닥은 뜨거운 동판으로 되어 있기 때문에 죄인들은 열기에 녹았다가 타기를 반복하면서 끊임없이 고통에 시달리게 된다. 그밖에 집을 보시하겠다고 해놓고도 약속을 지키지 않은 이들은 이 지옥에서 환희확歡喜鑊이라는 50요순 크기의 거대한 솥에 거꾸로 처박혀서 푹 익혀지기를 반복하게 된다. 결국 전생에 지은 거짓말이 다른 이들의 희망을 꺾게 된다면, 후생의 지옥에서는 그 거짓말의 객체가 되는 대상물들이 역으로 죄인에게 고통의 원인이 되는 구도가 된다고 할 수 있을 것이다.

이번에는 대규환지옥의 열한번째 별처지옥인 쌍핍뇌처雙逼惱處에 대해 알아보기로 하겠다. '쌍핍뇌雙逼惱'라는 이름에서 유추해보건대, 두 가지의 고통이 한꺼번에 압박하는 지옥이리라는 것을 짐작해볼 수 있다. 이 쌍핍뇌처는 마을공동체나 조직 내의 갈등과 반목 중에 거짓으로 자신과 남을 속이고 파괴하며 다른 이가 벌을 받게 되면 속으로 이를 기뻐하는 이가 가게 되는 지옥이다. 그렇다면 이 지옥에서는 어떠한 식으로 고통을 받길래 쌍핍뇌처라는 이름이 붙게 된 것일까?

쌍핍뇌지옥 안에는 불타는 어금니를 가진 거대한 사자가 있어서 늘 죄인들을 잡아 올려서 뜨거운 입속으로 집어넣는다. 문제는 지옥에서는 물리적으로 죄인이 죽는 것 자체가 불가능한 까닭에 사자에게 잡아먹혔다가도 뱉어내면 다시 살아나고, 살아나면 깨물어서 죽였다가 다시 뱉어내서 살아나는 고통을 무한하게 반복한다는 것이다. 또한 지옥 사자의 이빨은 그 자체가 불꽃이라, 입속에 들어가 씹히면서 동시에 살갖과 근육, 장기와 뼈가 타는 이중의 고통을 겪어야 하기 때문에 '쌍핍뇌'라는 명칭이 붙은 것으로 생각된다.

이 지옥에 떨어진 죄인이 기나긴 고통으로 전생의 죄업을 다 갚은 후에 간혹 인간 세상에 다시 날 수는 있지만, 거짓말의 업력으로 인해 뱀에게 물려 죽거나, 사자, 곰, 호랑이 등의 맹수에 의해 잡아먹히게 된다고 한다. 결국 입으로 한 거짓말로 남에게 고통을 준 댓가를 후생에서 맹수의 입에 먹히는 것으로 치른다고 보면 될 듯싶다.

다음으로 대규환지옥의 열두 번째 별처지옥인 질상압처迭相壓處에 대해 알아보기로 하겠다. 이 질상업처에 떨어지는 업인에 대해서는 먼저 경전이 저술되던 시점의 인도문화에 대한 이해가 필요해 보인다. 집안에서 형제나 인척간에 분쟁이 생기면 이 일과 관련이 없는 아주 먼 집 안사람이 와서 증인이 되는 습속이 있었던 것으로 생각된다. 이때 집 안사람들이 자신과 가까운 이에게 이로운 쪽으로 거짓을 말하거나, 아 니면 그 증인의 그릇된 인식과 판단을 유도하기 위하여 분쟁 당사자들 이 계교를 꾸민다면 그러한 악업이 차곡차곡 쌓여서 사후에 질상압처 에 떨어지게 된다는 것이다. 죄인은 이 질상압처 지옥에서 전생에 자 신이 속인 증인 친척을 만나서, 그가 가위로 베어주는 살을 입에 넣고 먹어야 하는 고통을 당하게 된다. 죄인의 악업으로 인해 그 살은 베어 내도 없어지지 않고 여전히 그 자리에 다시 붙어있어서 끊임없이 억지 로 살을 먹는 고통을 당해야 한다.

이때 질상압처의 옥졸이 죄인을 꾸짖으며 부르는 게송 중에 한 구 절을 옮겨보도록 하겠다.

진실한 말은 입을 잘 구제할 수 있고
진실로 말미암아 모든 법을 얻을 수 있다.
진실은 등불 중의 제일이라,
여래께서 이렇게 말씀하셨다.

전생의 악업이 사라지기 전까지 끝없이 고통을 받던 죄인이 이전의 작은 선업으로 인해 인간 세상에 다시 날 수도 있지만 업력으로 인해 늘 타인에게 사기를 당하고, 재물을 얻었다가도 이내 빼앗기거나 잃게 되며, 누구의 신용도 얻지 못한다고 한다.

다음 금강취오처金剛嘴烏處는 이름 그대로 금강의 부리를 가진 까마귀가 죄인을 쪼아 먹는 고통을 당하는 지옥이다. 까마귀에게 먹힌 부분은 이내 보드라운 새살이 돋아나지만, 다시 그 연한 새살을 쪼이게 된다고 한다. 이 금강취오처는 병에 걸린 스님에게 약을 시주하겠다고 약속하고서 그 보시를 실천하지 않은 자가 떨어지게 되는 곳으로, 금강의 부리를 가진 까마귀 외에도 뜨거운 쇠모래의 고통이 늘 죄인들을 기다리고 있다. 쇠모래 속에 태어난 죄인은 발로 그 모래를 밟기만 해도 온몸이 타버리게 된다. 또한 그가 전생에 죄업을 짓는데 크게 공헌했던 죄인의 혀는 끊임없이 죄인 자신에 의해 먹히게 되는 순환을 반복한다. 이는 죄인이 전생에 혀로 거짓을 말했기 때문에 그 죄업에 대한 응보 역시 혀를 통해 받게 되는 것으로 이해할 수 있을 것이다.

대규환지옥의 열네 번째 별처지옥인 화만처火鬘處는 '화만火鬘'이라는 이름 그대로 온통 불꽃처럼 뜨거운 열의 지옥이다. 인도에서 여름을 지내본 이라면 지옥 교설에서 유난히 열 지옥에 관한 내용이 등장하는 배경을 이해할 수 있을 것이다. 요사이는 한국의 여름도 도시의 열섬 현상이나, 온난화 현상으로 인해 만만치 않게 뜨거워져서 더더욱 이 지옥 교설에서 말하는 환경이 실감이 난다.

대체 어떠한 고통들로 채워진 지옥이기에 이곳에 '화만'이라는 이름이 붙게 된 것일까? 이 화만처의 옥졸은 뜨겁게 달구어진 철판 위에 죄인을 눕히고 다시 그 위에 달군 철판을 덮어서 죄인을 그야말로 붉은 꽃 색깔을 한 '잿가루'로 만든다. 철판을 떼어내면 양면에 붙어있는 지방과 힘줄, 뼈의 가루들이 다시 원형대로 달라붙어서 살아나게 되고 끝없이 반복해서 고통을 받게 된다.

죄인들은 이 형벌이 너무 두려워 다른 곳으로 달아나서 이곳저곳 구원해줄 곳을 찾다가 이내 잿물의 강으로 뛰어들게 된다. 죄인들도 뜨거운 재의 고통을 모르지는 않지만, 자신을 잡으러 쫓아오는 옥졸들을 피해서 어쩔 수 없이 잿물의 강으로 뛰어드는 것이다. 이 재의 강에서는 죄인들의 온몸이 그 열기에 녹아서 마치 치즈처럼 흐물흐물 해지지만, 여느 지옥이 그렇듯이 절대로 죽지 않고, 죽었다가도 다시 살아나서 그 고통을 반복해야 한다. 또한 이 화만처의 곳곳에서 불타고 있는 대숲이 지옥 안의 죄인들까지 모두 태우지만, 전생의 죄업을 다 지울 때까지는 어디고 이들이 도망하여 피할 곳도 없다. 그렇다면 어떠한 죄의 업력으로 인해 이 뜨거운 지옥에 떨어지게 되는 것일까.

『정법념처경』에서는 이 화만처에 대해 조직에 속한 인간이 내부의 규율을 어기고도 거짓으로 자신의 죄를 발뺌하는 경우에 떨어지게 되는 지옥으로 설명하고 있다. 거짓말로 인한 부정적인 결과가 구체적으로 제시되지 않은 상황에서 그 죄업에 연관된 지옥의 고통을 설명하고 있기 때문에 조금 심하지 않나 하는 생각도 들 수도 있을 것이다. 하지만 불교가 아무리 초세간의 종교라 해도 그 구성원들은 여전히 조직 혹은 사회로부터 자유롭지 않기 때문에, 교의의 차원에서 내부적 규범을 지키지 않는 행위를 견제하기 위해 마련한 장치 중의 하나로 이해하면 되지 않을까 생각된다.

다음으로 대규환지옥의 열다섯 번째 별처지옥인 수봉고처受鋒苦處에 대해 알아보기로 하겠다. '수봉고受鋒苦'라는 이름에서부터 벌써 뭔가 날카로운 쇠로 인한 고통이 짐작되는 이 지옥은 불·법·승 삼보에 보시를 약속했다가 '그런 적이 없다'고 번복하여 승가공동체를 낭패시키는 이들이 떨어지게 되는 곳이다.

이 수봉고처에서는 옥졸들이 가늘고, 길며, 불에 타고 있는 바늘로 죄인들을 늘 콕콕 찌른다고 한다. 죄인들이 그 고통에 비명을 지르면 이번엔 마치 화살통 안에 가득 꽂힌 화살처럼 입 안 가득 바늘이 차서 혀를 찌르게 된다. 또한 온몸에 고슴도치처럼 바늘이 박히게 되는데, 그 바늘의 개수가 몸에 나 있는 터럭의 숫자와 같다고 한다.

죄인들이 바늘에 찔리는 고통을 못 이겨 땅에 쓰러지면, 쓰러진 쪽의 몸에 박힌 바늘이 살 속으로 파고들면서 더한 고통에 시달리지만, 온몸에 바늘이 박혀 있는 동안은 비명을 지를 수조차 없다. 혹시라도 바늘이 몸에서 빠지면 소리는 낼 수 있지만, 박혀 있으면 아무 소리도 낼 수 없는 것이다. 결국 이 교설에 따르면, 보시와 관련한 거짓말이나, 기부에 관련된 허언을 할 때마다 후생의 자기 몸에 바늘을 한 웅큼씩 꽂는다고 생각하면 될 것 같다.

이 수봉고지옥의 죄인들이 전생의 죄업을 고통으로 다 갚은 후에, 혹여 다른 작은 선업이 익어서 인간 세상에 다시 태어날 수도 있지만, 후생에서는 늘 사람들이 그의 말을 믿지 못하며, 끝내 걸인의 삶을 살게 되는데, 구걸을 하더라도 주는 사람들이 자주 변심하는 까닭에 몹시 힘들다고 한다. 이는 전생에 그가 보시를 약속했다가도 거짓말을 하며 번복했던 좋지 않은 업력 때문일 것이다.

이번에는 대규환지옥의 열여섯 번째 별처지옥인 수무변고처受無邊苦處에 대해 알아보기로 하겠다. '무변無邊', '무량無量', '무궁無窮', '무앙無央',

'무진無盡' 등은 불교경전에서 '끝도, 제한도 없는 확장성'을 의미하며, 시간과 공간, 질량과 부피, 수량 등에 모두 적용되는 개념이다. 도대체 고통의 질량, 겪어야 하는 시간이 어느 정도 이길래 '무변고無邊苦'라는 이름이 붙은 것일까?

이 대규환지옥과 그에 딸린 별처지옥으로 떨어지게 되는 주요 업인이 '망어' 즉 '거짓말'이기 때문에 이 지옥에서 겪는 고통 중에는 혀나 입과 관련된 것들이 유난히 많이 등장한다. 바로 타인에게 거짓말을 행하는 주요 수단인 발성기관에 고통을 가하는 형태인 것이다. 이 지옥에서는 옥졸이 뜨겁게 달군 쇠집개로 죄인의 혀를 잡아 뽑는데, 한 번 뽑힌 자리에 다시 연한 새 혀가 자라나 끝없이 반복해서 뽑히는 고통을 당하게 된다. 나중에는 혀뿐만 아니라 눈알까지 뽑고, 그 와중에 단충斷虫이라는 벌레가 죄인의 내장을 갉아먹는다.

그뿐만 아니라 이 수무변고처 지옥 안에는 거대한 물고기인 마갈어가 있어서 불타는 금강 주둥이와 불꽃이 이글대는 금강 발톱으로 죄인을 잡아서 씹어 먹는다. 이윽고 마갈어의 뱃속으로 들어간 죄인은 불꽃에 둘러싸여 무량, 무변한 시간 동안 그가 전생에 한 거짓말의 업이 사라질 때까지 한량없이 타고 그을리면서 고통을 당해야 한다.

그렇다면 이 수무변고처는 어떤 거짓말의 업을 지은 죄인이 가게 되는 것일까? 이 지옥에 대해 서술하고 있는 『정법념처경』을 보면 해양무역을 위해 바다로 나가는 무역 선단을 안내하는 이 중에 해적과 결탁하여 상인들의 재물을 약탈하는 일들이 있었음을 짐작할 수 있다. 이 수무변고처는 바로 이러한 죄업을 지은 자들을 위해 준비된 지옥이라 할 수 있다. 그래서 이 지옥에서는 거짓말을 한 입과, 제대로 안내자 역할을 하지 못한 눈에 형벌을 가하고, 가장 거대한 물고기인 마갈어의 뱃속에서 죄인들이 무변한 시간 동안 고통을 받게 하는 구도인 것이다.

지옥교설을 다루는 경전들의 지향은 단지 죄인들을 벌주는 것이 아니라, 오계에 근거하여 어떤 것이 지옥에 떨어지는 죄인지, 그것이 왜 죄가 되는 지를 알려주고, 중생들을 계도하려는 데에 있는 것으로 보인다. 그래서 경전에서는 옥졸들의 입을 빌어 자주 중생의 죄에 대한 인식을 환기시키는 게송이 등장하는데, 아래에 그 중 한 구절을 소개한다.

거짓말은 모든 고통의 종자라고
지혜로운 이가 그렇게 말했나니
즐거움의 근본은 진실이 제일이라
그러므로 거짓말을 하지 않아야 한다.

다음으로 대규환지옥의 열일곱 번 째 별처지옥인 혈수식처血髓食處는 왕이나, 지역의 권력자가 정해진 세금 외에 추가로 거둬들이는 행위가 업인이 되어 떨어지게 되는 지옥이다. 왕이나 권력자가 이미 정해진 세법을 어기는 것 자체가 신민들에게 한 약속을 저버리는 거짓말을 하는 것으로 인식되고 있는 것이다.

이 혈수식처에 죄인이 들어오면 옥졸은 그를 불꽃에 타는 나무에 거꾸로 매달아 두고, 금강 발톱과 부리를 가진 새로 하여금 죄인의 발을 쪼게 한다. 결국 거꾸로 매달린 죄인은 자신의 발에서 흘러나오는 피를 받아 마시며 전생의 죄업이 소멸될 때까지 끊임없이 고통을 견뎌야 하는 것이다. 이 지옥의 죄인은 업이 다한 후에 혹여 인간 세상에 다시 나더라도 업력으로 인해 늘 구차하게 살고, 싸움판에서도 늘 지는 편에 끼게 된다고 한다. 이는 전생의 '갑질' 때문에 후생에서는 평생 '을'의 위치에서 살게 되는 과보의 이치를 보여준다고 하겠다.

6) 사견邪見을 가진 자가 떨어지는 염천의 초열焦熱지옥

이제는 대규환지옥을 마감하고 지옥 중에서도 뜨거운 초열焦熱지옥으로 들어가 보기로 하겠다. 팔열八熱지옥 중에서도 초열지옥과 대초열지옥은 열로 인한 고통을 대표하는 지옥이라 할 수 있다. 『왕생요집』에서는 이 초열지옥이 대규환지옥의 아래에 있으며, 가로세로 면적이 대규환지옥과 같다고 했다. 인간의 1,600년은 타화천의 하루이며, 그 타화천의 수명은 16,000년이다. 이 16,000년이 바로 초열지옥의 하루에 해당된다고 한다.

그렇다면 대체 어떠한 업인으로 인해 이 초열지옥에 떨어지게 되는 것일까? 이제까지의 등활, 흑승, 중합, 규환, 대규환 등의 다섯 근본지옥과 그에 딸린 별처지옥으로 떨어지는 업인인 도둑질, 간음, 음주, 망어에 더하여 삿된 소견, 즉 사견을 갖는 것이 이 초열지옥의 업인에 해당된다.

그렇다면 그 사건이라는 것이 어떤 것일까? 먼저 인간으로 하여금 근본 초열지옥으로 떨어지게 만드는 사건은 "선악에 대한 과보가 없다"는 것이다. 업에 대한 과보, 인과의 진리는 불교신앙의 중요한 축이자, 인간의 선한 본성을 키우고, 자연과 생태적 조화를 이루며, 사회적 질서를 지키는데 중요한 역할을 하는 도덕률이기도 하다. 인과의 진리를 부정하는 이들은 스스로의 불신뿐만 아니라, 타인들에게도 적극적으로 인과와 과보를 부정하는 견해를 알리고 강변함으로써 자신의 죄업을 축적하게 되는 것이다.

지옥 교설의 근간이 되는 인과의 이치를 믿지 않는 이들은 임종 이후 중음中陰에 도달하기도 전에 벌써 나쁜 형상들을 보게 된다고 한다. 아직 죽지 않고 병들어 있는 상태에서 이미 산처럼 큰 사자, 곰, 뱀 등이 그를 향해 달려들어서 위협하는 환각에 시달리는 것이 그 처음의 징조이다. 그는 또한 짐승의 울음소리를 자주 듣게 되며, 얼굴이 기묘하게 비틀린 형상의 사람이 검은 불길을 뒤집어쓴 채 나타나는 모습도 보게 된다.

과보를 믿지 않고, 남들에게도 그런 것은 없다고 주장하던 이들에게 이윽고 죽음의 그림자가 닥치면 모든 감각기관과 신체기관이 열리면서 대소변을 통제할 수 없게 되고, 절벽에서 떨어지는 환상을 보며 두려움에 떨게 된다. 임종 환자를 간호하는 이들이 "어떤 병자는 허공을 어루만지고, 어떤 병자는 혹 자기 몸이 떨어지려는 것을 보고 손으로 온몸을 어루만진다."라고 말하는 것이 바로 이러한 현상과 관련된 것으로 생각된다.

이러한 환각증세 뿐만 아니라, 그가 지은 악업으로 인해 감관기능까지 왜곡되어 냄새, 맛, 소리, 감촉, 보이는 것까지 모두 불쾌하고 두려운 것들이 나타나 번뇌에 시달리게 만든다. 심지어 아직 목숨이 붙어 있는 상태에서도 지옥의 형상을 보게 되며, 날카로운 칼 같은 지옥풍이 불어와서 병자의 마지막 호흡을 고통스럽게 만든다.

또한 병자가 이제껏 진리를 무시하고 거꾸로 알린 악업으로 인해 모든 것이 거꾸로 보이게 되기 때문에, 지옥의 처참한 형상도 아주 안락하고 장엄이 뛰어난 것으로 보게 되면서 그러한 상에 대단히 집착하게 된다고 한다. 이러한 왜곡된 견해로 인해 죽음 이후에 곧바로 지옥을 향해 내달리게 되어 끝없는 고통에 시달리게 되는 것이다.

초열지옥에서는 악업의 과보로 인해 모두가 평등하게 하나의 불씨를 지니게 되는데, 그 불씨는 아무리 깨알만한 것이라도 염부제 전부를 다 태울 수도 있을 만큼 강력한 화력을 지니고 있다. 초열지옥의 죄인들은 이 조그만 불씨로 인해 끝도 없는 시간 동안 불에 타면서 치즈처럼 녹았다가 다시 살아나기를 반복하면서 밤낮의 구분이 없는 어둠 속에서 자신의 죄업이 다하기만을 기다려야 한다. 열기만 있고 빛이 없는 지옥의 불에 시달리며 끝없는 어둠 속에서 고통을 당하는 것은 죄인이 지은 전생의 업이 무지의 어둠으로 인한 것임을 의미한다.

인과의 이치는 불교의 교리 이전에 인간이 스스로의 악행을 제어할 수 있는 최소한의 의식장치이기도 하다. 결국 과보를 믿지 않는 것은 스스로의 행동의 결과에 대한 책임에 눈을 감아버리고, 현세에서 무감각하게 악업을 축적할 수 있는 가능성을 높일수도 있기 때문에 불교의

지옥 교설에서는 이러한 사견에 대해 더욱 엄중한 경고를 내리고 있는 것으로 생각된다.

초열지옥의 별처지옥에 대한 이야기는 먼저 첫 번째 별처지옥인 대소처大燒處부터 시작해보기로 하겠다. 이름부터가 '대소大燒', 즉 큰 불이 난다는 곳이니, 특별히 열로 인한 고통을 겪는 지옥임을 짐작할 수 있을 것이다. 근본 초열지옥의 주요 업인이 '사견邪見'이므로, 이 대소처로 떨어지게 되는 업인 역시 사견과 관련되어 있는데, 특이하게도 "살생의 인연으로 천상에 난다"고 믿는 견해이다.

『정법념처경』「지옥품」의 한역 원문을 보면 이 부분이 "所謂有人作如是見, 殺生因緣得生天"으로 되어 있다. 경에서는 상세하게 설명하지 않았지만 아마도 고대 인도에서부터 전승되어 온 브라만교 등의 희생제의가 불교의 불살생의 계율과 충돌하는 지점을 가리키는 것으로 생각된다. 결국 천상에 태어나기 위해 희생제의를 지내는 과정에서 살생의 업을 지은 자들이 이러한 의식의 공덕을 다른 이들에게까지 권유하는 것이 이 대소처에 떨어지게 되는 주요 업인이 되는 것이다.

그렇다면 이 대소처에 떨어진 죄인들은 어떠한 고통을 겪게 되는 것일까. 이곳의 죄인들은 전생의 악업으로 인해 몸 안에서 저절로 불이 일어나게 되는데, 그 뜨거운 정도가 이루 말할 수 없으며, 다른 지옥불의 고통이 이곳에 비하면 16분의 1 정도로 느껴진다고 한다.

또한 이 대소처의 죄인들이 겪어야 하는 또 다른 불이 있으니, 바로 '뉘우침의 불'이다. 죄인은 이 지옥에 와서야 자신이 겪는 고통이 전생의 사견 때문임을 깨닫고 번민과 후회에 휩싸이게 되며, 그러한 뉘우침이 또 다른 불이 되어 그를 태우고 삶게 되는 것이다. 길고 긴 시간 동안 대소처의 뜨거운 불속에서 고통을 당하던 죄인이 마침내 그 업이 다하여 지옥을 벗어나게 되더라도, 삼백 생 동안 아귀도에 태어나고, 이후에 이백 생을 축생도에 태어나게 된다고 한다.

다음으로, 초열지옥의 두 번째 별처지옥인 분다리가처分茶梨迦處에 대한 얘기를 해보기로 하겠다. 지옥명으로 붙은 '분다리가分茶梨迦'는 '푼다리카(Pundarika)', 즉 연꽃을 의미한다. 그런데 왜 고통스러운 지옥에 아름다운 연꽃의 이름이 붙게 된 것일까? 이 지옥에 떨어진 죄인은 온몸에 불꽃넝쿨이 생겨나서 겨자씨만큼의 틈도 빠지는 곳이 없이 불에 타게 된다고 한다. 한량없이 불에 타는 와중에 죄인은 맑은 연못 위에 아름답게 피어 있는 연꽃을 보게 되며, 바로 이러한 환상 때문에 '분다리가'라는 명칭이 붙게 된 것이다. 어서 이 시원한 연못으로 오라고 부르며 위로하는 옥졸의 부름에 죄인이 정신없이 달려가면 맑은 물과 연꽃은 간 곳이 없고, 뜨거운 불이 이글거리는 어두운 구덩이가 있을 뿐이다. 죄인은 그 불구덩이 안에서 타죽었다가 다시 살아나기를 수없이 반복하게 되며, 거기에서 벗어나서 도망가더라도 곧 길에서 불에 타고 있는 막대에 잡혀 비틀려서 육신이 흩어지게 된다.

지옥에서는 자의에 의한 죽음 혹은 자연적인 죽음이 불가능한지라, 그렇게 불타서 흩어진 죄인의 육신이 이내 다시 살아나게 되면 이전의 고통을 잊어버리고서 다시 목마름을 해결하기 위해 분다리가가 피어 있는 연못을 향해 달려간다. 하지만 죄인이 힘들게 간 그 연못에서 얻을 수 있는 것은 시원하고 맑은 물이 아니라, 사람의 살을 파먹는 벌레들이다. 지옥의 벌레들은 죄인에게 달라붙어 눈알과 살을 파먹는데, 없어지고 손상된 육신이 시간이 지나면 이내 다시 생겨나는 것이 지옥의 특성이기 때문에 죄인은 끝없이 먹히고 다시 살아나서 또 먹히는 고통을 반복하게 된다.

벌레들을 피해 도망한 죄인들은 연못 한가운데 높이 솟은 분다리가나무 위로 올라가지만, 사실 그 분다리가 꽃송이들은 이글이글 타는 불덩어리이며, 나무로 보였던 것은 불꽃기둥이다. 분다리가 나무에 오르자마자 불꽃넝쿨에 휘감긴 죄인들은 또 길고 긴 시간 동안 뜨거운 고통에 시달리며 전생에 사견으로 지은 죄업이 다하기를 기다려야 한다. 만일 그 악업이 다한 후에 지옥을 벗어나게 되면, 그 후 사백 생에 걸쳐 아귀도에 태어나고, 다시 또 삼백 생 동안 축생도에 나게 되며, 거기서 다시 인간의 몸을 받는 것은 거북이가 널판자 구멍을 만나는 것보다 힘들다고 한다.

이번에는 초열지옥의 세 번째 별처지옥인 용선처龍旋處와 네 번째 별처지옥 적동미니어선처赤銅彌泥魚旋處에 대해 알아보기로 하겠다.

먼저 용선처龍旋處는 불교의 시각에서 봤을 때 잘못된 믿음과 태도를 가진 외도들이 떨어지게 되는 지옥이라고 할 수 있다. 여기에서 말하는 '외도'가 어느 부류를 가리키는 것인지는 분명치 않으나, 그 행동의 특성을 표현하는 내용 중에 "항상 손을 핥아서 밥을 먹는다常舐手食"라고 묘사된 점, 그리고 그들이 "탐욕과 분노와 어리석음을 끊고, 감관을 고요하게 한다고 해서 열반을 얻는 것은 아니다"라고 불교의 교의를 정면으로 부정하는 점으로 보아, 당시에 첨예하게 불교와 대립했던 집

• 감로도 하단에 묘사된 지옥, 남양주 흥국사(동북아불교미술연구소)

단이었으리라는 점을 짐작할 수 있다.

그렇다면 불교의 지옥교설에서는 이 외도들을 어떠한 지옥으로 보내고 있는 것일까. 먼저 이 용선지옥에 들어서면 불꽃의 머리를 가진 독룡이 많은데, 그들은 항상 무서운 독과 분노로 가득 차 있다고 한다. '용선처龍旋處' 즉, '용이 돌고 있는 곳'이라는 이름에 걸맞게 이 지옥에서는 용들이 빙빙 에워싸며 돌다가, 그 사이로 떨어진 죄인을 이내 갈고 부수어 곡물가루처럼 만들어 놓는다. 혹여 거대한 용의 입속으로 떨어진 죄인이 있으면 독이 있는 불꽃이빨 사이에서 씹히게 된다. 용이 한량없이 씹는 동안에 죄인은 죽었다 다시 살아나기를 반복하면서 자신의 죄업이 소멸하기만을 기다려야 한다.

또한 이 용선처의 죄인들은 몇 가지의 불에 타면서 고통을 받게 되는데, 그 첫 번째가 '독의 불', 두 번째가 '지옥불', 세 번째는 '굶주림과 목마름의 불', 그리고 네 번째는 '병病의 불'이다. 이 불들에 타고, 부서지며, 죽었다가 다시 살아나 또다시 태워지는 고통을 받던 죄인들은 악업이 다 부서지는 어느 순간에 마침내 지옥을 벗어나게 되지만 그것이 고통의 끝은 아니다. 지옥에서 빠져나온 이후에도 백오십 생 동안 침인아귀針咽餓鬼, 즉 목구멍이 바늘만한 아귀 무리 속에 태어나고, 이후 이백 생 동안 사자나 곰 등의 몸이 큰 축생으로 태어나, 물이 귀한 광야에 살면서 늘 목마름과 굶주림에 시달리게 된다.

다음 초열지옥의 네 번째 별처지옥으로 '적동미니선처赤銅彌泥旋處'가 있다. 적동색의 '미니'가 돌고 있는 별처지옥은 과연 어떠한 곳일까?

이 적동미니선처 역시 외도들이 떨어지는 별처지옥으로서, 모든 것은 업의 과보가 아니라, 마혜수라, 즉 대자재천(大自在天; Maheśvara)이 변화를 일으켜 만들어낸다는一切皆是魔醯首羅之所化作非是業果 신앙을 가지고 있던 자재천외도들을 겨냥하고 있다. 이 적동미니선처에는 적동색의 구릿물이 마치 바다처럼 그 안에 가득 차 있고, 쇠로 된 물고기인 미니어가 떠다니고 있으며, 이곳에 떨어진 죄인들은 뜨거운 구릿물 바다에서 온몸이 삶겨지고, 튀겨진 채로 부서져서 죽었다가 다시 살아나는 것을 끊임없이 반복하게 된다.

혹여 고통을 받는 중에 죄인들이 비명이라도 지르면 그것이 미니어들을 부르는 외침이 되어 쏜살같이 달려온 미니어의 입 속에 육신의 절반이 들어가게 된다. 결국 죄인의 육신은 절반이 미니어의 이빨에 물리고, 절반은 구릿물 바다에 잠겨서 반쪽은 삶기어 부서지고, 반쪽은 쇠이빨에 갈리는 이중의 고통을 당하게 되는 것이다. 이렇게 입에서 나오는 소리가 고통을 부르게 되어 있는 구조는 전생에 외도의 사견을 즐겨 말했던 구업에 대한 과보로서 설정되었으리라 생각된다.

한편 이 미니어에서 겨우 벗어난 죄인은 결국 다른 구릿물바다에 들어가는데, 그곳에는 불타는 부리를 가진 쇠벌레가 어두운 곳에 숨어 있다가 죄인을 붙잡아 씹어서 모래처럼 만들어 먹는다. 고통을 견디지 못한 죄인이 비명을 지르면 그 벌린 입을 비롯하여 온몸의 일곱 구멍으로 끓는 구릿물이 들어오면서 구석구석 익히고 삶는다. 이 모든 고통 끝에 죄인이 전생의 죄업을 다 부수고 지옥을 벗어나더라도 이후 삼백 생 동안 아귀도에 태어난다고 한다. 결국 용선처와 적동미니선처는 불교도들에게 사견을 입에 올리지 말고 진실한 가르침만을 알릴 것을 경고하는 지옥이라고 하겠다.

이번에는 초열지옥의 다섯 번째 별처지옥인 철확처鐵鑊處에 대해 알아보기로 하겠다. 전체적으로 이 초열지옥의 근본지옥과 그에 딸린 16 별처지옥들은 '외도'들을 위해 마련된 지옥이라고 할 수 있다. 이교도들에 대해 지옥행까지 경고하는 것은 현대의 다종교·다문화주의적 사고에서는 수용하기 힘들겠지만, 자세히 들여다보면 불교에서는 불타의 정법을 비방하고, 교단의 활동을 방해했던 이교도 존재 자체보다는 그들의 교의와 의례방식에 대해 집중적으로 비판하고 있음을 알 수 있다. 다시 말해, 불교의 지옥교의에서는 기본적인 불살생의 교의와 충돌했던 이교도의 인신人身공양이나, 동물 희생 등의 의례를 근본적으로 수용할 수가 없는 것이다. 신에게 제사를 지낼 때에 인신공양의 희생물이 된 사람은 반드시 천상에 태어나게 되며, 의례 집행자인 자신의 사후에 그 희생자가 이 공양 의례를 증명해 주리라는 것이 당시 외도들의 주장이었다. 불교의 입장에서는 당연히 그러한 의례행위와 교의를 수용할 수가 없었고, 현실적으로도 교단 간에 대립했던 상황이 이러한 외도 전용 지옥의 교의가 등장하는 배경이 되었으리라 생각된다.

이 철확처는 '쇠솥'이라는 그 이름처럼 지옥 안에 크기가 10요순이나 되는 거대한 쇠솥이 여섯 개나 있다. 첫 번째 쇠솥인 '평등수고무력무구平等受苦無力無救'는 죄인들을 한꺼번에 그 안에 쏟아부어서 마치 밀가루 반죽처럼 흐물흐물한 하나의 덩어리로 만들어버리는 솥이다. 죄인들 모두가 똑같이 형태도 없이 치즈처럼 녹아버릴 때까지 누구도 구해주지 않고, 스스로 빠져나갈 힘도 없어지기에 '평등수고무력무구'라는 이름이 붙은 것이다. 이는 외도들이 주장하는 교의가 결코 어느 누구도 구제할 수 없는 무력한 가르침이라는 것을 의미하는 것으로 보인다.

다음 두 번 째 쇠솥은 '화상열비火常熱沸'로서 항상 뜨거운 구리물이 끓고 있으며, 죄인들이 그 안에 들어가면 이내 삶겨진 채로 죽었다 다시 살아나기를 반복하는 전형적인 지옥의 쇠솥이라고 할 수 있다.

다음 세 번째 '거엽수생鋸葉水生'이라는 쇠솥은 죄인이 들어가면 그 안의 구리물이 마치 톱날처럼 죄인의 몸을 켜는 고통을 주기 때문에

'거엽鋸葉' 즉, '톱날 잎사귀'라는 이름이 붙은 것이다. 그리고 네 번째, '극리도만極利刀鬘'은 쇠솥 안에 날카로운 칼꽃 목걸이가 있어서 그 안에 들어온 죄인을 베고, 할퀴고, 자른다.

다섯 번째, '극렬비수極烈沸水'와 여섯 번째 '다요악사多饒惡蛇'는 거품이 반 요순이나 끓어오를 만큼의 뜨거운 물과, 닿기만 해도 온몸이 불타고, 칼로 베이는 듯한 고통을 주는 큰 뱀이 들어 있는 쇠솥이다. 이 철확처의 죄인들은 기나긴 시간 동안 고통을 겪다가 죄업이 소멸되는 어느 시점에 요행히 지옥을 벗어나기도 하지만, 전생의 업력으로 인해 3백 생 동안 음식 냄새의 기운으로 살아가는 아귀로 태어나고, 그 다음 3백 생은 축생도에 태어나며, 그 다음에는 인간으로 태어나기는 하지만 늘 마음에 중심이 없이 욕망에 결박되어 고통을 받는 삶을 살게 된다고 한다.

다음 초열지옥의 여섯 번째 별처지옥인 혈하표처血河漂處는 "고행을 통해 죄를 소멸하고 천상에 태어나는 복을 받게 된다"고 주장하던 당시의 외도들을 겨냥한 지옥이라고 할 수 있다. 이들이 실천했던 고행들을 보면 "다리를 나무에 매달아 머리를 밑으로 두고, 칼로 코를 베며, 스스로 이마를 깨서 피를 내고, 그 피를 태우면서 하늘에 나기를 기도"하는 등의 방식이다. 이렇게 자해를 하면서까지 고행을 하다가 과다출혈 등으로 사망에까지 이르게 되면 천상에 나는 것이 아니라, 지옥에 떨어지게 된다고 보는 것이 불교의 시각이었다.

일단 이 혈하표처에 떨어진 죄인은 더 이상 스스로의 몸에 상처를 낼 필요가 없이 옥졸들에 의해 온몸이 쪼개지고, 갈라지는 고통을 당하게 되며, 마침내는 피가 강처럼 흐르는 혈하血河에 떠다니면서 기나긴 시간 동안 자신의 죄업이 소멸되기를 기다려야 한다. 요행히 그 지옥을 벗어난 죄인들은 이후 5백 생 동안 연기를 먹고 사는 아귀로, 다음 4백 생 동안은 머리가 붉은 바다새로 태어나게 되는데, 이는 아마도 당시 외도들이 머리를 짓찧는 고행을 하면서 늘 이마가 붉게 피로 물들어 있던 모습을 그러한 이미지로 반영한 것이리라 짐작해본다.

다음으로 초열지옥의 일곱 번째 별처지옥인 '요골수충처饒骨髓虫處'에 대해 이야기하고자 한다. 이 요골수충처 역시 외도들에게 해당되는 지옥으로서, 바른 계율과 선업을 쌓지 않고, 범천의 세계에 태어나기 위해 마른 쇠똥을 태워서 자신을 불사르는 소신燒身공양을 했던 이들이 주요 대상이다. 이들은 스스로 목숨을 버리는 소신공양이 끝나면 천계가 아닌 요골수충처에 떨어지게 되며, 들어오는 즉시 옥졸에 의해 밀가루 반죽 치대듯 망치로 얻어맞게 된다.

요골수충처의 너비는 3요순, 높이는 5요순이며, 그 안에 죄인들의 몸이 빈틈없이 꽉 들어차서 그야말로 살로 쌓은 육산肉山을 이루고 있다. 이 요골수충처에 가득 찬 기관충機關蟲이라는 이름의 벌레들은 전생에 벌레들을 함부로 죽인 중생이 지옥으로 떨어져 변화하게 된 존재들이다. 이 기관충들은 마른 소똥을 태워 스스로를 분신공양한 죄인들과 함께 불태워진다. 죄인들의 육신과 기관충으로 쌓아올린 육산은 불꽃이 위로 10요순까지 치솟으면서 탄다. 게다가 지옥의 죄수들은 일반적인 사람에 비해 몸 자체가 훨씬 크기 때문에 받는 고통도 그에 비례해서 커지게 된다.

죄인이 이 요골수충처에서 기나긴 고통을 견디면서 전생에 지녔던 사견의 악업이 소멸되기를 기다리다가 마침내 그 지옥을 벗어난다 하더라도, 이후 5백생 동안 목구멍이 바늘처럼 가느다란 아귀로 태어나게 된다. 그 다음 5백생은 지극히 차가운 바다의 한류 속에서 사는 바닷물고기로 태어나고, 혹여 인간 세상에 나더라도 광야 같은 곳에서 나서 끝내는 들불에 타서 생을 마감하게 된다고 한다. 이는 그가 전생에 자신의 몸을 불살라서 천계에 나고자 했던 삿된 견해의 업력 때문일 것이다.

다음 초열지옥의 여덟 번째 별처지옥인 '일체인숙처一切人熟處'는 불을 피워서 천신에 공양하는 의례를 행하여 사후 천상에 나고자 했던 외도들이 떨어지는 지옥이다. 이 외도들은 의례에서뿐만 아니라, 천신이 흡족할 만큼 천지에 불이 가득해야 한다고 생각하여 실제로 마을 여기저기에 불을 놓았기 때문에 그 악업으로 인해 일체인숙처에 떨어지게 된 것이다.

'모든 사람이 익어가는 지옥'이라는 명명에 걸맞게 이 일체인숙처의 죄인은 자신이 생전에 좋아하고 아끼던 모든 이들이 이 지옥에서 함께 불에 타는 것을 눈앞에서 보게 된다. 그가 전생에 지은 악업으로 인해, 아직 현생에 살아있는 이들이 화인(化人; 가짜 사람)으로 나타나서 죄인의 눈앞에 그들이 고통을 받는 모습을 드러내 보이는 것이다. 죄인은 그가 사랑하는 부모, 처자, 친구, 지인들이 불에 그을리며 괴로워하는 모습을 보면서 실제로 자신이 불에 타는 것보다 더 고통스러움을 느끼게 된다. 지옥에서는 죄인이 전생에 품고 있었던 애정까지도 죄인의 심신을 옭아매는 결박이 되고, 육신을 태우는 불보다 더 뜨겁게 죄인의 마음을 태우게 된다. 죄인을 더 고통스럽게 하는 것은 그 부모, 형제, 처자, 친우 등의 화인이 그에게 빨리 와서 자신을 구해달라고 울부짖는 것을 어떻게 할 수 없어서 그저 무력하게 지켜보고만 있어야 한다는 것이다.

죄인은 기나긴 세월 동안 이러한 고통을 견디다가 악업이 모두 소멸하게 되면 이 일체인숙처를 벗어나게 되는데, 이후 3백 생 동안 아귀로 태어나고, 그 다음 5백 생은 물벌레가 되어 자신의 새끼가 물고기에게 늘 잡아먹히는 것을 봐야만 한다.

다음 초열지옥의 아홉 번째 별처지옥인 '무종몰입처無終沒入處' 역시 천상의 신에게 불을 피워 공양하는 의례를 행했던 외도들이 떨어지게 되는 지옥이다. 이 무종몰입처의 외도들은 벌레, 개미, 뱀, 사슴, 말 등의 짐승을 불 속에 넣고 태우는 의례를 행하면서 이렇게 희생물이 있으면 불이 매우 기뻐할 것이기 때문에 이를 집행한 자는 큰 복을 얻어 좋은 곳에 날 것이며, 불에 태워진 희생물은 마혜수라의 세계, 즉 대자재천의 세계에 나게 된다고 믿었던 이들이다.

이 무종몰입처의 죄인들은 자신이 전생에 행했던 악업을 역으로 돌려받으며, 온몸이 끝없이 불에 태워지는 고통을 당하게 된다. 죄인들은 악업이 소멸되는 어느 순간에 지옥을 벗어날 수 있기는 하지만, 이후 5백 생 동안 똥을 먹는 아귀로 태어나다가, 나중에는 몸에 불빛을 달고 다니는 개똥벌레로 수백 생을 살게 된다고 한다.

이 무종몰입처 역시 살아있는 사람의 목숨을 바치는 외도들의 의례

방식에 대해 불교에서 지옥 교의를 빌어 강력하게 비판하고 있는 것이라 하겠다.

중요한 것은 산 사람을 제물로 바치는 그 외도들의 의례가 강제로 죽이는 것이 아닌, 잘못된 믿음에 근거한 자원自願, 즉 스스로 택하는 자살의 형식이었을 수도 있다는 것이다. 그러한 인신희생제의의 교의적 근거는 "의례에서 희생된 이는 다음 생에 원하는 곳에 태어날 수 있다"는 것이었다. 불교의 입장에서 보면 후생을 결정하는 것은 전생에 닦은 수행을 비롯한 업業이지, 동물을 살생하여 희생공양을 바치는 의례의 공덕에 의한 것이 아니기 때문에 이러한 외도의 교의와 충돌하게 된다. 뿐만 아니라, 후생에 원하는 곳에 태어나기 위해 현생에서 살생을 저지르는 격이 되므로 더더욱 불교 쪽에서는 교의적으로 수용하기 힘들었으리라 생각된다.

다음으로, 초열지옥의 아홉 번째 별처지옥인 대발두마처大鉢頭摩處에서부터 얘기를 시작해보기로 하겠다.

별처지옥에 왜 대발두마[maha-padma], 즉 '큰 연꽃'이라는 이름이 붙게 된 것일까? 이는 대발두마지옥에 떨어지는 죄인들이 거대한 연꽃 안에서 오백 요순이나 되는 금강가시에 온몸을 찔리고, 불꽃에 타면서 고통을 겪는 형상을 상징하는 것으로 짐작된다.

한편으로는 인신희생의 공양의례를 행하던 외도들이 지향하던 것이 후생에 천상에 태어나는 것이었으므로 불교의 정토왕생과 선명하게 비교해보라는 의미도 있지 않았을까 생각된다. 정토 교의에서는 중생이 정토에 왕생할 때, 연꽃 속에 화생化生하는 형태로 나게 된다고 한다. 경전마다 약간씩 다른 이설이 있지만, 일반적으로 보배 연못 위에 떠 있는 커다란 연꽃 속에 태어나서 긴 기다림의 시간(경전마다 시간의 길이가 다름) 동안 수행을 거쳐 불퇴전하는 상태로 정토에 안주하게 된다.

다시 말해, 정토에서는 왕생인의 '인큐베이터' 역할을 하는 큰 연꽃이 초열지옥의 별처지옥인 발두마처에서는 고통을 가하는 고문기가 되고 있는 것이다. 이는 외도들이 천상에 나기 위해 사람의 목숨을 바치는 의례를 행했으나, 실상 그들이 가게 되는 곳은 극락이 아니라 지옥이며, 그들을 품어 데려다주는 연꽃 역시 지옥에서는 고통과 죽음의 꽃임을 직시하라는 불교의 경고인 것으로 생각된다.

다음으로 초열지옥의 열한 번 째 별처지옥인 '악험안처惡嶮岸處'는 어떠한 업인으로 가게 되는 곳일까? 『정법념처경』에서는 "물에 들어가 죽는 자는 모든 죄가 멸해지며, 팔비八臂세계에 나서 불퇴전하게 된다"고 믿는 외도들이 이 지옥에 가게 된다고 하였다. '팔비八臂'는 여덟 개의 팔을 가진 신으로서, 팔비세계는 대자재천이 주관하는 천계를 의미하는 것으로 생각된다. 결국 이 '악험안처'의 배경에는 천계에 태어나기 위해 지계持戒와 선업 등을 쌓는 수행을 하는 것이 아니라, 스스로 물에 뛰어드는 방식을 택하는 외도들에 대해 불교 측에서 견책하는 의미가 있을 것이다.

그렇다면 악험안처에 떨어진 외도들은 어떠한 고통을 겪게 되는 것일까? 이 악험안처에는 높이가 일천 요순이나 되는 험한 벼랑이 있는데, 옥졸들이 죄인을 부르며 "이 산을 넘으면 즐거운 세계가 기다리고 있다"며 부추긴다고 한다. 하지만 그 산에는 늘 불꽃이 타고 있어서 죄인들에게 불이 옮겨붙기도 하고, 벼랑을 오르면서 의지하기 위해 불꽃의 돌을 잡았다가 온몸이 모두 타기도 한다.

다음으로 초열지옥의 열두 번째 별처지옥인 금강골처金剛骨處는 연기 緣起의 진리를 부정하면서 "세간의 모든 무정·유정 중생은 인연이 없이 생겼다가 인연이 없이 멸하는 것처럼 모든 법도 그러하다"고 믿으며, 다른 이들에게 그런 식으로 가르치는 외도들이 떨어지게 되는 지옥이다.

이 금강골처의 죄인들은 기나긴 고통의 시간 후에 지옥에서 벗어나 더라도 오백 생 동안 자신의 뇌수를 먹는 아귀로 태어나고, 그 다음 수백 생 동안은 도마뱀과 같은 축생으로 태어난다고 한다. 이처럼 외도와 관련된 지옥 교의에서는 죄업이 소멸한 후에도 수백 생에 걸쳐 아귀와 축생으로 나게 되는 것이 일반적인 특징이라 하겠다.

이번에는 초열지옥의 열세 번째 별처지옥인 흑철승표인해수고처黑鐵繩摽刀解受苦處에서 얘기하고자 한다. 이 '흑철승표인해수고처' 역시 사견을 믿고, 남들에게 적극적으로 설파하며, 즐겨 행하는 외도들이 떨어지는 지옥이라고 할 수 있다. 『정법념처경』에서는 이 별처지옥으로 떨어지는 업인이 되는 사견을 "일체 죄복이 인연에 있으며, 인이 되는 곳에서 모두 죄복을 얻는다一切罪福在因緣中, 所因之處, 皆得罪福"고 믿고 즐겨 행하는 것이라고 밝히고 있다. 중생 스스로가 지은 업을 모든 죄복의 근거로 보는 불교의 입장에서는 이를 사견으로 규정하고 있는 것이다.

그렇다면 이 '흑철승표인해수고처'에서는 어떠한 고통으로 전생에 사견으로 죄업을 소멸시키게 되는 것일까? 먼저 지옥의 이름에서 볼 수 있듯이 검은 쇠오랏줄로 죄인의 몸을 묶는 것이 이곳의 특징이라고 할 수 있다. 옥졸은 묶인 죄인의 몸을 불꽃이 타는 날카로운 쇠칼로 겨자씨 만한 틈도 없이 극히 미세하게 쪼갠다. 더 이상 가를 것도 없이 분해된 죄인의 몸은 어느 틈엔가 다시 붙어서 끊임없이 실오라기처럼 갈리고, 베이며, 분해되는 고통을 겪어야 한다. 이러한 흑철승표인 해수고처의 고통은 외도 논사들에 의해 정미하게, 마치 메스로 가르듯 논박당했던 불교 측의 스트레스가 어느 정도 반영되어 있지 않나 생각되기도 한다.

다음 초열지옥의 열네 번째 별처지옥인 '나가충주악화수고처耶迦虫柱惡火受苦處'는 "이 세상이 변함없이 항상 그러하고, 모든 법(진리 혹은 질서)도 항상 그러하며, 언제나 부서짐이 없는 것"이라고 믿고 적극적으로 다른 이들에게 이러한 사견을 전달하는 이들이 떨어지게 되는 지옥이다. 불교 측에서는 제행무상의 진리를 정면으로 부인하는 이들에게 물리적인 제재를 가할 수 없으니, 이렇게 고통스러운 지옥으로 떨어지게 하는 교의적 징벌을 가했던 것이리라 짐작해본다.

그렇다면 이 나가충주악화수고처에서는 외도들을 위해 어떠한 고통을 준비해놓고 있는 것일까? 죄인이 나가충주악화수고처에 들어서자마자 쇠기둥이 머리에서부터 박혀 밑으로 나오는데, 위쪽 기둥의 반은 머리 위로 뚫고 나오고, 아랫부분의 반은 땅에 박히게 된다. 결국 사람 몸의 중앙을 뚫고 들어간 기둥이 그대로 땅속에 박혀 있는 형태이다. 그 다음엔 나가충이라는 벌레가 죄인의 몸속에서 생겨 나와 근육과 살, 골수, 힘줄, 뼈 등 모든 기관을 파먹다가, 마지막에는 잘못된 사견을 사람들에게 전하고 다닌 혀를 뽑아 지옥의 개에게 던져주는 방식으로 징벌을 가한다.

다음으로 초열지옥의 열다섯 번째 별처지옥인 암화풍처闇火風處는 미국의 주요 평원지역 등에서 열차를 공중으로 들어 올리는 위력으로 사람들에게 두려움과 고통을 주고 있는 허리케인을 연상하면 될 것 같다. 이 암화풍처의 죄인들은 허공에서 의지할 곳도 없이 날카로운 칼바람에 의해 바퀴처럼 빨리 돌기 때문에 다른 이들이 그의 모습을 제대로 볼 수조차 없을 정도라고 한다. 이 태풍이 끝나면 다른 강한 바람이 불어와 죄인의 몸을 모래처럼 흩어지게 만드는데, 이렇게 육신이 흩어졌다가도 어느 틈에 다시 모여서 붙고, 붙었다가도 다시 바람에 불려서 먼지처럼 흩어지는 것을 끊임없이 반복하게 된다.

이 암화풍처의 죄인들은 전생에 "모든 법에는 변화하지 않는 것과 변화하는 것으로 나뉘는데, 변화하는 것은 인간의 몸이요, 변화하지 않는 것은 사대(지·수·화·풍) 요소이다"라는 사견을 믿고, 다른 이들에게 전한 악업으로 인해 떨어지게 된 이들로서, 진리를 변형시키는 것 역시 지옥에 떨어지는 업인이 되는 것을 보여준다.

다음 마지막 열여섯 번째 별처지옥인 금강취봉처金剛嘴蜂處 역시 "변화하지 않는 법은 원인이 없고, 움직이지 않으며, 변하지 않고, 마치 허공처럼 지을 수 없는 것"이라고 믿는 사견을 가진 자들이 떨어지게 되는 지옥이다. 그 외 자세한 금강취봉처의 고통상에 대한 서술은 생략한다.

전체적으로 초열지옥의 근본지옥과 별처지옥은 외도들은 물론, 불교 내부 전체에도 경고를 울리는 의미가 있는 것으로 보인다. 이는 아무래도 경전을 해독할 수 있는 불교 내부의 승려들이 기존의 교의를 윤색하고 변형시켜서 사견을 만들어낼 가능성을 차단하고자 했던 의도도 있지 않았을까 생각되기 때문이다.

7) 초열지옥보다 더 뜨거운 대초열지옥의 문을 열며

이번에는 팔대 근본지옥 중 초열지옥 다음인 대초열지옥에 대해 얘기하고자 한다. 메마르고 뜨거운 초열지옥보다 더한 대초열지옥이니 그 고통상이나 업인이 훨씬 중하리라는 점을 짐작할 수 있을 것이다. 전체적으로 대초열지옥 역시 오계를 근간으로 하는 기본적인 금계를 범한 것이 업인이 되어 떨어지게 되는 구조를 취하고 있다.

대초열지옥에 떨어지게 되는 업인 중 첫 번째로 제시되고 있는 것은 청정하게 계율을 지켜왔던 비구니를 유혹하여 타락시킨 자이다. 그 파계자는 "부처란 일체의 지혜를 가진 사람이 아니다. 부처도 일체의 지혜를 가진 사람이 아닌데, 하물며 그 제자로서 비구니가 청정한 행을 가지겠는가?"라는 논리로 비구니의 계율을 무너뜨리고 타락시킨 행위가 업인이 되어 대초열지옥에 떨어지게 된다.

대초열지옥에 떨어진 죄인들은 육신이 마치 녹아내리는 치즈나 버터처럼 아주 흐물흐물해지게 된다. 문제는 이 흐물흐물하게 연해진 육신으로 인해 다섯 감관까지 지나치게 미세하고 부드러워짐으로써 죄인이 외부로부터의 받아들이게 되는 모든 체험과 감각들이 모두 고통이 되고, 약간의 자극으로도 죽을 수 있을 정도가 된다는 것이다.

또한 이 대초열지옥의 근본지옥에 관한 묘사에서는 죽음을 앞둔 인간이 겪게 되는 현상들에 대해서도 자세히 서술하고 있다. 대초열지옥에 떨어지게 될 인간은 죽기 사흘 전부터 감관이 힘을 잃고 흐트러져서 음성은 말을 잃고, 큰 두려움에 시달리며, 제대로 행동을 하지 못하고, 의식이 놀란다고 한다. 몸을 구성하고 있는 각 사대(四大; 지·수·화·풍) 요소 역시 분노를 일으키며 제멋대로 날뛰어서 조절할 수 없게 된다.

지옥행이 예정되어 있는 인간이 죽기 전까지 사흘 동안 지수화풍 사대 요소의 경계에서 겪게 되는 고통상은 다음과 같다. 먼저 땅의 경계를 보면 온몸의 힘줄·혈맥·뼈·골수가 모두 막히어 곳곳이 부서지고 갈라지게 된다. 다음 물의 경계에서 살펴보면 온몸을 힘줄과 혈맥으로 단단하게 얽어놓았던 것이 풀리면서 몸의 모든 구멍에서 오물이 흘러 나오게 된다. 불의 경계에서는 열기가 치성하여 온몸의 피부가 검붉은 구리색으로 변하고, 입속은 바짝 메말라 갈증에 시달리며, 왕성한 심화心火가 일어난다. 다음 바람의 경계에서는 바람이 온 육신의 기관을 돌아다니면서 마르고 막히게 하므로 대소변이 통하지 않고, 숨도 고르지 않으며, 눈·귀·코·혀의 감각기관이 제기능을 못하고, 생식기는 오그라들고, 항문은 불에 데인 듯 하고, 피부는 부풀어 오르며, 모발도 단단하게 버티지 못한다.

드디어 목숨을 막 마친 때에는 환영처럼 저승의 모습이 나타나게 되는데, 검은 장막 같은 집들과 검은 빛깔의 불꽃, 섬뜩한 느낌의 짐승들과 쇠몽둥이를 들고 나타난 지옥의 옥졸을 보게 된다. 이제 막 숨이 끊어진 죄인은 중유에 나게 되는데, 이때는 육신을 구성하고 있는 4대 요소가 아주 미세해져서 수미산을 뚫고 지나가도 전혀 방해가 되지 않는다고 한다.

문제는 지옥에 떨어질 악업을 지은 죄인은 중간지대인 중유에서도 그 죄업에 해당하는 고통을 받아야 한다는 것이다. 중유의 옥졸은 검은 오랏줄로 죄인의 몸을 한 치의 빈틈도 없이 묶은 후에, 녹아버린 버터처럼 약해져 있는 그의 감관에 대고 생전의 악업을 하나하나 짚어 주며 계송을 읊는다.

나쁜 업을 짓는 것도 혼자서 하고
나쁜 과보 받는 것도 혼자서 한다.
나쁜 여기 오는 것도 혼자서 왔나니
이 세상에서는 함께 할 이가 없다.

누구나 많은 악을 지을 때
다른 이와 인연 있었더라도
제가 지어 다시 제가 받나니
그 인연은 나를 구원하지 못한다.

대초열지옥은 음행이나, 비구에게 파계를 권한 죄가 업인이 되어 떨어지는 대지옥이기 때문에 그 고통상도 다양하지만 그 중에서 특징적인 것만 옮겨보기로 하겠다. 중유에서 불타는 업풍에 쏘이며 고통을 받던 죄인은 마침내 대초열지옥의 근본지옥에서 하나하나의 별처지옥으로 옮겨가게 되는데, 그 첫 번째가 '일체방초열처一切方焦熱處'라고 불리는 곳이다. 중유에 있을 적에는 온 지옥이 불에 타는 것을 보면서도 몸속 기관까지 추위에 얼어 벌벌 떨리는 현상에 시달리지만 일단 지옥에 들어오면 불구덩이 속에 떨어져 다 타게 된다.

그렇게 타고 나면 또다시 새로운 몸이 생겨서 끊임없이 고통을 반복하다가 금강의 불판에 떨어지게 되는데, 이것은 마치 트램폴린을 팡팡 뛰는 모습을 상상하면 될 것 같다. 죄인은 불땅에 떨어지면서 팔을 휘젓다가 바닥에 닿으면 마치 고무공이 튀듯 다시 뛰어오르게 된다. 이렇게 비명을 지르면서 공중과 땅바닥 사이를 튀어오르던 죄인은 어느 순간엔가 다시 불구덩이 속으로 빨려 들어간다.

또한 삿된 음행을 저지른 죄로 이 대초열지옥에 떨어진 죄인들의 눈앞에 전생에 알던 여인들이 나타나 울면서 구해달라고 하소연을 하기도 한다. 그런 상은 전생의 업력으로 인해 나타나게 되는 것이며, 잿물의 강에서 허우적대는 그 여인들을 구하러 뛰어드는 것 역시 악업으로 인한 어리석음 때문이다. 잿물 속의 그 여인을 구하려고 안는 순간에 이미 죄인의 몸은 부서지고, 그 여자의 몸 역시 날카로운 쇠손톱을 가진 뜨거운 쇠로 변하게 된다. 하지만 죄인은 그렇게 부서졌다가 다시 살아나서도 여전히 남아 있는 집착으로 인해 그 여인을 향해 달려들었다가 부서지는 고통을 끝없이 되풀이하게 된다.

다음 '대신악후가외지처大身惡吼可畏之處'는 지옥의 열과 고통에 의한 갈증에 시달리던 죄인이 간신히 빠져나와 연못을 발견하고 벌컥벌컥들이킨 시원한 물이 바로 고통과 직결되는 별처지옥이다. 그 연못의 상 역시 죄인의 업력에 의해 만들어진 것으로서, 그가 마신 물은 바로 납이 녹은 용액이었으며, 그 안에는 아주 미세한 벌레들이 살고 있다. 그 벌레들은 뱃속에서 커다란 뱀으로 자라게 되어 몸속 기관들을 하나 하나 물어뜯으며, 마침내 전생에 거짓으로 남을 속였던 죄인의 혓바닥 을 깨문다.

다음 화계처火䯏處는 뜨겁게 달구어진 불모래가 공중에서 내려와 지 옥중생들을 태우고 굽는 별처지옥이다. 그 밖에 내비열처內沸熱處, 우사 화처雨沙火處 타타타제처吒吒吒嚌處, 보수일체자생고뇌처普受一切資生苦惱處 비다라니처韠多羅尼處, 무간암처無間闇處, 고만처苦鬘處, 우루만두수처雨縷鬘 抖擻處, 만괴오처鬘塊烏處, 비고후처悲苦吼處 등의 별처지옥 역시 대초열지 옥의 뜨거운 열기, 날카로운 금속, 사나운 지옥 짐승, 납이 녹은 물 등 으로 인해 고통을 겪는 곳들이다.

그 중 특이하게 고만처는 여인이 비구를 유혹한 악업으로 인해 떨 어지는 곳이다. 대부분의 지옥 죄인이 남성으로 묘사되는 것에 비해 고만처에서는 비구에게 자신과 통정하지 않으면 남편과 왕에게 비구 를 강간죄로 무고하겠다고 겁박한 여성이 죄인으로 설정되어 있다. 결 국 비구에게 많은 좋은 물자를 시주하겠다고 꾀어서까지 파계시킨 여 인은 고만처 지옥에 떨어져 쇠솔로 온 몸의 살과 근육을 다 쓸어내는 징벌을 받게 된다. 몸이 뼈만 남게 되면 다시 부드러운 새 살이 돌아 나서 다시 쇠솔로 긁어내면서 살고 죽는 것을 되풀이 하는 고통을 겪 게 된다고 한다. 거기에 더한 고통이 있으니, 전생의 그 비구를 환상으로 본 여인이 다시 음욕에 불타올라 그 비구를 끌어안지만 결국 비구로 화한 불항아리에 끌려 들어가서 끝없이 불에 타게 된다. 악업을 다 갚은 후에 혹여 윤회하게 되더라도 오백 생 동안 축생도에 태어나고, 그 다음에 인간도에 나더라도 아주 추한 용모로 하천한 인생을 살아가게 된다고 한다.

다음 대비처大悲處는 사견을 강변했던 업이 원인이 되어 떨어지는 별처지옥으로서 생전의 가족이나 지인 등에 대한 집착과 애정이 고통으로 변하게 되는 별처지옥이라 할 수 있다. 죄인은 전생에 자신이 사랑했던 이들이 이곳 지옥에서 굽고, 태워지는 모습을 눈앞에서 보게 되며, 이들을 구하기 위해 뛰어들었다가 함께 타서 부서지게 된다. 그가 품고 있는 근심과 슬픔으로 인해 지옥의 불이 몇 배로 더 뜨거워져서 자신에게 고통으로 가해지는 것을 체험하게 되는 것이다. 이는 사람에 대한 애정이 그렇듯이, 사견에 대한 집착 역시 악업이 되어 후생의 고통이 될 뿐이라는 경고일 것이다. 그 고통상을 보고 지옥의 옥졸은 다음과 같이 게송을 읊는다.

저 천상은 탐욕의 불에 타고
저 축생은 분노의 불에 타며
이 지옥은 우치愚癡의 불에 타지만
사랑의 불은 세 세계를 다 태운다.

다음으로 대초열지옥의 마지막 열여섯 번째인 목전처木轉處에 대해 간단히 소개하기로 하겠다. 목전처 지옥은 누군가에게 목숨을 빚지고도 은혜를 저버리고 그의 아내와 사통한 자가 떨어지게 되는 지옥이다. 죄인은 백랍이 녹은 강물을 떠다니며 다른 죄인들과 엉켜서 삶아지고 있다가 마갈어에 잡아먹히게 된다. 한 번 먹힌 죄인은 다시 살아나서 또다시 잡아먹히기를 반복하는 것이 끝없이 계속된다. 악업이 다하면 지옥에서 벗어날 수는 있지만 오백 생 동안 아귀도나 축생도에나게 된다. 혹여 그 후 인간도에 태어나더라도 모든 여자들의 미움을받고, 오백 생 동안 사내 구실을 못하는 몸이 된다고 한다.

8) 궁극의 고통과 공포, 아비阿鼻지옥

이제 8대 근본지옥의 마지막 지옥이자, 가장 큰 지옥인 아비지옥에들어가 볼 차례이다. 아비지옥은 불교 경문 외에도 각종 영화나, 연극,문학작품 등에서 자주 묘사되는 대표적인 불교 지옥이라 할 수 있다.흔히 무간無間지옥으로도 불리는 아비지옥은 이전의 일곱 지옥과 그에딸린 별처지옥을 다 합친 것의 천 배는 고통스러운 곳이라 한다.

아비지옥은 오역죄五逆罪, 즉 아버지와 어머니를 죽이거나, 나쁜 마음을 품고 불타의 몸에서 피를 내거나, 화합한 승단을 깨거나, 아라한을 죽인 중생이 떨어지게 되는 곳이다. 지옥 중생은 염부제 중생보다몸이 훨씬 장대한데, 이는 그 몸의 크기에 비례하여 고통을 받게 되기때문이라 한다. 아비지옥에서도 마찬가지로 오역죄 중 다섯 가지를 다범한 중생은 몸의 크기가 오백 유순, 네 가지를 범한 중생은 사백 유순, 세 가지를 범한 사람은 삼백 유순, 두 가지는 이백 유순, 한 가지를 범한 중생은 일백 유순이 된다.

중생이 짓는 모든 업과 그 업의 과보는 모두 마음과 마음의 작용[心數法]이니, 아비지옥에서 받게 되는 고통도 이 진리에 따른다. 부드러운 마음으로 지은 업은 그 고통이 심하지 않고, 모질고 사나운 마음으로 지은 업은 그에 비례하여 고통도 심해진다.

아비지옥의 업인이 되는 오역죄를 짓는 데도 다양한 원인이 있으니, 첫 번째인 부모를 죽이는 업을 천계에 나기 위한 목적으로 행했던 외도들이 있었던 것으로 생각된다. 다시 말해 늙은 부모와 자신이 함께 천상에 나기 위해 일종의 인신공희의 형태로 부모를 태워 죽이거나, 높은 곳에서 떨어뜨리거나, 물에 익사시키거나, 굶겨 죽이는 사례들이 있었기 때문에 불교에서는 이를 오역죄 중에서도 첫 번째로 놓고 강력하게 교의적 징벌을 가하고 있는 것이다. 또한 화합승단을 깨거나, 불타를 다치게 하거나, 아라한을 죽이는 악업은 탐·진·치 삼독三毒의 마음으로 행하는 것이므로 그에 비례하여 아비지옥에서의 고통도 극심하게 받게 된다.

이러한 오역의 악업을 지은 중생은 죽음에 이르렀을 때, 몸에 아비지옥의 큰불이 붙거나, 중유의 중간에 나서 지옥의 고통을 받게 된다. 중생의 몸에 붙은 아비지옥의 불은 그가 평생 지어 온 선업과 먼 과거에 지은 해탈분解脫分의 업까지 모두 태워버린 후에 지옥행을 결정한다.

또한 오역죄를 지은 중생이 죽으려 할 때는 악몽을 꾸는 듯 나쁜 형상을 보며, 육신의 4대 요소가 분노하며 무너지는 현상이 나타나고,

마침내는 현재의 마음이 사라지고 중유中有의 마음이 생겨난다. 중유의 마음은 그 중생이 생전에 저지른 악업을 그대로 판 박은 듯 닮아있으며, 그 몸은 마치 여덟 살 난 아이의 상태와 비슷하게 된다.

마침내 지옥에 도착한 죄인은 옥졸에게 붙잡혀 불타는 쇠그물에 목이 걸리고, 두 손은 뒤로 묶이며, 동서남북과 사유四維[9] 상하가 모두 불에 타고 있는 모습을 보며 두려움에 떨지만 옥졸은 아랑곳하지 않고 거친 목소리로 게송을 읊는다.

> 두 사람의 사이를 깨뜨리려고
> 생각 생각에 늘 생각하고
> 너는 이간질하는 말을 했거니
> 지금 여기서 그 과보를 받는다.

아비지옥으로 떨어지게 될 죄인은 중유에 있을 때부터 이미 저 근본지옥에서 들려오는 무시무시한 고통의 소리를 듣게 된다. 중유로부터 이만 오천 유순이나 떨어져 있는 거리인데도 들려오는 아비지옥의 소리는 다른 지옥에 있는 중생들조차 자신의 고통을 잊고 두려움에 떨게 할 정도이다.

중유에 있는 죄인은 전생에 지은 악업으로 인해 생긴 찬바람, 즉 업풍業風에 불리어 차츰 땅 밑의 물속으로 끌려 들어가게 된다. 아비지옥으로 죄인을 몰아가는 업풍은 마치 수미산마저 먼지 상태로 날려버리

---

[9] 사유(四維)는 동남·동북·서남·서북의 4개 방위, 동서남북과 사유를 합쳐 팔방(八方), 상하와 팔방이 합쳐져 시방(十方)이 된다.

는 겁진풍劫盡風처럼 강하고, 얼음처럼 차가우며, 칼날처럼 날카롭다. 중유는 어둡고 추운 곳인 데다가, 업풍까지 불기 때문에 죄인에게 따뜻함에 대한 갈망이 생겨나고, 바로 이 갈망으로 인해 중유를 벗어나면서 새로운 몸과 감각이 생겨나게 된다.

이렇게 새로이 지옥중생으로서의 몸을 받은 죄인은 머리를 아래로 한 채, 이천년이 넘는 시간 동안 저 아비지옥으로 떨어지게 된다. 결국 업의 힘이 바람을 만들어 중유에 머물던 죄인을 아비지옥으로 떨어뜨리고, 새로운 지옥중생으로서의 몸과 그에 딸린 감각까지 만들어내는 것이라 할 수 있다.

아비지옥 안에는 불꽃이 가득 차 있어서 수미산과 같은 거대한 물체도 다 태울 수 있지만, 죄인들만은 몸이 다 타더라도 끝내 죽지는 않는다. 또한 아비지옥과 그 지옥중생에게서는 세상의 어느 나쁜 냄새와도 견줄 수 없는 역한 냄새가 난다고 한다.

아비지옥은 이전의 일곱 근본지옥과 그 별처지옥에 떨어지는 업인들의 총합을 기본으로 하고, 거기에 더하여 오역죄를 지은 중생들이 나게 되는 곳이라 할 수 있다. 그렇다면 왜 아비지옥을 무간無間지옥으로도 부르는 것일까? 이는 아비지옥의 여러 특성 중에서도, 죄인들이 모두 타서 서로 간에 구별할 수 있는 틈이 전혀 없기 때문이며, 또한 그 지옥에서 받게 되는 고통의 세력이 간단(間斷; 쉬거나 끊어짐)없이 계속 이어지게 되는 것 때문에 붙여진 이름일 것이다.

불이 다 타고나면 그 뜨거움도 다하듯, 종자가 없으면 그 싹도 없는 것처럼, 아비지옥에 떨어지게 된 악업의 인因이 다하면, 그에 따른 과

果로서의 고통도 다하게 된다. 하지만 그 악업의 업력은 여전히 남아서 미래 수백 수천 생 동안 아귀도와 축생도에 태어나 또 다른 고통을 받게 된다고 한다.

이러한 지옥의 고통상은 읽고 상상하는 것만으로도 끔찍하지만, 그 전율의 정도에 비례하여 경고의 의미도 강했기 때문에 지옥 교설의 서술자들은 온갖 상상력을 동원하여 경전 속에서 극한의 대리체험을 하게 했으리라 생각된다. 결국 이러한 고통상이 던지는 메시지는 간결하게 집약될 수 있다. 사후 지옥이 두렵거든 생전에 계율을 지키라!

이제 아비 근본지옥에 대한 설명을 이 정도로 마치고, 부속지옥인 16별처지옥에 대한 이야기를 시작 해보기로 하겠다. 아비지옥의 첫 번째 별처지옥인 오구처烏口處는 옥졸이 죄인의 입을 마치 까마귀의 입을 찢듯이 크게 찢은 후에, 검은 잿물이 흐르는 강에 데리고 가서 뜨거운 불씨가 섞인 물을 죄인의 입속에 강제로 들이붓는 고통을 가하는 곳이다.

다음 아비지옥의 두 번째 별처인 일체향지처一切向地處는 번뇌멸지를 얻은 비구니나, 아라한에게 강제로 삿된 음행을 저지른 자가 떨어지는 곳으로서, 이전 일곱 지옥과 그에 딸린 별처지옥들의 모든 고통을 다 갖추어서, 백 배 정도 더 겪게 되는 곳이라 한다.

세 번째 별처지옥인 무피안상수고뇌처無彼岸常受苦惱處는 근친상간의 악업을 저지른 자가 떨어지게 되는 곳으로서, 그 사회적 파급력까지 고려하여 지극히 심한 고통을 겪게 되는 것을 볼 수 있다. 이 무피안상수고뇌처에서는 그 죄에 걸맞게 주로 생식기에 고통을 가하는 것을 볼 수 있는데, 성기를 쇠갈고리로 걸어서 다시 배꼽으로 끌어내고, 그곳에 쇠가시를 박거나, 입에 불타는 쇠갈고리를 집어넣는 등의 방식이다.

아비지옥의 네 번째 별처지옥인 '야간후처野干吼處'는 일체의 지혜를 가진 이를 폄훼하고, 벽지불과 아라한을 비방하며, 불법을 폄훼하고, 법이 아닌 것을 설법하고, 이를 남들에게 따르게 한 악업의 인연으로 떨어지게 되는 곳이다. 이 야간후처에서는 여우와 비슷하게 생긴 지옥 짐승인 야간에게 온몸을 물어뜯기고, 진리가 아닌 교의[非法]를 전한 죄로 옥졸에게 혀를 뽑히는 고통을 당하게 된다.

다섯 번째 별처지옥인 철야간식처鐵野干食處는 못된 마음을 품고 절에 불을 질러 불상과 불구, 세간 등을 태운 악업으로 인해 떨어지게 되는 곳이다. 전생에 지은 악업의 정도에 비례해서 지옥에서의 고통도 커지기 때문에 이 철야간식처의 고통상이 어느 정도인지를 짐작해볼 수 있을 것이다. 사원을 태운 것도 악업이지만, 그 악행으로 인해 승가의 화합을 깨트린 업이 무척 위중하기 때문에 죄인의 몸에 붙은 불이 일십 요순에 달할 만큼 극열의 고통에 시달리게 된다. 그렇게 타고 있는 죄인이 입을 벌려 큰소리로 비명을 지를 때면 입속에서 또 불꽃이 튀어나와 다시 몸에 붙어서 불이 커지는 악순환이 계속된다.

이 철야간식처에서는 불에 타는 것뿐만 아니라, 하늘에서 여름철 장맛비처럼 쏟아지는 쇳덩이에 온몸이 부서지고, 불꽃 어금니를 가진 야간이 이리저리 흩어진 죄인의 육신을 뜯어먹는 고통이 계속 이어진다. 이곳 역시 다른 모든 지옥과 마찬가지로 죽었다가도 끊임없이 되살아나서 전생의 죄업이 다 소멸할 때까지 고통을 받게 되어 있는 것이다.

아비지옥의 여섯 번째 별처지옥인 흑두처黑肚處는 불가의 물건을 함부로 가져다 쓰고 돌려주지도 않으며, 주지가 되기 위해 시주했다가 다시 가져가고, 남에게 물건을 주어 보시하게 했다가 자기가 그것을 쓰는 등의 악업으로 인해 떨어지는 곳이다. 결국 흑두처의 죄인들은 끝없는 세월 동안 자신의 살을 파먹는 고통으로 불가의 물건에 함부로 손댄 죄업을 갚아야 한다. 복전 중에 가장 뛰어난 불타의 복전에 손해를 끼친 죄로 인해 제 살을 파먹고, 검은 뱀에게 잡아먹히다가, 마침내는 몸이 1요순이나 되게 커져서 불꽃이 타고 있는 땅속으로 들어가 영겁의 세월 동안 불에 타게 되는 것이다.

그 다음 아비지옥의 일곱 번째 별처지옥인 신양처身洋處는 수차례에 걸쳐 불가의 재물을 가져다 쓴 이가 떨어지게 되는 곳이다. 신양처에 떨어진 죄인은 불타는 쇠로 이루어진 두 그루의 거대한 나무 사이에 서 있다가 거센 바람이 불어오면 서로 부딪치는 나무들 사이에서 바스러지게 된다. 나무 밑에는 금강의 부리를 가진 쇠새[鐵鳥]가 대기하고 있다가 조각나서 떨어지는 죄인의 육신을 이리저리 쪼아 먹는다.

영겁의 세월 동안 이러한 고통으로 악업을 갚은 죄인이 요행히 이 신양처를 벗어나게 되더라도 이후의 일천 생은 아귀도에 나서 굶주림과 목마름 속에 근근히 목숨을 부지하게 된다. 또한 그 다음 일천 생은 축생도에 나서 마갈어나 큰거북이 되어 바닷속 짠 물에서 보내며 늘 굶주린다. 그 다음에 혹여 인간도에 나더라도 그가 사는 나라가 항상 주변 국왕들의 싸움에 자주 휘말리게 되면서 애써 모은 재산을 강탈당하게 된다고 한다.

다음 아비지옥의 여덟 번째 별처지옥인 몽견외처夢見畏處는 사원에서 공양할 음식을 몰래 훔쳐 먹어서 많은 비구들을 굶주리게 만드는 짓을 자주 하면서도 참회하지 않는 자가 떨어지게 되는 곳이다. 몽견외처의 죄인들은 옥졸에 의해 쇠절구에 넣어져 마치 곡식 찧듯이 뜨거운 쇠절구로 콩콩 찧게 되는데, 아예 육신이 형체도 없어질 무렵에는 다시 연한 새 몸이 생겨나 끝없이 절구질을 당하게 된다. 이는 그 죄인이 전생에 훔친 불가의 식량을 대신해 쇠절구에서 고통을 당하는 것을 상징하는 장면이라 하겠다.

이상 아비지옥의 여덟 번째 까지의 별처지옥에 관한 교설을 보면 불가의 재물을 훔쳐 쓰기를 즐겨한 자가 후생에 받아야 할 업보를 강조함으로써 출가수행자는 물론 속인들에게도 강하게 경고하는 의미가 있는 것으로 생각된다. 결국 불가에 속한 재물은 지푸라기 하나라도 깨달음과 중생의 구제를 위해 쓰여야 한다는 절대 소명의식이 있기에 이를 훼손하는 것을 극중한 무간업無間業으로 다루고 있는 것으로 생각된다.

아비지옥의 아홉 번째 별처지옥인 신양수고처身洋受苦處에는 거대한 나무가 있어서 땅 위로 솟은 줄기와 가지, 잎은 불타고 있으나, 뿌리 부분에서는 차가운 물이 흐르고 있다. 죄인은 머리를 아래로 한 채, 이 나무뿌리 밑에 있는 지옥에 나서 항상 얼음처럼 찬물에 젖어서 404가지의 병에 시달리게 된다. 또한 신양수고처에 떨어진 죄인들은 나무와 불, 쇠, 기갈, 병의 다섯 가지 고통을 받으며 유구한 시간에 걸쳐 전생의 죄업을 갚아나가게 된다. 기나긴 고통의 시간 후에 이 지옥을 벗어나더라도 죄인은 7백 생 동안 연기를 먹는 아귀로 태어나며, 그 후 5백 생 동안은 불에 타는 용으로 태어나 항상 하늘에서 떨어지는 뜨거운 모래를 맞게 된다고 한다. 이 부분에서는 용으로 태어났어도 전생의 업력으로 인해 호법 팔부신중의 위격이 아니라, 축생도에서 고통받는 존재로 묘사되고 있는 점이 흥미롭다.

다음 아비지옥의 열 번 째 별처지옥인 양산취처兩山聚處는 벽지불이 배가 고파서 먹으려 하는 음식을 훔쳐 먹은 자가 떨어지게 되는 곳이다. 이 양산취처에서는 거대한 산사태에 깔리는 고통을 당하거나, 죄인의 눈, 귀, 코, 혀 등 감관을 칼로 잘라낸 뒤, 그 자리에 뜨거운 쇳물, 구리물 등을 들이붓는 고통을 당해야 한다.

열한 번째 별처지옥인 염파파도처閻婆叵度處는 급수원의 역할을 하는 강물을 끊어서 수많은 이들을 기갈에 시달리게 한 자가 떨어지게 되는 곳이다. 이 염파파도처의 죄인은 전생의 죄업 때문에 감각과 견해가 뒤바뀌게 되어 쇠나무가 가득 차고, 불길이 타는 광야를 숲과 호수가 있는 비옥한 땅으로 보게 된다. 결국 쇠와 불에 시달리던 죄인이 물을 마시러 달려간 연못에는 뜨거운 잿물이 가득할 뿐이다.

또한 만인의 식수원인 강물을 끊어놓는 것은 나라를 파괴한 죄에 버금가기 때문에 그에 대한 고통도 가중되어 거대한 코끼리, 지옥의 새, 불타는 갈고리, 불꽃의 이빨을 가진 게 등에 의해 차례로 죄 갚음을 당하게 된다. 오늘날에도 식수원이 되는 강물을 오염시킨다거나, 물길을 변화시켜서 자연환경을 파괴한 죄 역시 같은 맥락의 악업에 속하리라 생각된다. 현대인들도 혹여나 스스로 그러한 죄업에 가담하고 있지는 않은지 스스로를 돌아볼 일이다.

열두 번째, 성만처星鬘處는 선정 수행을 통해 모든 번뇌를 멸한 비구가 선정에서 깨어나 몹시 배고플 때에 먹을 음식을 훔친 자가 떨어지는 지옥이다. 이 지옥의 이름이 성만星鬘인 것은 그 안에 수많은 쇠솥을 끓이는 불길이 마치 어둠 속에 보이는 별빛과 같다고 하는 의미이다. 그 별 떨기 만큼이나 많은 쇠솥에서 죄인들은 마치 음식처럼 삶기고, 태워지며, 튀겨지게 된다. 악업을 다 갚은 죄인이 혹여 이 지옥을 벗어나더라도, 이후 1천 생 동안 아귀로 태어나 겨우 백 년에 한 번 정도 음식을 얻어먹고 살아간다고 한다.

다음으로 아비지옥의 열세 번째 별처지옥인 고뇌급처苦惱急處는 불타의 정법을 훼손하고, 다른 이들이 믿는 것을 방해한 자가 떨어지는 곳으로서, 눈과 손가락, 심장에 집중적으로 고통을 가하게 된다. 즉, 눈으로 법을 보고 훼멸했기 때문에 그 눈에 끓는 구릿물을 붓고, 그 손가락으로 법을 비방하는 행위를 했기 때문에 쇠톱으로 끊게 되며, 악한 마음으로 법을 파괴했기 때문에 금강의 부리를 가진 지옥 새가 그 심장을 파먹게 된다는 것이다.

열네 번째 취기복처臭氣覆處, 열다섯 번째 철섭처鐵鍱處, 마지막 열여섯 번째 십일염처十一焰處 세 별처지옥은 모두 불가에 손해를 끼치고, 비구를 속이며, 불법을 비방한 자들이 떨어지게 되는 곳이다.

이상으로 아비지옥과 그에 딸린 16별처지옥에 대해 살펴보았다. 지옥 중에 죄업이 가장 무거운 자들이 떨어지는 곳이기에 그 고통상도 가장 극심한 곳이 아비지옥이다. 아비지옥은 전체적으로 오역죄 중에서도 불법과 승려, 승가의 화합을 파괴한 죄로 인한 악업을 강조하고 있다. 궁극의 지옥이라 할 수 있는 아비지옥의 교의에서 불법과 불가, 비구·비구니에 대한 훼손의 과보를 그만큼 강조한 것은 초기부터 승가 공동체를 지켜오는 과정이 지난했음을 반증하는 것으로 생각된다. 비록 읽기만 해도 전율이 이는 지옥교설이지만, 그 하나하나의 고통상들은 결국은 승가를 지켜달라는 '호소'일지도 모르겠다. 세상에서 가장 무서운 호소 말이다.

다른 종교의 지옥에 관하여

1) 『신곡』의 지옥과 순례자

이 장에서는 13세기 그레코로만 문학의 정수라 할 수 있는 단테의 『신곡』 지옥편의 서사를 들여다보면서 중세 시인들의 지옥 순례에 동참해보기로 하겠다.

단테의 『신곡』은 전체적으로 기독교의 심판과 구원론, 그리스로마 신화와 역사, 그리스 철학 등을 배경으로 하고 있으며, 마치 한국의 무가나 불교의 게송처럼 음률을 맞춘 서사로 이루어져 있다. 『정법념 처경』에서 지옥의 고통상과 죄업의 본성을 관조하는 비구의 눈을 빌려 지옥을 순례했던 것처럼 단테의 『신곡』 역시 순례자의 눈을 빌려 지옥의 참상과 기독교 신앙의 구원에 대해 서술하고 있다.

불교의 지옥과 마찬가지로 『신곡』의 지옥 역시 '빛이 없는 곳'으로 묘사된다. 또한 순례자의 길을 막아서는 지옥의 세 짐승들-표범과 사자, 암늑대-은 각각 음란과 오만, 탐욕을 상징한다. 순례자를 위협하는 이 세 가지 악의 본성은 인간이 저지르는 모든 죄의 근본 원인들로서 불교의 탐진치 개념과 유사한 맥락이라고 볼 수 있을 것이다. 모든 빛이 침묵에 잠기는 곳, 맞부딪치는 바람들이 싸우는 전쟁터, 폭풍이 휘몰아치는 바다가 으르렁거리는 곳이 바로 지옥인 것이다.

또한 『신곡』에서는 죽은 자들의 세계를 여행하는 순례자의 길잡이가 등장하는데, 바로 로마의 시인 베르길리우스 마로(기원전 70-19)이며, 단테는 그를 '오랜 침묵으로 목이 잠긴 듯한 사람'으로 표현하고 있다. 지옥의 뱃사공 카론은 암흑의 신 에레보스와 밤의 여신 닉스 사이에 태어났으며, 아케론 강에서 죽은 자들 중에 죄지은 영혼들만을 실어 나른다. 따라서 그가 다른 항구의 언덕으로 가라고 한 영혼은 구원의 가능성이 있게 된다.

불교 경전 속의 지옥 중생들이 그러하듯이, 『신곡』에서 묘사하고 있는 지옥의 영혼들도 벌거벗은 상태이다. 단지 불교의 지옥중생들은 중음에서부터 감각에 대한 탐착으로 인해 물리적인 몸을 받아 그 죄업만큼 커지지만, 『신곡』의 영혼들은 몸이 없어진 상태로 고통에 시달리게 된다.

순례자인 시인이 본 지옥의 사람들 중에 첫 번째로 본 이는 수많은 언어들의 여제女帝로서, 애욕이 강한 기질 때문에 셀 수 없는 추문들을 만들고, 그것을 덮기 위해 음란을 정당화하는 묘한 법을 만든 '세미라미스'였다. 불교 지옥교설에서도 음욕의 죄업으로 인해 떨어지게 되는 지옥들이 숱하게 등장하듯이, 『신곡』의 지옥에서도 애욕으로 인해 고통당하는 자가 첫 번째로 관찰되고 있는 것이다. 또한 불교의 지옥에 불타는 주둥이를 가진 개가 있는 것처럼 이 지옥에도 머리가 셋 달린 케르베로스가 세 개의 아가리로 영혼들을 할퀴고 조각조각 찢어발긴다.

다음으로 순례자가 만나는 이는 '부유함' 혹은 '풍요'를 주는 지하세계의 왕 하데스로서, 그가 지키고 있는 지옥은 절제할 줄 모르고 부를 낭비하며, 유용한 자들이 가게 되는 곳이다. 순례자가 본 그 지옥에는 탐욕스러운 교황과 추기경들이 서로 반목하며 소리 높여 다투고 있다.

불교의 지옥 구조에서도 근본지옥과 그에 딸린 별처지옥들이 있듯이 『신곡』에서 묘사하는 지옥 역시 커다란 고리 형태의 큰 지옥이 세 개의 구렁으로 나뉘어 있는 구도이다. 예를 들면, 첫 번째 고리에는 폭력배들이 갇혀 있는데, 그들의 폭력이 세 부류- 이웃과 자기 자신, 그리고 하느님-에게 행사되기 때문에 세 개의 구렁으로 나뉘어져 있는 식이다. 살인자, 폭력, 도둑, 모리배 등은 첫 번째 구렁에서 벌을 받고, 제 손으로 자신과 자기 재산을 파괴한 자들은 두 번째 구렁으로, 하느님을 부정하고 저주한 자들은 가장 좁은 세 번째 구렁에 떨어지게 된다고 한다.

두 번째 고리에는 위선자, 아첨꾼, 마법사, 허풍쟁이, 도둑, 성직 매매자, 포주, 사기꾼과 같은 자들이 이들이 둥지를 틀고 있다. 마지막으로 가장 낮은 곳에 위치한 고리이자, 지구의 중심부인 '디스'는 항상 불타고 있는 도시로서, 모든 배신자들이 몰려서 영원한 고통을 받게 된다고 한다.

불교의 지옥에서 흔히 등장하는 고통상 중에 '잿물의 강' 혹은 '납물의 강'이 있다. 아직 불씨가 남은 재가 강물처럼 흐르는 강이나, 납의 용액이 흐르는 강은 죄인들이 형체도 없이 녹을 정도로 뜨겁다. 『신곡』의 지옥에서도 붉은 핏물이 끓는 강이 등장하는데, 폭군과 약탈자들이 그 안에서 눈썹까지 잠긴 채로 고통을 당하게 된다.

자살한 사람들의 영혼은 숲에 떨어지는데, 마치 잡초 씨앗처럼 싹을 틔워서 야생의 나무가 된다. 하나님의 주신 육신을 멋대로 훼손했기 때문에 그 영혼도 형체를 잃어버리고 나무의 모습으로 존재할 수밖에 없는 것이다. 나무가 된 영혼은 그 잎과 가지들이 뜯길 때마다 고통을 느끼지만 최후의 심판이 있을 때까지는 그 육신을 찾으러 가지도 못한다.

불비를 맞으며 잠깐의 쉼도 없이 영원한 행진을 하고 있는 죄인들도 등장하는데, 이들은 잠깐이라도 대열에서 빠져나가면 백 년 동안 불비를 피하지 못한 채 누워있어야 한다. 성직자나 유명한 인사 중에 인색하고 질투심 강하고, 교만한 이들이 이 영원한 벌을 받게 된다고 한다. 이 세상의 변소에서 퍼 온 듯한 똥물 속에 잠기는 구렁도 있는데, 이는 알랑거리며 아첨하던 자들, 즉 불교적으로 표현하자면 기어綺語의 구업을 지은 자들에게 해당되는 형벌이다. 또한 역청이 끓고 있는 구렁에는 남들에게 사기 치고, 민간인을 갈취하는 탐관오리들이 들어가게 된다.

전체적으로 『신곡』의 지옥편은 기독교 교단의 내부적 모순과 부패 상황에 대해 유독 날카로운 비판의 눈길을 보내고 있으며, 이에 따라 지옥에서 고통을 당하는 죄인 중에 교황과 추기경 등의 사제들이 자주 등장한다. 특히 성물과 성직을 매매하던 자들은 거꾸로 처박힌 채로 발을 심지로 삼아 끊임없이 불타는 형벌을 받다가 다음 죄인이 오면 자리를 넘기고 더 아래 지옥으로 내려가는 것으로 묘사된다.

온갖 종류의 뱀들이 뒤엉켜있는 구렁도 있는데, 벌거벗은 죄인들이 그 안에 던져져서 뱀에 물리게 되면 몸에 불이 붙고 타버리게 된다. 여기서 특기할만한 점은 불교의 지옥에서 물리적인 죽음이 불가능하듯이, 이 독사의 구렁에서도 타버린 재가 땅에 스러졌다가 또다시 제 스스로 모여서 순식간에 이전의 형상대로 자라난다는 것이다.

여덟 번 째 구렁에는 온갖 모략과 술수로 이간질을 한 수도사와 사제들이 등장한다. 생전에 달변과 기만적인 논리로 많은 이들을 속여 죄악을 행하게 만들던 이들은 불의 옷을 입고 고통 속에 지내게 된다. 간사한 말로 전쟁을 부추기고 살육하게 만든 자들이 몸체에서 잘려나간 자신의 머리를 등불처럼 들고 다니며 사람들에게 스스로의 죗값을 알리는 구렁도 있다. 생전에 권력자의 옆에서 위세를 떨치던 자들이었지만 사람들을 반목하게 한 죄가 깊어서 비참한 모습으로 지옥의 고통을 견디고 있는 것이다.

살아있을 때 환술幻術이나 연금술 등으로 세상 사람들을 미혹시킨 자들도 지옥의 구렁에 떨어지게 된다. 이곳의 죄인들은 마치 창병에 걸린 환자들처럼 온몸에 부스럼이 생겨서 끊임없이 손톱으로 딱지들을 떼며 스스로를 할퀴고 있다. 불교에 8대 근본지옥이 있는 것처럼 『신곡』의 지옥에는 모두 열 개의 구렁이 존재하는데, 각기 그곳에 떨어지게 되는 죄의 성격이 다르다. 이는 불교경전에서 각 근본지옥의 업인을 달리 제시하는 것과 유사한 구조라고 할 수 있다.

다음 지구 중심부에 위치한 최하부 지옥 디스에는 하느님에게 배역한 죄로 추하고, 거대해져 버린 거인왕 사탄이 등장한다. 이곳의 죄인들과 거인왕은 모두 거꾸로 들린 모습으로 묘사되는데, 이는 이들이 신앙을 배신한 자들임을 상징한다. 불교의 지옥교설에서 궁극의 아비지옥에 승가와 비구, 비구니를 훼멸한 업인을 배치한 것처럼『신곡』의 지옥 역시 가장 고통스러운 최하부에 배역자들을 넣고 있는 것이다. 결국『신곡』의 지옥편 역시 교단과 신앙을 지키고 싶어 했던 저자의 열망이 깃든 서사임을 보여주고 있다고 하겠다.

2) 한국 무가 속의 지옥; 바리데기 서사

'바리데기'는 한국의 대표적인 서사무가로서 탄탄한 구성과 상징성을 갖추고 있으며, 분포된 지역도 넓다. 업비대왕의 일곱 번째 공주로 태어난 바리가 옥함에 넣은 채로 버려졌다가 석가세존에 의해 구제되는 서두 부분에서부터 이미 이 서사무가가 불교와의 진한 친연성을 갖고 있음을 보여주고 있다.

바리공덕 할아비와 할미에 의해 키워진 바리가 15세 되던 해에 그의 친부모가 한 날 한 시에 죽을병에 걸리게 되고, 치료약을 구해줄 수 있는 이는 오직 바리뿐임을 알게 된다. 바리를 버린 부모가 자신들의 병 치료를 위해 찾아오자, 그녀는 열 달 뱃속에 들어있었던 은공을 갚겠노라고 망설임 없이 약을 구하러 떠난다. 무쇠주령을 짚고 수천리 길을 한 번에 휙휙 가던 바리는 도중에 석가세존을 만나 낭화 세 가지와 금주령을 건네받는다.

신적인 존재들의 도움을 얻어가며 힘겹게 칼산지옥, 불산지옥, 독서지옥, 한빙지옥, 구렁지옥, 배암지옥, 물지옥, 혼암지옥, 무간 팔만사천지옥을 넘어선 바리는 '구름이 쉬어 넘고 바람도 쉬어 넘는 곳'에 다다르게 된다. 그곳에서 갖은 고생을 하지만 석가세존에게서 얻었던 낭화로 위기를 극복하고 뜻밖의 힘을 발휘하게 된다. 바리가 낭화를 흔들자 지옥이 무너져 내리고 지옥에 갇혀있던 죄인들이 풀려나게 된 것이다. 바리는 부서진 지옥에서 나온 죄인들에게 "서방정토 극락세계 삼십육만인 십일만 구천 오백 동명 동호 대자비 아미타불 극락세계 시왕 가리, 시왕 가고 극락 가리 극락 가소서"라고 천도의 공수를 내린다. 무속의 신녀라고 할 수 있는 바리가 지장보살이 갖고 있는 파지옥破地獄의 원력과 이미지를 차용하고 있음을 보여주는 대목이다.

다시 앞으로 나아가니 '짐승의 깃도 가라앉고 배도 없는 곳'에 도착한다. 길이 끊긴 바리가 석가세존에게 받은 금주령을 던지자 한 줄 무지개가 생겨나 그것을 타고 건너가게 된다. 도착한 곳에서 무장승을 만난 바리가 부모님을 구할 약수를 묻자, 삼년 동안 자신과 혼인하여 아이를 낳아줄 것을 청한다. 그렇게 무장승과 혼인하여 일곱 사내아이를 낳고 살던 중에 꿈을 통해 부모의 위독함을 감지한 바리가 급히 본국으로 돌아오게 된다.

무가에서는 돌아오던 바리가 정반대의 방향으로 향하는 두 척의 배

를 보게 되는 장면을 빌어, 지옥행과 극락행에 대한 설명을 전개하고
있다. 즉, 고운 향기가 가득하여 맑은 기운을 띄고 오는 배는 망혼이
세상에 있을 적에 나라에 충신이요, 부모에 효도하고, 동기간에 우애
있고 … 선왕제, 사십구제, 백일제 받아 극락세계로 왕생천도하여 가
는 배이다. 이와 반대로, 활을 든 자, 총을 든 자, 창을 든 자, 머리
풀어 산발하고 … 모진 악기惡氣 가득 차서 오는 배는 나라에 역적이
요, 불효하고, 우애 없고, 만법 궁수에 비방한 죄로 한탕지옥, 칼산지
옥으로 가는 배이다.

이 부분을 보면 바리공주 서사무가에서는 지옥으로 떨어지는 업인
이나, 극락행의 선인에 상당 부분 유교적인 기준을 담지하고 있음을
알 수 있다. 이는 바리공주 무가가 만들어졌던 시기의 한국불교에서도
당시 사회의 중요한 가치였던 '효'를 제고하는 목련존자설화나 관련 경
전 등을 적극적으로 유포하고, 민간에서 활발하게 천도재를 설행했던
것과도 관련이 있을 것이다. 당시의 사람들은-지금도 그러하지만- 부
모에 대한 효를 다하기 위해 불교는 물론 무속신앙의 힘을 빌리지 않
을 수 없었던 것이다.

무속인의 구송을 통해 바리가 지옥을 파하는 장면이 설행되면서 망
자 천도의식이 절정에 이르게 되면 굿판에 모인 망자의 가족들 역시
정신적인 카타르시스를 얻게 된다. 이처럼 망자에 대한 천도가 산 자
들의 정신적인 부담감, 그리움, 원망 등을 풀어내는 구제의식과 다름
없다는 점이 바리데기의 서사무가의 생명력이 질기게 이어지게 되는
원인이 되었을 것으로 생각된다.

한편, 돌아오는 길에 부모의 상여 행렬을 만나게 된 바리가 이미 죽은 부모의 시신에 약수를 뿌리자, 뼈와 살, 혼이 다시 살아나게 된다. 부모는 바리에게 보상을 해주고 싶어 했으나, 그녀는 모든 것을 마다하고 인도국왕 보살이 되어 죽은 영혼을 저승으로 인도하는 일을 하게 된다. 이는 결국 신녀 바리데기가 지옥을 파하는 지장보살에 이어 인로보살의 기능까지 담지했음을 보여준다고 하겠다.

3) 『금오신화』 「남염부주지」의 지옥

김시습金時習, 1435-1493이 쓴 조선 최초의 한문소설인 『금오신화金鰲新話』에는 세종 대의 선비 박생의 눈으로 관찰한 지옥 이야기인 「남염부주지南炎浮洲志」가 수록되어 있다. 일반적으로 남염부제 혹은 남염부주는 인간들이 사는 세상을 말하지만 김시습은 여기에 불교의 지옥교의에 등장하는 초열지옥焦熱地獄의 이미지를 대입하고, 명부의 심판자인 염마를 등장시키고 있다. 즉, 김시습이 말하는 '남염부주'는 일반적으로 인식되는 명부와 지옥이 중첩되어 있는 세계인 것이다.

「남염부주지」에서 주인공으로 등장하는 박생은 유학을 공부한 선비로서, 천지는 음양의 이치일 뿐이라 주장하며 천계나 지옥 같은 불교적 세계관에 대해 회의를 품고 있었지만, 어느 날 꿈속에서 이 남염부주에 들어가는 특이한 체험을 하게 된다. 김시습은 박생이 들어간 바다 속의 한 섬인 남염부주의 풍경을 다음과 같이 묘사하고 있다.

이 섬은 하늘의 남쪽에 있기 때문에 남염부주라고 한다. 이 땅에는 전혀 초목이라고는 나지 않고 모래와 자갈마저 없다. 낮에는 센 불길이 하늘까지 뻗쳐 땅덩이가 녹아내리는 듯 하고, 밤이면 쌀쌀한 바람이 서쪽에서 불어와서 사람의 뼈끝을 에이는듯하여 견디기 힘들다. 성처럼 된 쇠 벼랑이 바닷가를 둘러싸고 늘어서 있고, 굳게 잠긴 쇠문이 하나 덩그렇게 서 있다. 수문졸은 사람을 물어뜯을 것 같은 포악한 자세로 창과 쇠몽둥이를 쥐고 성을 지키고 서 있으며, 성 안에 거주하는 백성들은 쇠로 지은 집에 살고 있다. 낮에는 피부가 불에 데어 문드러지고 밤에는 추워서 얼어붙곤 하는데, 다만 아침저녁에나 사람들이 약간 기동하며 웃고 얘기하는 소리가 들릴 뿐이다.

하루 종일 붉은 구름이 햇빛을 덮고 독한 안개가 공중을 막고 있는데, 염부閻浮라는 이름 자체도 이처럼 화염이 항상 떠 있기 때문에 붙은 것이다. 길에 다니는 사람들은 질척이듯 녹아있는 동철을 진흙처럼 밟고 다닌다. 사람들이 목마를 때는 녹은 구릿물을 마시고, 배고프면 쇠조각을 먹는다. 차 역시 구리물이나 다름없고, 과일도 탄환처럼 단단하여 먹기도 힘들다. 야차나 나찰이 아니면 이곳에서 배기지 못하고, 도깨비떼가 아니면 기운을 제대로 펼치지도 못한다. 또한 불타는 화성火城이 천 리나 되게 넓고, 철산이 만 겹으로 에워싸고 있으며, 백성들의 풍속이 사납고 악해서 그 간사함을 판단하기가 쉽지 않고, 자연환경이 험해서 조화로운 삶이 어렵다.

박생은 지옥의 대왕이라 할 수 있는 염마閻魔와 만나 불교의 윤회설과 인과보응론, 시왕의 심판, 천도재 등에 관해 유학자로서의 견해를 제시하며 대화를 해나간다. 저자 김시습은 이러한 토론의 형식을 빌어 기존에 인과보응과 심판의 교의에 기반을 두고 있던 불교의 지옥사상을 유교적 윤리로 대체하려는 의도를 드러낸다. 특히 김시습은 박생과 염마의 대화를 빌어 부모의 사후에 망자의 천도를 위해 치르는 각종 불교의식들이 궁극적으로 무용함을 주장하고 있다.

결국 염마는 도덕과 예법으로 인민을 가르치면 화평한 세상이 올 것이니, 유학자 박생이 새로운 염라왕으로서 적임자이기 때문에 그에게 양위할 의지를 밝힌다. 이에 놀란 박생이 꿈에서 깨어나면서 다시 이 세상으로 돌아온 후 두어 달이 지나자 병이 들어 죽음을 맞이하게 된다. 얼마 후 이웃사람의 꿈에 신인神人이 나타나 박생이 염라왕이 되었음을 알리면서 소설은 끝을 맺고 있다.

이 「남염부주지」는 저자 김시습 자신이 당시에 이루지 못한 유학자로서의 이상을 선비 박생에 투사하고 있다고 하겠다. 아울러 김시습은 장차 박생이 명부의 대왕이 될 것이라는 선언을 통해서 조선시대라는 배경에서 성취할 수 없었던 유교적 교화를 불교적 세계인 지옥에서 이루리라는 암시를 하고 있다. 이러한 「남염부주지」의 구도나 염마와의 대화에서 드러나는 교의적 지식은 김시습이 불교를 공부하지 않았다면 나오기 힘든 것이기도 하다. 결국 이 「남염부주지」는 불교의 세계관을 빌려서 유교적 이상을 설파할 수밖에 없는 패러독스와, 유학자로서의 이상을 꺾은 채 살아가야 했던 인간 김시습의 비애가 짙게 스며 있는 작품이라 할 수 있다.

4) 도교의 지옥과 시왕신앙

불교의 지옥을 주재하는 최고신은 야마(Yama; 閻魔)로서, 그 기원이 베다시대로까지 소급된다. 『리그 베다』에 의하면 야마는 인류 최초로 '죽은 자'로서 명부를 개척하고, 나중에는 인간의 사후에 생전의 선악을 심판하는 자가 된다.

이 야마가 중국에서는 염라閻羅 혹은 염마閻摩로 번역되면서 중국 도교의 태산부군泰山府君과 결합하게 된다. 고대 중국인들은 사람이 죽으면 그 영혼이 태산으로 돌아가게 되며, 태산부군은 지상의 명부인 태산에 거주하면서 사후세계를 다스린다고 믿었다. 이 때문에 당대 밀교에서는 태산부군에게 지전과 폐백을 올리면서 죽음의 명부[死籍]에서 자신의 이름을 지우고 생적[生籍]으로 옮겨달라고 기원하기도 했다. 하지만 불교의 지옥교설이 수용된 이후에는 사람의 본명을 관장하는 태산부군이 염마왕보다 하위 신격으로 자리하게 된다.

불교의 지옥사상이 본격적으로 들어 온 이후에는 양자의 융합을 거쳐 도교에서도 새로운 시왕신앙이 만들어지게 된다. 사람이 죽은 뒤에 명부 시왕의 심판을 차례로 거치면서 다음 생의 화복이 결정되며, 죄가 중한 경우에는 지옥으로 떨어지게 된다고 믿는 것이 시왕신앙의 요체라고 할 수 있다. 이에 따라 불교에서는 삼장월三長月이나 육재일六齋日의 재법과 여러 가지 불사佛事가 정비되고, 도교에서는 십재일十齋日과 삼원일三元日 등의 재초齋醮의식 등을 통해 생전에 미리 사후를 위한 복을 닦아두려는 수행법들이 등장하게 된다.

또한 불교의 지옥교설이 그러하듯이, 도교의 경우에도 각 교단의 경전마다 지옥에 대해 서술하는 내용에 차이가 있다. 중국 도교의 지옥 교의를 가장 자세하게 설명하고 있는 문헌은 『옥력초전玉歷抄傳』으로서, 젊은 학자가 잘못 지옥에 떨어져서 시왕과 대화한 내용을 적은 형식을 취하고 있다. 이에 따르면 시왕은 각자 자신의 관할 하에 지옥을 다스리고 있으며, 고유의 징벌 방식과 심판 영역을 가지고 있다.

먼저 시왕의 우두머리는 진광왕眞光王으로서, 아귀나 자살자의 영혼을 지상으로 돌려보내 하늘이 정해준 수명을 채우도록 하는 것이 특징이다. 두 번째, 초강왕初江王은 부정직한 방법으로 이익을 취한 자들을 16곳의 별처지옥으로 보내 징벌한다. 세 번째, 송제왕宋帝王은 부정한 관리와 악처, 불충한 자들, 중상모략한 자, 정의롭지 못한 범죄자 등에게 육체적 형벌을 가한다. 네 번째, 오관왕五官王은 인색한 부자, 치료법을 알려주지 않는 자, 사기꾼, 화폐 위조범, 도둑질한 자들을 벌한다.

다섯 번째, 염라왕閻羅王은 원래 시왕의 우두머리였지만 죄인들에게 지나치게 자비로운 처분을 한 까닭에 옥황상제의 분노를 사서 다섯 번째로 강등되었다고 한다. 염라왕의 지옥에는 살생을 한 자, 경을 파손한 자, 계율을 지키지 않은 승려 등 주로 종교적 죄를 범한 자들이 떨어지게 된다. 여섯 번째, 변성왕變成王은 신성을 모독하고, 신을 세속적인 목적에 이용한 자들을 벌하는데, 두 널빤지 사이에 죄인을 끼우고 톱질을 하거나, 산 채로 가죽을 벗겨 박제를 만든다. 일곱 번째, 태산왕泰山王은 무덤을 파헤쳐 시신을 팔거나, 약혼자를 노예로 팔아먹은 자들에게 기름이 끓는 가마솥에 던지는 형벌을 가한다. 여덟 번째, 평등왕平等王의 지옥에서는 불효한 자들을 변소구덩이에 묻는다. 아홉 번째, 도세왕都世王의 지옥에서는 방화범이나, 낙태시술자, 외설적인 그림이나 글을 읽는 자들의 머리를 화로에 넣고 굽는다. 열 번째, 전륜왕轉輪王은 지옥을 빠져나가 윤회하도록 결정하는 일을 맡는다.

중국도교의 시왕은 그 체계에서 보면 불교의 시왕과 별 차이가 없으며, 단정하고 위엄 있는 고위관료의 모습을 하고 있다. 심지어 후대로 가면 북송대의 명판관이었던 포증包拯; 포청천이나 유명한 역사적 인물들을 염라대왕으로 모시기도 한다.

후대로 가면서 동북아시아 전체에 영향을 미치게 되는 시왕신앙은 남북조시대 이래 도교의 사후세계관과 신격들이 불교의 명부신앙 구조와 융합한 것으로서 태생적으로 많은 유사점을 가지고 있다. 양자 간의 결정적인 차이점이라면 불교의 교의에서는 지옥이 사바세계의 아래에 존재하지만, 도교에서는 인간들이 살고 있는 현세의 땅 어딘가에 지옥이 존재한다고 믿는 것에 있다고 하겠다.

5) 이슬람의 지옥

이번 장에서는 이슬람의 지옥사상에 대해 얘기해보기로 하겠다. 종교학 전공인 필자에게도 이슬람은 현대사회에서 워낙 복잡다단한 현상으로 그 종교성을 드러내기 때문에 쉽게 얘기하기는 힘들다. 따라서 여기서는 단지 이슬람의 '지옥사상'에 대해서만 간단히 언급하기로 하겠다.

이슬람에서는 지옥을 '자한남(jahannam 혹은 나르nār)'으로 부르며, 단순히 징벌의 공간이 아니라, 생전에 죄로 인해 더럽혀진 영혼을 정화하는 곳이라는 의미가 있다. 또한 극히 악한 죄인을 제외하고 대부분 징벌의 기간이 끝나면 지옥을 빠져나와 천국으로 들어갈 수도 있다고 보고 있다. 이 점에서 보면 이슬람의 지옥사상은 지옥을 영원한 것으로 보는 기독교보다는 죄업을 고통으로 보상하면 다시 윤회할 수 있다고 보는 불교에 더 가깝다.

무슬림에게 있어서 죽음은 끝이 아니라 오히려 육체에서 빠져나온 영혼이 살아가는 영원한 삶의 시작이 된다. 육체적 죽음의 순간에 영혼은 살아있을 때 자신이 겪었던 모든 경험들을 가지고 몸을 빠져나오게 된다. 죽음의 천사 아즈라엘(Azrael)은 각각 자비와 고통의 두 부류로 나뉘는 보좌천사들을 대동하고 죽은 자에게로 내려온다. 만약 죽은 자가 신실한 믿음과 선행의 삶을 살았다면 그 영혼이 자비의 천사에게 부드럽게 인도되고, 그 반대의 경우라면 매우 난폭하게 고통의 천사들에게 전달된다.

사후세계관과 관련하여 이슬람에는 최후의 심판의 날이 올 때까지 영혼의 저장소 내지 대기처와 같은 '무덤 속의 삶'이라는 개념이 존재한다. 장례식이 끝나면 시체 위에 떠있던 죽은 자의 영혼은 천사에 의해 하늘로 인도되어 약식 심판을 받게 된다. 심판 이후 천국행 혹은 지옥행이 예정된 영혼들 모두 다시 땅으로 되돌아와서 현세와 내세의 중간적 삶을 살게 되는데, 이 '무덤 속 삶'을 불교의 '중유'에 해당되는 개념으로 생각하면 될 듯하다.

마침내 지구의 종말과 마지막 심판이 있게 되는 그 날, 심판이 끝나는 즉시 모든 영혼들은 지옥의 가장자리 쪽으로 이동하여 씨라트라고 불리는 다리를 건너야 한다. 천국으로 가게 되어 있는 이들도 지옥의 구렁 위에 걸쳐져 있는 이 다리를 건너가면서 지옥과 죄값을 생생하게 기억하게 하고자 하는 것이다.

한편 다리를 건너가는 과정에서 천국으로 가게 될 이들은 가볍게, 빠르게 지나가지만, 지옥으로 가게 될 이들은 다리 위에서 바로 아래 불구덩이로 떨어지게 된다. 흥미로운 것은 불교의 지옥 교설에서 익숙하게 접했던 내용이 또 다시 등장하고 있다는 점이다. 지옥에서는 화염 속에서 죄인들의 살이 녹아내리고 뼈가 타 없어질 때까지 소진될지라도 곧 다시 살과 뼈가 만들어져 계속 형벌을 받아야만 한다. 즉, 지옥에서는 물리적인 죽음이 불가하다는 교의가 이슬람의 지옥사상에서도 그대로 나타나고 있는 것이다.

이슬람의 지옥은 천국과 일곱 층으로 되어 있으며, 아래로 내려갈수록 나쁘고 고통스러운 지옥이다. 가장 낮은 나락층은 지옥 중의 지옥으로, 이곳만 유일하게 다시 구원 받을 수 없는 죄인들이 떨어지게 된다. 죄인들은 지옥에서 수없는 불기둥에 묶여서 뱀과 전갈들에게 계속 물어뜯기고, 불타는 송진으로 된 옷을 입고 있어야 한다. 그들이 먹을 수 있는 것은 오직 피고름, 내장을 녹일 만큼 뜨거운 물, 더러운 오물이 가득한 샘물, 악마의 머리처럼 생긴 가시 돋친 과일뿐이다.

그렇다면 이슬람에서는 어떠한 행위를 지옥에 떨어지는 죄로 규정하고 있는 것일까? 여기에 대한 답으로 가장 먼저 종교적인 죄가 제시되는 것을 볼 수 있다. 꾸란의 가르침을 거부하고 무시한 자들, 하나님을 믿지 않고, 예언자에게 등을 돌리며, 무고한 이를 살해하고, 삶과 신앙에서 위선적이며, 비겁하게 전장에서 도망하는 행위, 그리고 지나친 탐욕, 오만, 거짓말, 속임수, 절도, 배신, 회개 없는 고집 등이 해당된다.

여기서 특히 주목해볼 수 있는 대목은 '비겁하게 전장에서 도망하는 행위'가 지옥에 떨어지는 죄가 된다는 점이다. 아쉽게도 바로 이러한 교의를 IS와 같은 이슬람의 외피를 한 테러조직들이 자신들의 폭력성을 정당화 하는데 이용하고 있지는 않은지 되새겨보게 한다.

📖 **소결**

불교가 인도에서 중국으로 들어온 후, 불교 포교사들이 민간인들을 교화할 때, 특별히 지옥신앙을 매개로 유교 및 도교와 타협하고 융합하는 현상을 찾아볼 수 있다. 역대 왕조의 국가종교 내지 이념으로서 이미 교학화된 유교와는 달리, 그 현실적인 기반에 있어 그다지 안정적인 지위를 보장받지 못했던 불교와 도교는 당송唐宋 이후 민간계층에로 활로를 모색할 수 밖에 없었으며, 그 결과 민간신도들의 수준과 종교관에 맞게 변용되고 종교 간의 상호교섭과 융합이 발생하게 된다. 인도에서 기원한 불교의 지옥사상은 중국에 들어온 후 남북조시대에 이르러 중국 도교의 태산부군泰山府君신앙과 결합하였고, 당대唐代에 이르러 모든 중생은 죽은 후 생전의 죄업에 따라 명부의 시왕에게 심판을 받는다는 '시왕신앙'이 성립된다.

이러한 시왕신앙과 더불어 지옥과 관련된 중요한 교의와 실천들이 5-6세기 중국불교에서 성립되는 것을 볼 수 있는데, 그것이 바로 지장地藏신앙이다. 중국에서 본격적으로 성립된 지장신앙은 5세기경부터 관련 문헌 자료들이 등장하고 있으며, 이후 수·당대를 거치면서 널리 보급되기에 이른다. 6세기 말에 성행한 삼계교三階敎에서는 말세중생의 구제를 본원으로 하는 지장보살을 본격적인 숭배의 대상으로 삼았으며, 7세기 이후 당대에 이르면 정토사상과 밀접하게 관련되어 발전하게 된다.

아함부 경전에서부터 훨씬 뒤에 나온 대승경전에 이르기까지 지옥 교설의 층위는 두터웠고, 서로 같은 얘기를 반복하는가 싶다가도 판이하게 다른 용어와 내용들이 등장하기도 한다. 또한 갈수록 복잡하게 죄악상을 반영하고, 계율과 교의의 그물을 촘촘하게 엮어갔던 흔적이 발견된다. 다시 말해, 지옥교설의 다단한 층위 안에는 인간의 사회상을 반영하는 계율과 죄악의 개념이 켜켜이 쌓여있는 것이다.

불교경전에서의 지옥의 죄업과 인과에 관한 교의는 그 경전이 저술된 당시의 사회적 가치관과 기준을 이해할 수 있는 시각을 제공하기도 한다. 이를테면, 전생에 지은 죄의 업력이 남아 피부색이 검은 자로 태어난다거나, 사람을 지고 다니는 일을 하여 목에 종기가 자주 나게 된다거나 하는 내용은 당시 사회에서의 특정 부족국가 출신이나, 특정

직업에 대한 비하의 시선을 읽을 수 있다.

경전이든, 문물이든 간에 한 문화권에서 다른 문화권으로 전달될 때는 피전달자의 문화적 배경에 따라 가장 설득력 있는 형태로 재해석의 과정을 거치게 마련이다. 이를테면 더위로 인해 고통 받을 일이 많은 문화권에서는 '팔열지옥'의 교설이 훨씬 체감의 정도가 강했을 것이고, 추위에 시달리는 문화권에서는 '팔한지옥'이 더 고통스럽게 다가왔을 것이라는 얘기이다.

더불어 경전을 파급시키고, 신앙을 알려야 하는 포교사의 입장에서는 해당 지역의 사람들이 가장 절실하게 지옥과 인과보응의 교설을 두려워하게 할 만한 극적인 장치가 필요했으리라 생각된다. 동아시아불교는 골목골목을 다니면서 지옥변상도가 그려진 두루마리를 펼쳐가며 경전의 지옥 교설을 실감나게 풀이해주었던 포교승들의 공헌을 잊어서는 안 된다. 이제 막 불교를 접했던 그 시대의 사람들에게 가장 절실하게 불교신앙을 가져야 할 이유를 알려준 존재가 바로 거리의 포교승들이었으며, 그들 뒤에는 풍부한 지옥교설의 서사가 버티고 있었던 것이다.

지옥 교설을 훑어보면서 새삼스럽게 발견한 점이 하나 있다면, 지옥에서 생전의 죄업을 고통으로 갚고 있는 징벌의 대상자로 대부분 남성들이 묘사되고 있다는 것이다. 특히 간음의 죄업 같은 경우에는 상대방 여성이 등장하기는 하지만 오히려 해당 남성의 고통을 가중시키는 보조 징벌자로 나타난다. 이를테면, 상대 여성이 나타나 그 남성을 유혹하면서 칼날잎이 잔뜩 박힌 나무를 오르내리게 한다던가, 금속 녹은 물이 가득 찬 뜨거운 호수에 남성을 끌어들인다던가 하는 방식이다. 여기서 남성이 성별을 넘어서는 일반적인 인간(Generic Man)으로 서술되고 있는 것인지, 아니면 경전 서술자의 시각에서 볼 때 남성 대 여성이 억압자 대 피억압자의 구조로 정형화되어 있기 때문인지는 명확하지 않다. 여기에 대한 교의적·문화적 분석은 좀 더 확장적인 연구를 진행해야만 가능하겠지만 적어도 불교 경전의 지옥교의에서 여성이 직접적인 피징벌자로 묘사되는 경우가 거의 보이지 않는 것은 분명하다.

다음으로 불교뿐만 아니라, 여러 타 종교 문화권의 지옥사상에서 거의 보편적으로 등장하는 지옥 교의가 하나 있는데, 바로 지옥에서는 물리적인 죽음이 불가능하다는 것이다. 이는 죄악을 저지른 인간에게 고통을 주기위해 만들어진 구조체인 지옥에서 어쩌면 너무 당연한 얘기인지도 모르겠다. 지옥에서 당해야 하는 형벌은 어느 죄인도 피할 수 없고, 평등하게 당해야 하는 것인데, 일회적인 죽음만으로 그 형벌을 면하게 한다는 것은 교의적으로 설득력이 없기 때문일 것이다.

지옥교설과 관련하여 또 하나 정리하고 싶은 점이 있다면 불교의 지옥은 고통으로 죄업을 갚고 나면 언젠가는 벗어날 수 있게 되어있다는 것이다. 필자가 보기에는 불교의 지옥교설에서는 징벌 보다는 참회를 더 중시하고 있는 것으로 보인다. 경전 곳곳에서 '너는 왜 죄를 뉘우치지 않는가'라고 일갈하고 있으며, 당송대 이후에는 시왕신앙, 참회의식과 결합하면서 이러한 경향이 더욱 강하게 나타난다.

마지막으로 이 책을 통해 불자 내지 독자들에게 꼭 하나 던져져야 할 질문이 있다면 바로 이것이다. "과연 지옥은 존재하는가?"

물론 서슴없이 긍정적인 답변을 할 사람은 거의 없겠지만 적어도 이러한 대답 정도는 해볼 수 있을 것이다. 물리적으로는 불가능하겠지만 신앙 안의 세계에서는 지옥도, 극락도 실재實在일 수 있는 거라고 말이다.

굶주린 귀신의 세계, 아귀도餓鬼道

1) 아귀, 그리고 아귀가 사는 세계

(1) 아귀도는 어떠한 세계인가

초기 불교 경전의 주석서에서는 생명을 가진 존재들[10]의 존재 양식을 '삼계三界', '오취五趣', '사생四生'의 구도로 설명하고 있다. '삼계'는 욕계欲界·색계色界·무색계無色界의 세 가지 세계를 말한다. 다음으로 '오취五趣'는 지하의 세계에 존재하는 지옥地獄, 지상에 존재하는 세계인 축생畜生, 아귀餓鬼, 인간人間계를 말한다. 천계에는 천인과 천녀, 즉 하늘의 신들이 거주하는 각각의 '천天'이 있다. 일반적으로는 이 다섯 가지 세계에 아수라阿修羅를 더하여 육취六趣 또는 육도六道라는 명칭으로 더

---

10 불교에서는 생명을 가진 존재들을 '유정중생(有情衆生)'으로 부른다. 이에 대한 상대개념으로서 생명이 없는 무생물은 '무정중생(無情衆生)'이라 한다.

잘 알려져 있다. 그 중 지옥, 아귀, 축생, 아수라, 인간의 5취와 天 중에서 가장 낮은 단계의 여섯 천[六欲天][11]이 욕계欲界에 속한다. 『장아함경長阿含經』에서는 아귀를 욕계에 거주하는 12종류의 중생 안에 포함시키고 있다. 욕계 12중생은 지옥, 축생, 아귀, 사람, 아수라, 사천왕, 도리천忉利天, 염마천閻魔天, 도솔천兜率天, 화자재천化自在天, 타화자재천他化自在天, 마천魔天을 말한다.

또한 천 중에서 중급에 속하는 천들이 색계色界[12]에 속하며, 상급의 천이 무색계無色界[13]에 속한다. 육도 중에서도 낮은 세 단계인 지옥, 아귀, 축생도는 삼악취三惡趣 혹은 삼악도三惡道라고 불린다. 중생이 윤회한다고 하는 것은 바로 이 삼악도를 비롯하여, 그보다 나은 세계인 아수라, 인간, 천을 포함하는 육도를 벗어나지 못하고 끊임없이 나고, 죽고, 다시 그 안에서 태어나는 과정을 반복하는 것을 말한다.

그 중 지옥도와 축생도의 사이에 존재하는 세계가 바로 아귀도餓鬼道이며, 그 아귀도에 떨어져 전생의 악업을 고통으로 대신 갚아가는 존재가 바로 아귀餓鬼이다. 아귀는 산스크리스트어로 preta, 팔리어로는

---

11 욕계는 아직 다 소멸시키지 않고 남아 있는 욕망의 범주에서 기쁨을 누리는 최고의 경지를 말한다. 욕계의 6천인 육욕천(六欲天)은 ①사천왕과 그 권속이 거주하는 사천왕천(四天王天) ②33천신이 거주하는 도리천(忉利天) ③야마천(夜摩天) ④도솔천(兜率天) ⑤낙변화천(樂變化天) ⑥타화자재천(他化自在天)을 말한다.

12 색계는 욕계의 욕망을 벗어났으되, 아직 물질적 경계에서 벗어나지 못한 세계이며, ①범중천(梵衆天) ②범보천(梵輔天) ③대범천(大梵天) ④소광천(少光天) ⑤무량광천(無量光天) ⑥극광정천(極光淨天) ⑦소정천(少淨天) ⑧무량정천(無量淨天) ⑨변정천(遍淨天) ⑩무운천(無雲天) ⑪복생천(福生天) ⑫광과천(廣果天) ⑬무번천(無煩天) ⑭무열천(無熱天) ⑮선현천(善現天) ⑯선견천(善見天) ⑰색구경천(色究竟天)의 17천으로 구성된다.

13 무색계는 색계의 욕망과 물질적인 경계를 벗어난 ①공무변처천(空無邊處天), ②식무변처천(識無邊處天), ③무소유처천(無所有處天), ④비상비비상처천(非想非非想處天)이 있다.

peta라 하는데, 이를 '굶주리다'를 의미하는 글자인 '餓'에 '귀신·망혼'을 의미하는 '鬼'를 조합하여 한역한 것이다. 고대 인도에서의 아귀 개념은 제사의 대상이 되는 조상을 의미하기도 하지만, 무명無明과 탐애貪愛의 세계에 갇힌 존재를 지칭하기도 한다.

인도문화권에서 아귀를 가리키는 peta/preta는 '죽은 자', 혹은 '죽은 친척'으로도 번역되고 있으며, 힌두이즘 의식에서 '사령死靈' 즉, 사자의 영혼과 관련이 있는 단어로 사용되는 모습이 확인된다. 불교문헌에 묘사되는 아귀는 중국의 여귀厲鬼, 일본의 원령怨靈이나, 프레이저가 말하는 'Dangerous ghosts'와는 달리, 사람에게 위해를 가하는 두려운 존재라기보다는 산 사람이 자비를 베풀고 확장해야 하는 대상으로 인식된다. Preta에 대해서 다루고 있는 가장 이른 경전은 남전 소부인 『Petavatthu; 餓鬼事』로서 Preta와 관련된 51개의 일화와 게송이 실려있다.

이 「아귀사경」에 따르면 고대 인도에서는 불교 이전에도 이미 조상의 망혼을 위해 음식을 공양하는 의식이 자리잡고 있었음을 알 수 있다.

인도의 힌두이즘[14]에서는 죽은 망자의 영혼은 어느 정도의 기간을 preta의 상태로 지내다가 조령祖靈 즉, pitṛ가 되는 것으로 보고 있다. 이 preta가 pitṛ가 되기 위해서는 piṇḍa라고 하는 쌀가루로 만든 떡과 물을 공양하는 śrāddha[祖靈祭]가 몇 차례에 걸쳐 이루어져야 한다.

---

14 여기서 사용하는 힌두이즘(Hinduism)이라는 용어는 이슬람이나 기독교 같은 외래종교를 제외하고, 하랍빠 시대(BC 3300-BC 1300년경)부터 현재에 이르기까지 인도대륙에서 생겨나고, 실천된 모든 종교를 포괄하는 개념이다. 물론 그 범주 안에는 고대 베다종교를 비롯하여 불교, 자이나교, 시크교 등도 포함된다.

이 śrāddha를 통하여 preta는 새로운 몸을 받아서 pitṛ가 되는 것이다. 하지만 śrāddha가 적절하게 이루어지지 않으면 preta는 pitṛ가 되지 못하고, 그대로 preta의 상태로 남아 굶주림과 목마름에 시달리게 된다는 것이다.

이는 동북아문화권에서 아귀가 '굶주리는 귀신'으로 해석되는 것과는 조금 다른 양상이라고 할 수 있다. 다시 말해, 힌두이즘적인 프레타의 개념이 불교에 수용되어 육도 윤회의 범주 안에 배속되고, 중국에 와서는 지옥도와 아귀도 중생의 대표가 된 것으로 볼 수 있다.

그렇다면 아귀들이 거주하는 아귀도는 과연 어떠한 세계일까? 일단 불교문헌에서 보면 아귀도는 지옥도의 경우처럼 팔열지옥이나, 팔한지옥 그리고 그에 부속된 별처지옥과 같은 정밀하고 다양하게 구성된 세계관은 보이지 않는다. 문헌마다 약간씩 변형된 내용들이 등장하며, 아귀도의 세계 구성보다는 아귀의 형상과 고통, 아귀도로 떨어지게 되는 업인에 대해 집중하는 경향이 나타난다.

전술했듯이, 육도윤회 사이클의 개념에서 보면 아귀도는 지옥도와 축생도의 사이에 있으며, 삼악도 중의 하나에 속한다. 하지만 경문에 따르면, 아귀도의 주처, 즉 아귀들이 주로 거주하는 장소는 두 곳인데, 하나는 지하 오백 유순의 염라왕계에 있으며, 두 번째는 인도와 천도의 사이에 있다고 한다. 이는 육도 안에서의 아귀도의 위계적 배정과 아귀중생들의 거주 공간에 대한 위치 배정과의 차이에서 기인하는 어그러짐일 것이다. 경론에서 묘사되는 내용 중에 뜨거운 사막, 메마른 바다와 같은 환경은 지하 저 아래의 염라왕계에 해당되며, 인간들이 지내는 제삿밥을 얻어먹거나 하는 등은 인도와 천도의 중간에 거주하는 아귀에 해당하는 것으로 볼 수 있을 것이다. 또한 아귀도의 하루는 인간세계의 한 달이 되며, 아귀도의 수명이 오백 세이므로 이 인간 세상의 기준으로는 일만 오천 년에 해당한다고 하겠다.

아귀도에 관한 교의는 초기 경전인 『장아함경長阿含經』에서도 나오는 것을 볼 수 있다. 『장아함경』에서는 인간이 사는 세상인 염부제閻浮提보다 아귀들의 세계인 아귀도가 더 뛰어난 점 세 가지를 제시하고 있는데, 첫째, 아귀들이 인간보다 장수長壽하는 것, 둘째, 인간에 비해 몸이 훨씬 크고, 셋째, 남이 한 일을 자신이 받는다는 것이다. 세 번째로 제시된 '남이 한 일을 자신이 받는다는 것'은 구체적으로 무엇을 말하는 것일까? 여기서 '남이 한 일'은 자신의 후손을 비롯한 친속이 사후의 자신을 위해 치러주는 천도재 등의 공덕행을 말한다. 다시 말해, 아귀 상태에 있는 조상을 위해 가족이 사후공양을 행하면 그 복을 망자인 조상이 누리게 된다는 것이다. 바로 이 지점에서 아귀가 된 조상을 위한 불교의 의식들이 설행되는 교의적 근거가 자리 잡게 되는 것이다.

초기 불교문헌 혹은 동북아시아에서 찬술된 문헌 속에 묘사되는 아귀 관련 내용들은 지옥도와 더불어 고통과 비참함, 그리고 전생의 악업에 대한 회한과 관조의 내용으로 연결된다. 이어서 차근차근 아귀에 관한 경문의 기록들을 살펴보기로 하겠다.

(2) 경문에 나타나는 악업의 상징, 아귀

10세기에 법천(法天, ?-1001)에 의해 한역된『묘법성념처경妙法聖念處經』
에는 아귀를 탐욕과 악업의 상징으로 제시하는 불타의 법문이 등장한
다. 이처럼 아귀는 인과와 사후의 과보에 대해 경각심을 불러일으키는
비유 혹은 은유로서 각종 경문에 활발하게 등장하게 된다.

> 세존이 이 게송을 마치고 여러 비구들에게 말씀하셨다. 일체의 성냄과
> 망어(거짓말·악담)를 멀리해야 한다. 이 성냄과 망어로 인해서 악취에 떨어
> 져 여러 고통을 겪고, 다음 생에 인간 세상에 태어나 가난하고 비천하며,
> 점점 더 악하고 더러운 말을 듣고, 다른 이에게 칼이나 도끼 같은 것으로
> 폭행을 당하게 된다. 또한 아귀가 스스로의 업에 의해 음식이 불에 타게
> 되는 것처럼 이 업도 여러 선업을 태워버리고 악명이 알려지게 되어 이름
> 을 들으면 좋아하지 않는다. 만약 지혜로운 자라면 망어를 멀리하고, 진
> 실을 말하여 사람들이 모두 신뢰하고, 좋은 이름이 향기처럼 퍼져서 맡으
> 면 모두 기뻐하게 된다. 이 선남자가 만약 장부의 일과日課 수행을 해낸다
> 면 1일 시식으로 한 천하 아귀들이 모두 먹을 수 있고, 여러 날 시식으로
> 시방 육도의 모든 아귀들이 배부를 수 있을 것이다.

인용문에서는 불타가 제자들에게 성냄과 망어를 멀리하라는 권계를
하면서 아귀를 악업의 상징으로 제시하는 것을 볼 수 있다. 이 인용문
에서 주목해야 할 대목은 악업으로 인해 먹으려는 음식마다 불로 변하
는 아귀를 위해 하루에 한 번씩 시식을 실천하면 온 우주법계의 아귀
들이 모두 기갈로부터 구제를 받을 수 있으리라고 권장하고 있는 점이

다. 이러한 아귀 시식의 교의로 인해 동아시아불교의 재의식에서는 반드시 시식의 절차가 배정되는 것을 볼 수 있다.

당 의정(義淨, 635-713)이 한역한 『근본설일체유부비나야약사根本説一切有部毘奈耶藥事』는 『대반열반경』에 근거하여 붓다의 마지막 행적을 묘사하고 있는 문헌으로서, 여기에도 갠지스 강가에 사는 아귀와 관련된 일화가 등장한다.

세존께서 갠지스강을 건넜을 때 오백 아귀가 와서 앞에 나타났다. 해골처럼 까맣게 말라서 마치 불탄 기둥 같았다. 쑥대머리에, 배는 태산만 하고, 목구멍은 바늘 같았다. 몸이 두루 불에 타고 불꽃이 이글거린다. 그들은 합장 공경하고 세존께 아뢰었다. 대덕이시여. 우리는 전생에 여러 악업을 지어서 이러한 아귀의 몸을 하고 있습니다. 물도 아직 마시지 못하는데 하물며 밥을 먹을 수 있겠습니까.
세존이 이에 크게 슬퍼하시며 물을 베풀어 마시게 했다. 세존은 강을 바라보며 존자 대목건련에게 말씀하셨다. 그대는 지금 이 모든 아귀들이 배불리 마시게 하라. 목건련이 가르침을 받들어 마시게 하려 했으나, 여러 아귀들의 바늘 같은 목구멍을 열어주어서 마시게 할 수가 없었다. 세존이 신력으로 그들의 목구멍을 열어주자 목건련이 마실 것을 주었다. 저들은 목마름의 상想에 시달린지라, 많이 마시고자 하여 배가 부풀어 터졌다. 아귀들은 모두 불타가 계신 곳에 와서 청정심을 발하여 생을 마치고 생천하거나, 깨달음을 얻었다. 이와 같이 자세히 설해주시니, 이때 여러 비구들이 모두 의문이 생겨 불타에게 청하여 묻기를, 이 여러 아귀들은 전생에 무슨 업을 지어서 이 아귀도 태어났습니까? 또 무슨 업을 지어서 천상에 태어났습니까? 진리를 보여주십시오.
불타가 여러 비구들에게 이르시기를, 저들은 스스로 지은 업을 지금 다시 스스로 받고 있는 것이다. 이렇게 더 설명을 해주시고는 게송을 부르셨다.

백 겁이 지나더라도 지은 업은 사라지지 않는다네.
인연을 만나게 될 때 과보를 다시 받게 되리니.

인용문에서 보는 '갠지스 강가의 오백 아귀들'에 관한 해석은 여러 가지로 나타나는데, 필자는 거처할 집이 없어 강가에 사는 빈천민들이 다비 장례를 치르는 이들이 망자를 위해 차린 음식을 얻어먹고 사는 사는 모습에 아귀의 이미지를 투사한 것으로 짐작하고 있다. 불교문헌의 저술자 그룹은 갠지스 강가의 빈천민들이 그러한 비참한 삶을 살게 된 원인을 전생의 악업에 따른 과보로 인식하고 이를 인과의 교의에 반영하고 있으리라는 것이다.

4세기에 한역된 『아비달마비바사론阿毘曇毘婆沙論』에서는 자신에 과거 5백 생 동안 내내 아귀도에 태어났던 것을 관觀하게 된 한 비구가 현생에서 더욱 수행에 정진하게 된 일화를 소개하고 있다.

어떤 비구가 과거 오백 생을 차례로 염했더니, 항상 아귀도에 태어났다. 과거 목마르고 굶주리던 때를 기억하니 곧 고통스러운 상想이 생겨나서, 일체의 연을 단절하고 홀로 수행에 정진하여 수다원과須陀洹果를 증득했다. 그는 항상 이렇게 생각했다. 항상 모든 비구에게 필요한 물건을 구하는 것이 나로 하여금 도를 행하게 하는 것이다. 지금 여러 비구가 필요로 하는 보시물을 구하여 권화행을 해야 한다. 이때 여러 비구들이 말하기를, 그대는 전생에 나태했는데 지금은 무슨 까닭에 성실하게 수행하고

교화하는가. 이에 저 비구가 여러 비구들에게 자세히 전의 일을 설명하
여 까닭을 알게 된 것이다.

인용문에서는 승가공동체에서 필요한 물품을 공급해주는 보시바라
밀의 공덕으로 고통스러운 아귀 전생의 상想을 단절하고자 하는 모습
이 묘사되어 있다. 이러한 경문 속의 일화들은 신도나 일반인들에 대
해서 사후의 윤회에 대한 두려움을 해소하기 위한 차원의 보시를 적극
권장하는 기제가 되었으리라 생각된다.

수대의 길장(吉藏, 549-623)이 찬술한 『미륵경유의彌勒經遊意』에서는 질
병겁·기아겁·도겁刀劫이라는 삼겁三劫의 시간관에 대한 교의를 설명하
고 있다.

> 굶어죽은 자는 아귀도에 태어나는데 이를 기아겁이라 한다. 질병겁이란
> … 중략 … 사람이 모두 정견을 가지고 십선을 수행하면 절대 삼겁에
> 태어나지 않는다.
> 그러나 사람이 복덕이 없어서 악한 이를 만나게 될 때는 악인 때문에 질
> 병이 많고, 적은 선업이라도 행할 기회가 없으며, 비록 여러 선을 행하더
> 라도 겁박을 물리칠 수 없어서 병을 만나 문득 죽게 된다. 세상에 사는
> 동안 불에 그을리고 얻어맞아서 그 마음이 늘 어지러운 상태에 있다가,
> 죽음에 임할 때에도 그러한 의식 상태에 있게 되면 바로 삼악도에 떨어져
> 서 끝없는 고통을 받게 된다. 그러므로 경에 이르기를, 하루 밤낮을 불살
> 계를 수지하면 끝내 도병겁刀兵劫과 질병겁疾病劫에 떨어지지 않고, 한 끼
> 라도 승려에게 공양하면 종내 기근겁에 떨어지지 않는다고 한다.
> 이 염부제에서는 악업이 일어날 수 있는데, 불살계를 수지하고 승려를 공

양한 이들이 있는 쪽에서는 그러한 일이 드물다. 이곳에서는 도겁이 일어나는데, (불살계를 수지하고, 승려를 공양한) 저들은 오직 많이 분노할 일이 있을 뿐이다. 이쪽에서 질병겁이 일어나면 저들은 오직 기력이 허약해질 뿐이다. 이쪽에 기근겁이 있더라도, 저들은 단지 소소하게 목마를 뿐이다.

인용문에서는 아귀가 '전생에 굶어 죽은 자'로 설정되어 있다. 전생에 복이 없으면 삼악도에 떨어지는 악순환이 계속되지만, 단 하루라도 불살계를 지키거나, 승려에게 한 끼라도 공양하면 현생에 겪을 고난도 가벼워지고, 후생에도 삼악도에 떨어지지 않는다는 내용이다. 결국 후생에 아귀로 태어나지 않기 위해 재가자의 입장에서도 쉽게 실천할 수 있는 수준의 지계持戒와 공양을 권면하고 있는 것이라 하겠다.

원효(元曉, 617-686)가 찬술한 『대승육정참회大乘六情懺悔』에 수록된 기도문에서도 아귀는 무명에 의해 의식이 왜곡[顚倒]되고, 전생에 지은 업에 집착하기 때문에 '물가에 가서도 불을 보는' 존재로 묘사되고 있다.

지금 이 연화장세계에서 노사나불이 연화대에 앉아 무량한 광명을 보내며 무량중생을 모아놓고 굴린 바 없는 대승법륜을 굴리고 있다. 보살대중은 허공에 가득하여 받은 바 없는 대승의 법락을 받고 있다. 그러나 지금 나는 이 일실삼보一實三寶의 허물없는 곳에 함께 있으면서 보이지 않고, 들리지 않는 귀머거리, 맹인처럼 불성이 없다. 어떻게 이러한가? 무명에 의해 전도되어 망녕 되게 티끌을 지어낸다. 나와 나에 의해 지어진 여러 업에 집착하여 덮어버리고 폐하여 보고 듣지 못하는 것이다. 마치 아귀가 물가에 가서도 불을 보는 것과 같다. 그러므로 지금 불타 앞에서 깊이 부끄러움을 느끼고 보리심을 발하여 진실한 마음으로 참회한다.

인용문에서는 어리석고, 전생의 악업이 무거워 번뇌를 계속 지어내는 존재의 상징으로서 아귀를 제시하고 있다. 여기서 원효가 권하는 구제의 길은 불타 앞에서 보리심을 발하고, 진실한 마음으로 참회하는 것이다. 물가에 가서도 물을 불로 보기 때문에 항상 주리고 목마른 아귀와 같은 장애를 면하기 위해서는 늘 자신이 저지른 죄업을 참회하라는 것이다.

그밖에 아귀도의 업인이나, 고통상, 아귀의 형상에 대해서는 다음 장에서 더욱 자세히 알아보기로 한다.

2) 경전 속에 나타난 아귀의 형상

남전 소부 『아귀사경(餓鬼事經; Petavatthu)』에서는 벌거벗고, 추한 모습에 비쩍 곯아서 혈관이 드러나고, 입술이 튀어나온 아귀녀에 대한 일화가 나온다. 아귀에 관한 가장 이른 시기의 불교문헌인 『아귀사경』에는 그 이후 시기의 문헌에서처럼 배가 태산만 하고, 목구멍이 바늘구멍만 하고, 온몸에 불이 붙는 등의 형상이 아니라 다만 마르고 추한 모습으로 묘사되고 있다. 하지만 이러한 아귀의 형상에 대한 인식은 후대의 불교 경전으로 갈수록 점점 다양해지고, 더 혐오스러운 모습으로 변해가는 것을 볼 수 있다. 아귀도로 떨어지게 되는 업인이 주로 간탐에 의한 것으로 설정되어 있기 때문에 전생의 탐욕스러운 업이 불길로 상징화되면서 늘 불에 타고 그을리는 모습으로도 묘사된다.

『출요경出曜經』에서는 아귀의 형상에 대해 입에서 화염을 수십 길ㅊ 토해내기도 하고, 혹은 귀, 코, 눈, 신체 마디에서 화염을 수십 길 방출하기 때문에 몸이 마치 큰 불덩이 같다고 묘사한다. 신체의 면적이 1유순에 이를 정도로 거대하며, 마치 멧돼지처럼 튀어나온 입에서는 구더기와 고름이 흘러나오고 냄새가 멀리까지 뚫고 나와 가까이 할 수가 없으며, 손을 스스로 할퀴고 후려치면서 소리 지르고 울면서 이리저리 뛰어다닌다고 한다. 『불설대승장엄보왕경』에서는 아귀의 형상에 대해서도 두발은 쑥대머리이고, 몸에는 털이 뻣뻣하게 자라며, 배는 산만큼 크고, 목구멍은 바늘만 하고, 불탄 고목처럼 해골만 남아 있다고 묘사하고 있다.

『사아함모초해四阿鋡暮抄解』에서는 무식無食, 소식少食, 대식大食의 세 가지로 아귀의 종류를 나누고 있다. 무식아귀는 먹지 않고, 불에 타고, 바늘 같고, 냄새나는 입을 가진 아귀인데, 경전에서는 거염구炬焰口, 침구鍼口, 취구臭口아귀라고 한다. 이 무식아귀는 거염구의 입에서 나오는 불기운으로 횃불기둥처럼 스스로 얼굴을 태운다. 소식아귀는 털은 바늘 같고 목구멍에 혹이 난 아귀이다. 간혹 적으나마 부정不淨한 음식을 얻기 때문에 소식이라 한다.

『구사론송소초俱舍論頌疏抄』에서는 종밀(宗密, 780-840)의 견해를 빌어 아귀의 종류를 몇 가지로 정리했다.

종밀이 『우란분경소』에서 아귀에는 세 종류가 있다고 하였다. 첫째, 무재아귀인데, 얻어먹지 못하기 때문이다. 둘째, 소재아귀인데, 약간 음식을 먹을 수 있다. 셋째, 다재아귀인데, 음식을 많이 먹을 수 있다. 이 세 가지는 각자 세 종류로 나뉜다. 첫 번째, 무재아귀는 거구炬口아귀이며, 타오르는 불꽃이 항상 입에서 나온다. 전생에 마을의 울타리를 부수고 불태워서 재물을 구했기 때문에 지옥에 떨어지고, 지옥에서 나오면 이 아귀도에 떨어진다. 두 번째, 침인귀針咽鬼는 배가 산처럼 큰데, 목구멍은 바늘구멍만 하다. 재계를 파하고, 밤에 승려들의 음식을 훔쳤기 때문이라고 한다.

셋째, 취구귀臭口鬼는 입에서 썩는 냄새가 난다. 자신의 악업으로 인해 고통을 받는 것이며, 명예와 이익을 많이 탐한 것은 스스로이지 다른 사람이 아니다. 이 세 종류는 차라리 쇠구슬을 삼키지 신도들의 보시는 먹지 않는다. 소재아귀의 세 종류 중 첫째는 침모귀針毛鬼이다. 털이 바늘처럼 날카로워서 움직이면 스스로를 찌른다. 이익을 탐했기 때문에 망녕되게 침과 뜸을 하고, 축생을 찌르며, 다만 재물을 구할 뿐 병을 낫게 하지 못했기 때문이다.

두 번째, 취모귀臭毛鬼는 털이 날카롭고 냄새가 난다. 돼지와 양을 목마르고 문드러지게 하고 칼로 베서 견디기 힘들 정도로 고통스럽게 해서 지옥에서 죄를 받다가 끝나면 아귀도로 떨어진다. 세 번째, 대영귀大癭鬼는 목구멍에 커다란 혹이 매달려있어서 터지면 고름을 먹는다. 다른 사람을 질투하여 항상 미움과 분노를 품었기 때문이다.

다재아귀의 세 종류 중 첫째는 득기귀得棄鬼이다. 항상 제사 지내고 버린 음식을 얻어먹기 때문이다. 죄가 많고 복은 적으며, 적게 베풀고 욕심이 많아서 버린 물건이라야 시혜를 얻는 과보를 받는 것이다. 두 번째는 득실귀得失鬼이다. 항상 남겨서 나뒹구는 음식을 얻어먹는다고 한다. 현생에는 재물에 항상 인색함과 집착과 의심을 내다가, 죽으려 할 때 바야흐로 희사할 마음을 일으키기 때문이다.

세 번째, 세력귀勢力鬼는 야차, 나찰, 비사사 등 부와 즐거움을 받는 천인과 유사하다고 한다. 혹은 숲속에 의지하고, 혹은 산골짜기에 머물거나, 영묘에 살거나, 빈 골짜기에 살면서 몸을 꼿꼿하게 세우고 다니며, 아귀도에 속한다.

인용문에서는 아귀의 종류와 명칭에 따른 형상뿐만 아니라, 고통상과 업인까지 제시하고 있다. 각 아귀의 명칭과 고통은 전생의 악업과 관련되어 있다. 이를테면, 침모귀 같은 경우는 몸에 바늘 같은 털이 있어서 늘 자신의 몸이 찔리는 고통을 받는데, 이는 전생에 침을 놓는 등의 의원 일을 하면서 재물만을 탐하여 제대로 환자를 치료하지 않은

◆ 의령 수도사 감로탱(문화재청)

악업 때문이라는 것이다. 또 한 가지 흥미로운 점은 아귀에도 고통과 위상에 차등이 있어서 전생의 악업이 덜 하거나, 죽기 전에라도 개심改 心한 경우에는 그나마 상대적으로 나은 상태로 묘사되는 것을 볼 수 있다는 것이다.

『정법념경』에 보면, 땅이 아닌 나무에 살면서 마치 적목충처럼 나뭇가지 사이에 몸이 꽉 끼어 눌려서 큰 고통을 받는 아귀들도 있다. 전생에 여름의 더위를 식혀주는 나무 그늘을 베고, 승려들이 함께 모여 거주하는 승원의 숲을 벌목한 자가 이 과보를 받는다고 한다. 지구의 허파 역할을 하는 숲을 개간한다는 명목으로 잠식해가는 이들이 한번쯤 돌아봐야 할 대목이라 하겠다.

『육바라밀경』에서 묘사되는 어떤 아귀는 머리털이 길게 늘어지고 얽혀서 온몸을 뒤덮고 있는데, 그 머리 터럭 오라기들이 칼처럼 몸을 찌르고 베거나 혹은 불로 변해서 아귀 자신의 몸과 주변에 있는 것들까지 모두 태우게 된다. 또한 아귀는 밤낮으로 각각 다섯 아이를 낳는데, 태어난 아이를 늘 바로 잡아먹지만 아무리 먹어도 늘 굶주림에 시달리는 고통을 겪는다고 한다.

또 어떤 아귀는 어떤 음식이든지 입에 넣어 먹을 수가 없으며, 오직 스스로의 머리를 깨서 뇌를 꺼내 먹는 것만 가능하다. 어떤 아귀는 입에서 불이 나와 날아다니는 나방이 불에 뛰어들면 그것을 잡아먹으며 연명한다.

『대론』에 보면 어떤 아귀는 똥을 먹고, 눈물, 고름, 피를 마시며, 설거지할 때 그릇을 씻고 남은 찌꺼기를 먹으며 연명해간다고 한다. 특

◆ 운문사 아귀구　　　　　　　　　　　◆ 아귀구에 시식하기(운문사)

히 설거지 마친 물을 마시며 살아가는 아귀에 대한 교의로 인해서 동아시아 불교사원의 발우공양 절차에서 마지막에 발우 헹군 물을 모아서 아귀시식구에 버리는 것을 볼 수 있다. 이 아귀시식구는 '아귀구', '아귀밥통' 혹은 '아귀 밥 주는 곳' 등의 다양한 이름으로 불리는데, 일반적으로 사찰의 대중들이 모여 발우공양을 하는 당우의 섬돌 아래쪽에 자갈을 깔고, 지름 20-30센티 정도로 기왓장을 둥그렇게 세워서 만드는 일종의 하수구라고 할 수 있다. 이는 경전의 교의에 근거하여 그릇 씻은 물을 먹고 살아갈 수 밖에 없는 아귀들에게 보시하기 위해 만들어진 일종의 수행 절차로서, 일상의 식사에서도 보시바라밀을 실천하는 동아시아 발우공양의 한 특색을 이루고 있다.

　외적인 장애에 의해 먹을 수 없는 아귀도 있는데, 늘 굶주리고 목말라서 급속히 몸이 말라가게 된다. 어쩌다 맑은 물을 보게 되면 허겁지겁 달려가지만, 물가에 힘센 귀신이 있어서 몽둥이로 물을 치면 그 맑은 물이 곧 불로 변하기도 하고, 혹은 강물이 다 말라버리기도 한다.

타고난 신체적 장애로 인해 먹지 못하는 아귀도 있는데, 입이 바늘구멍만 하고 배는 산처럼 크다고 한다. 이 때문에 늘 음식을 구하며 찾아다녀도 그 작은 입으로 음식을 넘길 수가 없어서 제대로 먹을 수가 없다.

『아비달마순정리론』에 따르면, 염마왕국에 세 종류의 아귀가 있는데, 각각 무재無財, 소재少財, 다재多財아귀로 구별된다. 여기서 이름에 재財가 붙는 것은 해당 아귀가 겪는 고통의 양에 비례한 개념으로 볼 수 있을 것이다. 다시 말해, 무재아귀는 제대로 먹지도 못하고 가장 많은 고통을 겪는 존재이며, 그보다 더 적은 고통을 겪는 것이 소재아귀, 그리고 다재아귀는 고통을 거의 겪지 않으며, 아귀 중에서도 권위를 가지고 있는 존재로 묘사된다.

무재아귀는 다시 세 가지 종류로 나뉘는데, 각각 거구炬口, 침구針口, 취구臭口이다. 이름만 봐도 그들 아귀가 겪는 고통의 내용을 짐작할 수 있는데, '횃불 거炬'자가 이름에 들어가는 거구귀는 입속에서 끊임없이 불길이 뿜어나오는 아귀이다. 거대한 몸집에 입에서 불길이 나오기 때문에 그 모습이 마치 불타는 다라수多羅樹 같다고 한다. 이 무재아귀는 전생에 심한 간탐慳貪의 악업으로 초래한 과보를 받는 것이다.

다음 침구귀는 이름처럼 입이 바늘구멍[針口]만 하고, 배는 산만큼 커서 어떤 음식도 먹지 못하고 굶주림과 목마름의 고통을 당하는 아귀이다. 취구귀 역시 이름처럼 항상 입에서 썩어 문드러지는 악취가 나며, 똥구멍으로부터 끓어오르는 독한 기운에 시달리기 때문에 항상 허공을 향해 토한다. 설령 음식을 찾는다 해도 먹지 못하고, 늘 굶주림과 목마름에 시달려서 미쳐 소리 지르며 이리저리 내달린다.

소재아귀에도 또한 세 종류가 있으니, 각각 침모귀針毛鬼와 취모귀臭毛鬼, 영귀癭鬼이다. 침모귀는 몸의 터럭이 강하고 날카로워서 누구도 가까이 접근하기 힘들다. 그 바늘 같은 털들이 안으로 자신의 몸을 뚫고, 밖으로 다른 이의 몸을 찌른다. 침구귀들은 마치 독화살을 맞은 사슴처럼 미쳐서 돌아다니며, 때로 청정하지 못한 음식을 얻게 되면 약간의 기갈을 면할 따름이다.

취모귀는 온몸의 터럭이 냄새가 심하고, 항상 더러워서 살과 뼈가 다 문드러져 있다. 소화가 된 장의 음식이 목구멍을 치고 올라와 구토를 해대니, 그 독한 위액을 견디기 어렵다. 늘 자신의 몸을 움켜잡고 털을 뽑으니, 피부가 상하여 고통을 점점 견디기 어렵게 된다. 가끔 부정한 음식을 얻어서 약간 기갈을 면하며 언명한다.

영귀는 전생에 저지른 악업의 힘으로 인해 목구멍에 마치 커다란 종기 같은 혹이 생겨난 아귀이다. 그 혹으로 인해 늘 열이 나고 아프며, 상처 나서 곪게 된다. 종기를 짜서 냄새 나는 고름이 솟아나면 허겁지겁 핥아먹어서 굶주림을 조금씩 달래며 연명해간다.

다재아귀도 또한 세 종류로 나뉘는데, 각각 희사귀希祠鬼와 희기귀希棄鬼, 대세귀大勢鬼이다. 희사귀는 늘 다른 이의 제사 지내는 곳에 가서 제삿밥을 얻어먹으며 연명하는 아귀이다. 희사귀는 아귀이기는 하나, 전생에 좋은 지력[勝解]을 갖추고 있어서 늘 "내가 만약 목숨이 다하면 반드시 나의 자손들이 음식을 갖추어 차려 나의 제사를 지내줄 것이다"라고 기원했던 숙선(宿善; 전생의 선업)의 인연으로 아귀도에 나서 제삿밥을 얻어먹게 된 것이다. 혹은 전생에 사랑하는 가족과 친지를 잘 챙기기 위해서 탐욕스럽게 재물을 축적하고, 인색하게 굴면서 보시를 하지 않았던 악업으로 인해 이 아귀도에 태어난다.

아귀의 모습은 여러 가지로 다양한데, 문헌마다 다르기는 하지만 대체로 인간보다는 큰 것으로 묘사된다.

『석가보釋迦譜』에서는 아귀가 항상 어둠 속에서 살고 있어서 그 무리도 서로를 보지 못하는 것으로 묘사하고 있다. 아귀의 형상에 대해서는 타고난 형태가 장대하고, 배는 큰 산만 하며, 목구멍은 바늘 같고, 입속에서는 항상 큰불이 타고 있으며, 늘 굶주림과 목마름에 시달리면서 오랜 세월 음식을 얻어먹지 못한다고 한 것은 여타의 경문과 유사하다.

『왕생요집往生要集』「아귀도餓鬼道」편에서는 신장이 1척이기도 하고, 몸이 인간과 비슷하기도 하며, 혹은 천 유순의 길이이기도 하고, 혹은 설산과 같기도 하다고 적고 있다. 하지만 대부분의 다른 문헌에서는 아귀의 몸이 산처럼 거대한 것으로 묘사하는 경우가 일반적이다. 또한 (이 아귀도는) 인간세계의 한 달이 하루가 되는데 그 수명이 오백 세라고 한다. 여기에 근거하여 계산하면 아귀의 수명은 만오천 년이 된다.

이러한 경전 속 아귀의 형상에 대한 묘사는 중국불교에 와서 달라지기 시작한다. 『유가사지론』에서는 몸에 바늘 처럼 가느다란 목구멍 같은 장애가 없어도 제대로 음식을 먹지 못하는 아귀도 있는데, 어쩌다 작은 먹을거리를 얻게 되어서 먹으려고 하면 곧 음식이 맹렬한 불로 변하여 온몸을 태우고 나온다고 서술하고 있다. 이러한 아귀의 모습은 중국불교에서 한국과 중국 등으로 확산되어 나간 아귀 도상의 전형으로 자리 잡게 된다. 수륙재 혹은 시아귀회에 관련된 경전이 번역되고, 의궤가 정리되어 설행되기 시작하는 것이 당·송대이고, 작품에서 목이 가늘고 배가 큰 아귀가 나타나는 시기도 그 비슷한 시기이다. 즉, 당송대에 번역된 경전들과 정리된 의궤들에서 "목이 가늘고 배가 큰 아귀"의 형태로 언급되면서 현재 일반적으로 인식하고 있는 침후대복針喉大腹의 아귀의 도상이 성립된 것으로 보인다.

한국불교의 감로탱에서 묘사되는 아귀들은 대부분 감로탱의 (정면에서 보아) 좌측 하단이나 거대한 중심 아귀의 좌측 밑 부분에 집중적으로 무리지어 묘사된다. 이들 아귀 무리의 모습을 보면, 대개가 양쪽 귀 뒤쪽에서 불길 모양의 탐욕이 뻗치고 있고 목구멍은 가늘고 몸은 헐벗은 나체이며 말랐고 배만 불룩하다. 이들 작은 아귀는 모두 손에 발우를 받들고 감로를 받으려 애쓰고 있는 추하고도 비루한 몰골이다. 하지만 작품 가운데 버티고 있는 거대한 아귀는 이들 작은 아귀들의 무리와는 크기와 형식적 표현에 있어서 큰 차이를 보인다. 이러한 아귀의 형상에 나타난 한국불교의 재해석의 배경에는 밀교의 변화관음의 영향이 있는 것으로 짐작된다.

불교경전에 나타나는 지옥도와 아귀도에 대한 묘사에서 공통점이 있다면 바로 남녀 모두 벌거벗은 상태로 고통을 당한다는 것이다. 이는 벌거벗음 그 자체가 수치심을 주고, 몸에 최소한의 방어물도 없이 외부의 고통을 그대로 겪어야 한다는 점에서 고통을 극대화하는 장치라 하겠다. 『정법념처경』에서는 아귀도에 태어나면 옷을 입지 않고 벌거벗으며, 몸에 누런 털이 빽빽하고 거칠게 난다고 묘사하고 있다. 수많은 흑충이 온몸을 두루 뜯어먹고, 늘 울부짖기 때문에 눈과 얼굴이 모두 짓물러있으며, 오랫동안 아귀도의 고통을 받게 되는데, 천계에 태어났다가도 방일하고 거짓말하게 되면 퇴전하여 아귀도에 떨어진다고 한다.

『유가사지론瑜伽師地論』에서는 아귀를 세 유형으로 분류하고 있는데, 첫째는 외부의 요인으로 음식에 장애가 있는 것, 두 번째는 내부적 요인으로 음식에 장애가 있는 것, 세 번째는 음식에 장애가 없는 것이다. 그 중 첫 번째와 두 번째 유형을 설명하면서 아귀의 형상을 묘사하고 있다. 첫 번째는 인색한 품성으로 말미암아 아귀도에 나서 항상 기갈에 시달리고, 가죽과 살, 혈맥이 모두 말라서 마치 숯과 같다. 머리카락은 쑥대머리이고 그 얼굴은 어두컴컴하다. 입술은 바싹 말라 있고, 항상 그 혀로 얼굴을 핥는다. 굶주림과 목마름에 허둥지둥 이리저리 뛰어다니지만, 샘에 도착해도 물이 고름으로 변해서 마실 수가 없다.

두 번째 유형의 아귀들은 입이 마치 바늘 같거나, 횃불 같거나, 혹은 목에 혹이 나고, 배가 크다. 이 때문에 음식을 얻어도 자연히 먹을 수 없는 것이다.

『불설보살본행경佛說菩薩本行經』에서 묘사하는 아귀도 안의 아귀 모습은 전생의 악업으로 인한 고통을 받아서 몸은 마르고 배는 크며, 목구멍의 가늘기가 바늘구멍 같다고 되어 있다. 또한 아귀가 몸을 움직일 때마다 불이 일어나는데, 뼈마디끼리 서로 덜그럭거리고, 서로 쪼고 갈리며, 아귀도에 머무는 백천만 년 동안 제대로 음식을 먹지 못하고, 기갈이 심한 괴로움을 이루 다 말할 수가 없다고 한다.

『유가사지론瑜伽師地論』에서는 아귀도에서 음식과 관련하여 겪게 되는 고통을 세 가지로 나누어 설명하고 있다.

아귀도에서 겪게 되는 극중한 고통에 세 종류가 있는데, 첫째는 외부의 요인으로 음식에 장애가 있는 것이고, 두 번째는 내부적 요인으로 음식에 장애가 있는 것이며, 세 번째는 음식에 장애가 없는 것이다.

외부의 요인으로 음식에 장애가 있다는 것은 무엇인가. 저 유정有情 중생은 인색한 품성의 습習으로 말미암아 아귀도에 나서 항상 기갈에 시달리고, 가죽과 살, 혈맥이 모두 말라서 마치 숯과 같다. 머리카락은 쑥대머리이고 그 얼굴은 어두컴컴하다. 입술은 바싹 말라 있고, 항상 그 혀로 얼굴을 핥는다. 굶주림과 목마름에 허둥지둥 이리저리 뛰어다니지만, 샘에 도착하면 다른 유정 중생이 아귀를 잡으려고 손에 칼과 몽둥이를 들고 있다. (그들은) 줄지어 서서 지키며 (물을) 먹지 못하게 하거나, 혹은 강제로 물을 먹이는데, (아귀들이 물을) 보게 되면 그 샘물이 농혈로 변해서 아귀들이 마시지 않으려 한다. 이러한 아귀들을 외부적 요인으로 인해 음식을 섭취하는데 장애가 있다고 하는 것이다.

내부에 음식의 장애가 있는 것은 어떤 것인가. 저 유정들은 입이 마치 바늘 같거나, 횃불 같거나, 혹은 목에 혹이 나고, 배가 크다. 이러한 인연으로 말미암아 음식을 얻는데 다른 장애가 없어도 자연히 먹을 수 없는 것이다. 이러한 아귀들을 내부에서 말미암은 음식 장애라고 하는 것이다.

음식에 장애가 없는 것은 어떤 것인가. 이름이 맹염만猛焰鬘인 아귀가 있는데 먹고자 하는 음식이 모두 불에 타서 이러한 인연으로 기갈의 큰 고통이 사라진 적이 없다. 또한 이름이 식분예食糞穢인 아귀가 있는데, 약간의 똥을 먹거나, 오줌을 마시며, 혹은 오직 극히 거칠고, 더럽고, 냄새나는 것만을 먹을 수 있으며, 맛나고 향기로운 음식을 먹을 수 없다. 혹은 자신의 살을 베어서 먹지만 다른 것은 결코 먹지 못한다. 이러한 아귀들을 음식에 장애가 없는 아귀라 한다.

7세기에 당의 현수 법장(賢首法藏, 643-712)이 쓴 『화엄경탐현기華嚴經探玄記』에는 임종 직전의 얼굴색으로 사후 윤회를 판별하는 흥미로운 대목이 등장한다.

> 내풍內風에는 5가지가 있다. 첫째, 식풍息風이니, 들고나는 숨이 배꼽에서 부터 시작된다. 둘째, 소풍消風은 아래로 향하여 음식을 소화시키는 것이다. 셋째, 지풍持風은 사람으로 하여금 건강하게 역동케 하는 것이다. 넷째, 재풍災風은 사람으로 하여금 병들게 하는 것이다. 다섯째, 역풍力風이다. 사람이 죽게 될 때 인체의 마디가 해체되고, 사망에 임하는 이의 얼굴에 오색 풍이 나타난다. 지옥에 들어가는 자는 흑색, 축생도에 태어나는 자는 청색, 아귀도에 떨어지는 자는 황색이며, 이와 동시에 혀가 나온다. 인도人道에 태어나는 자는 평상시와 같다. 천도天道에 나는 자는 선명한 화색華色이며, 섬세하게 빛이 나서 보기가 좋다.

인용문에서 아귀도에 떨어지게 되는 임종인의 특색으로 제시되는 '얼굴에 황색풍이 나타나고, 혀가 나온다'는 부분에서는 역시 굶주림과 관련되는 고통이 있을 것임을 암시하는 것으로 보인다. 제대로 먹지 못해 얼굴색이 누렇게 뜨고, 늘 음식과 물을 찾아 헤매는 사후의 모습이 혀를 내미는 형태로 예지된 것으로 생각된다.

『정법념처경正法念處經』에도 항상 벌거벗으며, 온몸에 뻣뻣한 털이 나 있는 아귀의 고통상이 나타나 있다.

아귀도에 태어나면 옷을 입지 않고 벌거벗으며, 몸에 저절로 털이 나는 데, 몹시 빽빽하고 누런색으로 온몸에 덮여있다. 수많은 흑충이 온몸을 두루 뜯어먹는다. 이러한 여러 화충火蟲들이 많아서 그 몸을 먹는다. 아귀도에 태어나면 기갈에 시달리고 몸이 타며 항상 몸이 말라 있다. 울부짖기 때문에 눈과 얼굴이 모두 짓물러있으며, 오랫동안 무량한 아귀도의 고통을 받는다. 방일하고 거짓말하게 되면 천계에서 퇴전退轉하여 아귀도에 떨어진다.

인용문에서 눈여겨볼 대목은 설령 천계에 태어나 복락을 누린다 할지라도, 마음이 방일해지고, 거짓말을 하는 등의 악업이 쌓이면 윤회의 등급이 뒤로 물러나게 되어 아귀도에 떨어지게 될 수 있다는 점이다. 이는 천도天道 역시 육도의 한 부분일 뿐 물러섬이 없는 영원한 구원은 아니라는 것을 말해준다. 대승불교 정토 교의에서는 '물러섬이 없는[不退轉]' 구원, 즉 영원한 극락은 육도윤회의 사이클에서 벗어나 있는 '정토왕생'이 유일한 것으로 설정되어 있는 것이다.

3) 아귀도에 태어나게 되는 업인業因

업인業因이란 사후에 아귀도에 떨어져서 고통스러운 과보를 받는 원인이 되는 죄업을 말한다. 삼악도三惡道에 떨어지는 경우, 전생의 업인은 후생에 받게 되는 고통과 긴밀하게 연결된다. 이를테면, 말로 지은 악업의 경우에는 혀나 입 등에 집중적으로 고통을 당하게 되며, 남들에게 음식을 베풀지 않은 것이 업인이 된 경우에는 후생에 부정不淨한 것만을 먹게 되거나, 음식을 전혀 먹을 수 없는 고통을 겪게 되는 식이다. 아귀도의 업인은 주로 인색함과 탐욕이 업인이 되기 때문에 아귀들은 뭔가를 소유하거나, 자유롭게 음식을 먹을 수 없는 고통을 주로 겪는 것으로 묘사되고 있는 것을 볼 수 있다.

『중일아함경增一阿含經』에 따르면 죽은 자는 형신形神이 분리되어 선취와 악취로 가는데, 그 갈림길의 근거가 되는 것은 '죄를 많이 지은' 것이라고 한다. 여기서 선취란 윤회하는 육도 중에 아수라, 인, 천도를 말하는데, 이를 3선취라고도 한다. 악취는 지옥, 아귀, 축생도의 3악취를 가리킨다. 여기서는 특별히 죄의 유형을 세분화하지 않고, 악취로 떨어진 자들이 지옥에 떨어져서 칼산, 화차, 화로에 들어가고 구리를 녹인 물을 마시고, 또한 무수겁 동안 아귀의 형상으로 지어져 키가 수십 유순이고 목구멍이 바늘과 같으며, 그 입에 구리 녹인 물을 붓게 된다고 설하고 있다.

『대방광불화엄경大方廣佛華嚴經』에서는 아귀가 벌거벗은 모습으로 기갈을 겪고, 몸을 움직이면 불이 나고, 모든 호랑이와 독한 짐승들에 쫓기며, 항하에 물을 마시러 가도 말라 있거나 재, 숯을 보게 되는 까닭은 모두 전생에 행한 죄업의 장애 때문이라고 설하고 있다. 또한 갠지스강의 양쪽 언덕에 백천만 억의 아귀들이 벌거벗고 기갈에 시달리고, 여러 사나운 짐승에게 잡아먹히며, 갈증에 시달리지만 냇물을 보지 못한다. 설령 본 자가 있어도, 그 냇물을 보면 말라버리거나, 불덩이가 흐르는 것을 보게 되거나, 잿불을 보게 되는 것도 두터운 전생의 업장에 덮여있기 때문이라고 한다.

이들 경문을 보면 지옥의 인과와 마찬가지로, 전생의 업이 아귀도로 떨어지게 되는 인因이 되고, 그 업으로 인해 아귀도에서 온갖 고통의 과果를 받게 되는 것으로 설정되어 있음을 알 수 있다. 본 장에서는 아귀도로 떨어지게 되는 업인을 다루고 있는 경문의 내용에 따라 간탐과 파계의 두 가지로 나누어 서술하기로 한다.

(1) 전생의 간탐慳貪으로 인해 아귀도에 떨어지다

경문에서 보면 아귀도로 떨어지게 되는 주요 업인은 간탐慳貪 즉, 인색함과 탐욕이다. 후대로 갈수록 그 업인도 다양하게 확장되는 것을 볼 수 있는데, 이 장에서는 먼저 '간탐'을 업인으로 제시하고 있는 경문의 사례들을 찾아보기로 하겠다.

『보살본생만론菩薩本生鬘論』에서는 아귀도에 떨어지게 되는 기본적인 업인으로 탐·진·치·만(貪·瞋·癡·慢)을 들고 있으며, 혹은 간탐으로 말미암아 십악업十惡業을 저지르게 되기 때문에 아귀도에 떨어진다고 설하고 있다. 마음속에 욕심과 미움이 많기 때문에 그 목구멍이 바늘과 같이 된다는 것이다. 아귀가 되면 오랜 겁 동안 죽도 얻어먹지 못하며, 설령 적은 음식을 얻더라도 곧 불덩이로 변하므로 피골이 상접하고 기갈의 고통을 받는다.

『장아함경長阿含經』에서는 '기아겁饑餓劫'이라는 종교적 시간관과 연관 지어 아귀도의 업인을 설명하기도 한다.

불타가 비구에게 말씀하셨다. 기아겁이란 무엇인가. 저 시대의 사람들이 불법에 맞지 않는 행을 많이 하고, 사견에 전도되어 십악업을 지으며, 악을 저지르기 때문에 하늘에서 비를 내리지 않아 초목이 말라 죽고, 오곡이 여물지 않으며 단지 줄기와 쭉정이만 있는 것이다.

기아란 무엇인가. 저 시대의 사람들이 밭과 거리, 골목, 논두렁의 두엄흙에 남은 곡식을 쓸어 거두어서 스스로 살아남는 것이 기아이다.

또한 굶주리는 시기의 사람은 거리와 골목의 도살장이나 무덤에서 해골을 주워다가 삶아서 그 물을 마시며 스스로 살아남으니 이것이 백골기아이다.

또한 기아겁의 시대에는 뿌린 오곡이 모두 초목으로 변하며, 이 시기의 사람들은 꽃을 따서 삶은 물을 마신다. 그 다음 기아 시대에는 초목의 꽃이 떨어져서 흙 아래 깔린다. 이 시대의 사람들은 땅을 파서 꽃을 주워 삶아 먹으며 스스로 살아남는다. 이것이 초목기아이다.

이 시기의 중생은 목숨이 끝나게 되면 아귀도에 떨어지게 된다. 이유가 무엇인가? 그 사람이 기아겁 중에 항상 탐욕을 품고 보시를 베푸는 마음이 없으며, 몫을 나누려 하지 않고, 다른 사람의 고난을 배려하는 마음이 없었기 때문이다. 이것이 기아겁이다.

인용문을 통해서 '기아겁'이 절대적으로 정해진 시간이 아닌, 사람들의 탐욕과 이기심이라는 조건에 의해서 소환되는 상대적 시간관임을 알 수 있다. 그 기아겁을 부르고, 만드는 사람들은 그 시대를 살아가는 탐욕스러운 중생들이기에, 자연히 그들의 악업에 따른 과보로 아귀도에 떨어지게 된다는 논리이다. 이는 기아겁 중에 항상 탐욕을 품고 보시를 베푸는 마음이 없으며, 몫을 나누려 하지 않고, 다른 사람의 고난을 배려하는 마음이 없었기 때문이라는 것이다. 이로 미루어, 아귀도로 떨어지는 주요 업인이 탐심으로 설정되어 있음을 알 수 있다.

『보살본생만론菩薩本生鬘論』에서는 아귀도의 업인에 대해 탐·진·치·만貪瞋癡慢으로 정리하고 있다. 전생에 간탐慳貪으로 말미암아 십악업을 저지르고 아귀도에 떨어져서 그 목구멍이 바늘과 같이 되고, 오랜 겁 동안 죽도 얻어먹지 못하며, 설령 음식을 얻어도 불덩이로 변해서 결국은 피골이 상접하게 되는 고통을 받는다고 설하고 있다. 또한『구잡비유경舊雜譬喩經』에서는 재물을 쌓아두고 먹지 않고 베풀지 않으면 죽어서 아귀가 되어 항상 의식이 궁핍하게 된다고 설한다.

또한『대반열반경』에서는 갠지스 강변에 머물던 오백 아귀들이 불타에게 간탐慳貪의 과오에 대한 법문을 듣고, 법력으로 물을 얻어 마신 후에 보리심을 발하여 아귀의 형체를 버리고 천天의 몸을 얻었다는 일화도 등장한다.

갠지스 강변에 있는 아귀들의 수가 오백이었다. 무량한 시간 동안 물을 보지 못했으며, 비록 강가에 이르러도 다만 불이 흐르는 것만 볼 뿐이라, 기갈에 시달려 울부짖었다. 이때 여래께서 강가의 우담바라숲 나무 아래에 앉아계셨는데, 여러 아귀들이 여래가 계신 곳에 와서 말하였다. 세존이시여. 우리는 기갈 때문에 곧 죽게 될 것입니다. 여래가 말씀하시기를, 왜 갠지스강에 흐르는 물을 마시지 않느냐? 아귀가 답하기를, 여래께서는 물을 보시지만 우리에게는 불이 보입니다. 여래가 말씀하시기를, 갠지스강의 맑은 물에는 실제로 불이 없다. 악업으로 인해서 마음이 스스로 전도轉倒되어 불이라고 생각하는 것이다. 내가 너희를 위하여 전도됨을 없애서 물을 보게 하리라. 이때 여래께서 모든 아귀들을 위하여 간탐慳貪의 과오에 대해 널리 설하셨다. 여러 아귀들이 말하기를 내가 지금 목마름에 시달리니 법문을 들어도 마음에 들어오지 않습니다. 이에, 여러 아귀들이 불력佛力으로 바로 물을 마실 수 있었다. 법문이 끝나자 모두 아뇩다라삼먁삼보리심을 발하여 아귀의 형체를 버리고 천天의 몸을 얻었다.

인용문에 제시된 『대반열반경』의 교의에서도 아귀도로 떨어지는 업인을 외도의 사견邪見 내지 간탐慳貪으로 설정하고 있음을 알 수 있다. 여기서 외도의 사견은 아귀가 물을 바로 보지 못하고 불로 인식하는 장애의 원인으로 제시된다. 불타의 법문을 통해 외도의 사견을 제거함으로써 무명이 사라지고 물을 마실 수 있게 되면서 아귀의 목마름이 구제를 받는 구조의 일화이다.

『사분율산번보궐행사초四分律刪繁補闕行事鈔』에서는 생전에 탐착하는 마음을 품었다가 죽은 후에 아귀도에 떨어지게 된다는 기존의 교의가 임종행의臨終行儀에까지 적용된 것을 보여준다. 『사분율산번보궐행사초』는 초기 근본계율에서 정선한 『사분율四分律』을 중국 남산율종의 종주인 남산 도선(南山道宣, 596-667)이 주석한 문헌이다. 도선은 아귀의 일화를 섞어가며 삼의三衣, 사약四藥, 발우鉢盂, 두타頭陀 등의 일상사에 적용되는 율에 대해 설명하고 있다.

옛날에 어떤 비구가 구리발우에 탐착하는 마음을 품었다가 죽어서 아귀가 되었다. 승려에게 물품을 나눠줄 때 (그 아귀가) 와서 발우를 원했는데, 그 몸이 무척 커서 마치 검은 구름 같았다. 어느 득도한 자가 그에게 발우를 돌려주자 혀로 핥더니 땅에 내려놓고 갔다. 여러 비구들이 그 발우를 가져왔는데 냄새가 몹시 심해서 다시 주물을 했지만 여전히 냄새가 나서 쓸 수가 없었다. 또한 어느 비구는 옷에 애착을 두었는데 죽어서 뱀 등으로 화생했다.

앞에 말한 이유로 모름지기 거처를 옮기는 것이 필요하다. 간병을 하는 자는 그 사람의 병의 강약에 따라서 마음의 영리함과 둔함, 업의 거친 것과 세세함, 감정이 생기고 사라지는 것, (임종인이) 의지하고 원하는 것에 따라서 나중에 그 내용들을 적어야 한다. 서방 무량수불, 혹은 도솔천 미륵불, 혹은 영축산 석가모니 본사에 인연을 두거나, 혹은 몸이라는 것이 본래 없는데 사람이 망녕되게 자아를 세우는 거라고 하거나, 혹은 외부의 상相이 마치 실제 자아인 것 같지만 공하여 없는 것이니, 마치 불타는 곳에 이르면 물의 상이 없는 것과 같다고 하거나, 혹은 오직 식識이 있을 뿐이니, 감정의 망녕된 견해로 인한 경계는 없다고 하거나, 각자의 근기에 맞게 설명하여 잘 이해시킨다.

인용문에서는 임종하기 전에 병자를 그 전에 거처하던 공간에서 다른 공간으로 옮겨야 한다고 주장하고 있다. 이는 병자가 아끼던 소유물을 보면 죽는 순간까지 탐착을 버리기 힘들기 때문이다. 중병이 든 승려를 기존의 거처가 아닌 무상원無常院과 같은 별처로 옮겨서 임종을 맞이하게 하는 것은 생전에 애착을 두던 물품이나 공간으로부터 임종인을 격리시키기 위한 조치라고 할 수 있다. 다시 말해, 임종 시에 탐착을 유지할 원인을 소거함으로써 아귀도에 떨어지게 될 위험을 없앤 다는 의미를 가지고 있는 절차인 것이다.

옷이나, 발우 등의 물질에 집착하게 되면 죽어서도 그 집착에 매여서 삼악도에 빠지기 쉽다는 것이 그 주된 이유이다. 이는 승려가 죽게 되면 그가 소유했던 물건들을 승가공동체에 경매 형식으로 나누어주고, 거기서 얻은 수익으로 장례비용을 보태는 선원의 장례문화와도 관련이 깊다. 선종의 다비작법에서는 사망한 승려[亡僧]의 물품을 사찰 대중에게 경매하는 절차를 '창의唱衣'라고 부르는데, 이러한 절차의 배경에는 간탐의 집착을 파破하는 것을 체화시키기 위한 목적도 있다.

『대집경』에서 서술하고 있는 아귀의 형상과 업인을 보면 이름을 확신鑊身이라 하는 아귀는 그 몸의 크기가 인간의 두 배에 이른다고 한다. 그 아귀는 눈이 없으며, 수족이 마치 다리와 같고, 그 속에 뜨거운 불이 가득 차서 온몸을 태우게 된다. 전생에 재물을 탐하고, 살아있는 동물을 도살한 자가 아귀도에 떨어지는 과보를 받게 된다고 한다.

그밖에 식토食吐라는 이름의 아귀도 있는데, 그 몸집이 크며, 키가 반 유순에 달한다. 항상 구토 증세를 느끼지만 목이 막혀서 토하지 못하는 고통에 시달린다. 전생에 가장인 남자가 좋은 음식을 혼자 먹고 처자에게 주지 않거나, 부인이 음식을 혼자 먹고 남편에게 주지 않거나 한 자들이 이 과보를 받게 된다고 한다.

이름을 식기食氣라고 하는 또 다른 아귀는 세상 사람들이 병을 낫기 위해 물가나 숲속에서 제사를 지내면 공양 올린 음식의 향을 맡고서 목숨을 부지해 간다. 전생에 처자식에게 주지도 않고 혼자서 맛있는 음식을 먹은 자가 이 과보를 받게 된다고 한다.

이름을 식법食法이라 하는 어떤 아귀는 험난한 곳으로 가서 먹을 것을 구하며 살아가는데, 그 몸의 색이 검은 구름과 같고 항상 눈물을 비처럼 흘린다. 만약 사원에 이르러 어떤 이가 축원 설법을 해주면 그 공덕의 힘으로 목숨을 부지한다. 전생에 수행자로서 명리를 탐하여 부정한 설법을 한 자가 이 과보를 받게 된다고 한다.

이름이 식수食水인 아귀는 배고픔과 목마름으로 인해 그 몸이 불에 타들어 가는지라, 허둥지둥 두려움에 떨면서 물을 찾아다니지만 좀처럼 얻지 못한다. 또한 몸에 난 긴 털이 얼굴을 덮어서 눈이 보이지를 않는다. 이 식수 아귀는 행인이 징검다리를 딛으며 물을 건널 때 발밑에서 남아 떨어지는 물을 재빠르게 받아먹으며 겨우 살아간다.

어떤 아귀는 한웅큼 물을 쥐어서 돌아가신 부모에게 베푸는 공덕으로 약간의 수명을 늘리기도 한다. 만약 자신이 마시기 위해 물을 움켜쥐면 물을 지키는 모든 귀신들이 몽둥이로 아귀를 때린다. 전생에 술에 물을 타서 팔거나, 지렁이나 나방 같은 것을 술에 빠뜨리거나, 선한 법을 닦지 않은 자가 이 과보를 받게 된다고 한다. 지금으로 치면 식품위생법을 위반하고, 사람들이 먹을 수 없는 음식을 유통시키는 이들에게 해당되는 사후의 징벌이라 할 수 있을 것이다.

희망希望이라는 이름의 어떤 아귀는 세상 사람들이 돌아가신 부모를 위해 제사를 지내는 때에 상에 올린 음식을 얻어먹으며 연명하는데, 그 외 다른 음식은 먹을 수가 없다. 오로지 다른 이의 제사음식만 얻어먹을 수 있을 뿐 자신을 위한 음식은 구할 수 없는 것이다. 전생에 다른 이가 수고롭게 구한 물건을 속여서 빼앗아 쓴 자가 이런 과보를 받게 된다고 한다.

어떤 아귀는 물도 수풀도 없이 마르고 매우 뜨거운 바다에 거주한다. 메마른 사막 같은 모래 바닥에 허옇게 소금기가 버석거리는 광야를 상상하면 될 것이다. 사계절이 있다 해도 그곳의 겨울이 인간세계의 여름보다 천 배는 더 뜨겁기 때문에 오직 아침에 내리는 이슬을 핥아먹으며 겨우 살아가는 정도이다. 전생에 길가는 나그네가 병을 얻게 되어서 피로와 고통이 극심하게 되자, 그의 물건을 아주 헐값에 취득한 자가 이 과보를 받게 된다고 한다. 다른 이의 힘든 상황을 틈타서 자신의 이득을 취한 자가 사후에 떨어지게 되는 곳이라 하겠다.

어떤 아귀는 다른 음식을 먹을 수가 없어서 항상 무덤에 가서 불에 탄 시체를 씹어 먹지만 그마저도 배불리 먹을 수가 없는 고통에 시달린다. 전쟁에 감옥의 간수로 일하면서 죄수의 가족들이 보내온 음식을 빼돌려서 먹은 자가 이 과보를 받게 된다고 한다.

이러한 『대집경』의 내용들은 모두 자신의 욕심만을 채우기 위해 다른 사람을 배려하지 않거나, 심지어 생명을 빼앗는 악업을 저지르는 것이기 때문에 간탐과 관련이 있다고 할 수 있다.

『정법념처경正法念處經』에서는 밥을 먹으려고 입을 벌리면 바람이 입으로 들어가서 음식으로 삼게 되는 '식풍食風아귀도'라는 곳이 등장한다. 구걸하는 자들이 오면 결코 베풀지 않고, 마치 찬바람 불듯이 그들에게 음식을 주겠노라고 속이고 끝내 주지 않은 과보 때문에 식풍 아귀도에 떨어져서 다만 음식이 눈에 보이기만 할 뿐 먹을 수 없는 고통을 받게 된다는 것이다.

> 또한 비구는 업의 과보를 알고 아귀세간을 관한다. 무슨 업 때문에 식풍
> 食風아귀도에 태어났는가. 그들은 지혜의 법문을 들었기 때문에 이 중생
> 들을 안다.
> 모든 사문, 바라문, 빈궁한 자, 병자, 밥을 달라고 와서 구걸하는 자들이
> 오면 결코 베풀지 않고, 그 사문 및 바라문, 빈궁한 자, 병자들이 굶주리
> 고 목말라도 마치 찬바람 불듯이 그들에게 헛된 말을 한 까닭에 목숨이
> 끝난 후에 식풍아귀처에 떨어지게 된 것이다.
> 아귀의 몸을 받게 되면 기갈의 고통이 활지옥活地獄과 차이가 없다. 사방
> 으로 뛰어다녀도 희망이 없고, 구해줄 이도 없으며, 의지할 데도 없다.
> 자신의 마음에 속아서 먼 곳에서 마침 음식을 발견하고 숲이나 승려가
> 거주하는 곳에 달려가지만, 피로에 극심하게 시달리고 평소보다 배로 기
> 갈이 심하다. 밥을 먹으려고 입을 벌리면 바람이 입으로 들어가서 음식
> 으로 삼게 된다. 악업의 인연 때문에 죽을 수도 없고, 악업을 몸에 지니
> 기 때문에 헛음식의 상을 보게 되는 것이다.
> 마치 목마른 사슴이 불볕을 보고 물이라고 하는 것과 같아서 헛되이 아무
> 것도 없으니, 불바퀴[旋火輪] 같은 것이다. 전생에 남을 속이고 끝내 주
> 지 않은 과보 때문에 다만 음식이 눈에 보이기만 할 뿐 먹을 수 없는 것
> 이다.

　인용문의 내용 역시 승려나, 가난한 자, 병자들이 아무리 굶주려도
음식을 베풀지 않고 인색하게 굴었던 간탐의 악업으로 인해 아귀도에
떨어졌다는 것이다.

『석가보釋迦譜』에서 설하고 있는 아귀의 업인 역시 전생의 간탐과 관련된 것이다.

이때 보살이 차례로 아귀를 관觀했다. 아귀가 항상 어둠 속에서 살며 잠깐이라도 해와 달의 빛을 본 적이 없으며, 그 무리들도 서로를 보지 못하는 것을 알았다. 타고난 형태가 장대하고, 배는 큰 산만 했으며, 목구멍은 바늘 같았다. 입속에서는 항상 큰불이 타고 있으며, 늘 굶주림과 목마름에 시달리면서 천억 만 년 동안 제대로 음식을 먹어보지 못했다. 설령 하늘에서 비가 그들에게 뿌리더라도 불덩이로 변했다. 혹시 강, 바다, 하천, 연못에 가더라도, 물이 곧 뜨거운 구리나 불타는 숯으로 변했다. 움직이면 걷는 소리가 마치 사람이 오백대의 수레를 끄는 것 같았으며, 온몸 마디마디가 모두 불에 탔다. 아귀들이 이러한 여러 고통을 받는 것을 보고 보살이 대자비심을 일으켜 스스로 생각했다. 이러한 것들은 모두 본디 인색함과 욕심에 의해 만들어진 것이니, 재산을 쌓아두고 베풀지 않았기 때문에 지금 이러한 죄보를 받게 된 것이다. 만약 사람들이 저들이 이러한 고통을 받는 것을 본다면 응당 은혜를 베풀고 인색하지 않을 것이다. 설령 재물이 없더라도 살이라도 베어서 보시할 것이다.

인용문에 등장하는 오백 아귀 역시 간탐의 업인으로 인해 사후에 아귀도에 떨어진 것으로 설정되어 있음을 알 수 있다. 이 오백 아귀와 관련된 내용은 『대당서역기大唐西域記』에도 등장한다. 『대당서역기』의 저자 현장(玄奘, 602?-664)은 이곳이 여래가 7일간 설법했던 곳이며, 그 옆에는 과거 4불이 앉아 있거나, 경행經行했던 흔적이 있는 가람 북쪽으로 3-4리의 갠지스 강에 스투파가 있다고 적고 있다. 무우왕(無憂王;

Asoka)이 세운 그 스투파의 높이는 200여 척인데, 경문에는 옛날에 여래가 여기서 7일간 설법할 때 5백 아귀가 와서 불타의 법문을 듣고 깨우쳐서 아귀의 몸을 벗고 생천했다고 전한다.

『대반열반경大般涅槃經』에는 살생의 업과 관련된 흥미로운 해석이 등장한다.

> 바라문법에서는 개미를 열 수레 가득 죽이더라도 죄보가 없다. 모기, 등에, 벼룩, 이, 고양이, 이리, 사자, 호랑이, 곰 등 모든 악충과 짐승 및 중생을 해할 수 있는 다른 존재를 열 수레만큼 죽이고, 귀신, 나찰, 구반다, 가루라, 부단나, 미치광이顚狂, 건고乾枯, 여러 귀신 등 중생을 해칠 수 있는 자들의 목숨을 빼앗아도 다 죄보가 없다. 악인을 죽인다면 죄보가 있는데, 죽이고 나서 참회하지 않으면 아귀도에 떨어진다. 만약 참회하고 3일간 단식할 수 있다면 그 죄가 남김없이 소멸된다. 만약 화상(스승)을 죽이고, 부모나, 여인, 소를 죽인다면 무량 천 년 동안 지옥 속에 있게 된다.

인용문에서는 사람에게 해를 끼치는 벌레나 짐승, 귀신, 괴물 등은 아무리 많이 죽여도 죄보가 없지만, 악인을 죽이는 것은 그 살생의 대상이 인간이기 때문에 아귀도에 떨어지는 악업이 된다고 설하고 있다. 다만, 그 살생의 죄업을 참회하고 3일간 단식한다면 악인을 죽인 죄는 모두 소멸할 수 있다는 유보적 전제를 내걸고 있다. 여기서의 단식은 곧 참회수행을 말하는 것이며, 살생의 업을 저질러도 참회하면 아귀도에 떨어지는 것을 면할 수 있다는 것이다.

『정법념처경』에 따르면, 전생에 인색하게 굴고, 탐욕스럽고, 질투하는 자가 아귀도에 떨어지게 된다고 한다. 그러한 경론에 의거하여 아귀도가 어떤 세계인지 정리해보면, 전생에 인색함과 탐욕으로 인해 저지른 악업이 사후의 아귀도의 거주 환경을 구성하는 것으로 볼 수 있을 것이다. 전생의 탐욕이 아귀도의 불길이 되어 늘 불에 타고, 건조한 환경이 될 수밖에 없기 때문에 바다에 물도 없어서 해산물도 구할 수 없고, 뜨겁고 건조한 곳이라 초목이 제대로 자랄 수 없어서 야채와 과일 같은 먹을거리도 구할 수 없는 것이다. 또한 타인은 물론 가족에게도 음식을 베풀지 않고 자신의 배만 불렸기 때문에, 목구멍이나 입이 바늘처럼 가늘어지는 과보를 받아서 설령 음식을 봐도 제대로 먹을 수가 없게 된다.

『석문자경록釋門自鏡錄』「송법풍감승식사작아귀사징험전宋法豊減僧食死作餓鬼事徵驗傳」에는 돈황지역의 승려가 인색하게 굴면서 사찰 내의 승려들을 늘 배고프게 만들었던 악업으로 인해 죽어서 아귀가 된 고사가 나온다.

> 석법풍의 성은 축씨이며 돈황사람이다. 구자국에 가서 절 하나를 보수하여 일을 맡아 두루 처리했다. 그때 그의 법호를 따서 법풍사라 절의 이름을 지었으며, 오랫동안 주지일을 했다. 약간 그 공력을 믿고서 출납을 편파적이고 어긋나게 헤아렸으며, 늘 줄이고 아껴서 승려들의 밥이 부족하게 했다. 오래지 않아 사망했는데 아귀도에 떨어지게 되었다. 항상 사원에 머무르며 초저녁이 된 후에 굶주린 낙타 우는 소리를 내면서 방사房舍를 돌아다니며 울부짖었다. 제자 보혜가 (그 소리를) 듣고서 탄식하며 말

하기를, 이는 우리 스승의 소리다. (아귀에게) 왜 그러는지 묻자, 풍이 말하기를, 승려의 식사비용을 줄였기 때문에 아귀도의 고통을 받게 되었는데 극히 심하여 견디기 어려우니 부디 제도해달라. 제자들이 그를 위해 널리 재참齋懺을 하니, 청정하고 뛰어난 곳에 태어나게 되었다.

인용문에서는 사원의 주지가 인색하게 굴면서 승려들을 늘 배고프게 한 악업으로 인해 아귀가 되었다는 내용인데, 이것 역시 간탐이 업인이 된 것이라 할 수 있다. 여기서 중요하게 볼 점은 아귀가 된 스승을 위해 제자 승려들이 '재참齋懺'을 해서 좋은 곳에 다시 태어났다는 대목이다. 이 '재참'은 참회의식을 말하는 것으로, 다른 문헌에서도 전생의 악업을 소멸하여 악도에 떨어지지 않게 하는 수행법으로서 '참회'가 등장하는 것을 볼 수 있다.

『왕생요집往生要集』「아귀도餓鬼道」편에서는 아귀의 업인에 대해 이전의 여러 경문 내용을 발췌하여 종합적으로 정리하고 있다. 그 내용 중의 일부를 간단히 정리하면 다음과 같다.

식토食吐라는 아귀는 항상 구토를 하고자 하나 (목구멍이) 막혀서 할 수가 없다. 좋은 음식을 혼자 먹고 가족에게 주지 않은 자들이 이 과보를 받는다.
식기食氣라는 아귀는 세상 사람들의 병에 의지하여 물가, 숲속에서 재를 지내면 이 (음식의) 향을 맡으며 목숨을 부지해 나간다. 전생에 처자식들 앞에서 혼자 맛있는 음식을 먹은 자가 이 과보를 받게 된다.
식법食法이라는 아귀는 사원에 이르러 어떤 이가 축원 설법을 해주면 이로 인하여 힘을 얻어 연명하게 된다. 명리를 탐하여 부정한 설법을 한

자가 이 과보를 받는다.

식수食水라는 아귀는 어떤 이가 물을 건너면 발밑에서 남아 떨어지는 물을 재빠르게 받아 먹으며 살아간다. 옛날에 술을 팔면서 물을 타거나, 지렁이, 나방을 빠뜨리거나, 선한 법을 닦지 않은 자가 이 과보를 받게 된다.

희망悕望이라는 아귀는 세상 사람들이 돌아가신 부모를 위해 제사를 지내는 때에 그것을 얻어먹는다. 어떤 이가 수고롭게 약간의 물건을 얻었는데 꾀어서 그것을 취해 쓴 자가 이 과보를 받는다.

인용문에서는 전생에 간탐으로 인한 악업을 저지른 이들이 아귀도로 떨어지게 되는 전형적인 사례를 보여준다. 심지어 가족들에게도 나눠주지 않고 혼자 먹는다든지, 재물에 눈이 멀어 설법을 제대로 하지 않는 승려, 술에 물을 타는 등의 부정한 방법으로 축재한 자, 사기로 남의 재물을 취한 자 등이 죽어서 아귀도의 고통을 받게 되는 것으로 설정하고 있다.

『불조통기佛祖統紀』에서는 부친이 보시하는 것을 싫어했던 아들 내외가 죽어 아귀가 되고, 객 비구에게 음식을 나눠주지 않았던 승려들이 아귀가 된 일화를 통해 보시·희사의 공덕을 강조하고 있다. 이 고사역시 아귀도의 업인이 간탐으로 설정되어 있다.

집주인이 맞이해 들여서 앉게 하고 발우에 밥을 베풀었다. 야사가 보니 그 집 안에 두 아귀가 벌거벗은 채 굶주리면서 몸이 쇠사슬에 묶여 있었다. 괴이해서 물어보니 집주인이 답했다. 이 귀신은 전생에 하나는 나의 아들이고, 하나는 며느리였다. 내가 전에 보시하는 것에 부부가 화를 냈는데, 수차례 타일러도 받아들이지 않았다. 그 때문에 서원을 세우기를, 이러한 죄업으로 악보를 받게 될 때 내가 너희를 만나리라. 그래서 이렇게 과보가 이르게 된 것이다. 또 한 곳에 이르니, 장엄하게 장식된 당에 여러 승려들이 경행하다가 종이 울리자, 밥 먹기 위해 모였다. 밥을 먹으려 하자 농혈로 변하더니 발우가 서로 부딪치면서 피가 흘러내렸다. 그들이 서로 말하기를, 왜 음식을 아까워한 것으로 지금 이 고통을 받는 것인가. 앞에 대놓고 물어보기 어려운데, 무리 속에서 답하여 말하기를, 우리가 가섭불[15] 시대에 함께 어느 곳에 머물렀는데 객 비구가 오자 화를 내며 음식을 아까워하며 숨겨두고서 함께 나누지 않았기 때문에 지금 이 고통의 과보를 받게 된 것이다. 이렇게 대해를 주유하면서 오백 지옥을 두루 관하니 즉시 두려움이 생겨서 (지옥의 고통을) 면하게 될 방편을 구하여 나중에 아라한과를 얻었다.

인용문의 출전인『불조통기』는 13세기 송의 승려 지반志磐이 찬술한 문헌이다. 유교문화권인 중국에서 찬술된 문헌이기 때문에 아귀 관련 일화에도 효孝의 관념이 반영될 수 있고, 선종사원을 운영하는 규율인 청규와 관련된 내용이 아귀의 업인으로 각색될 수도 있었으리라 생각된다. 마찬가지로 이 인용문에서도 보시를 싫어하는 아들부부의 간탐이나, 객승에게 인색하게 군 승려의 인색함이 아귀도로 떨어지는 업인으로 설정되어 있다.

『대보적경大寶積經』에서는 아귀의 마음에 이미 탐착이 자리 잡고 있기 때문에 냄새나고 더러운 것을 보면 환희심을 낸다고 설하고 있다.

---

15 가섭불(迦葉佛; 飮光佛; Kāśyapabuddha)은 석가모니 붓다 이전에 출현한 과거 7불 중의 6 번째의 부처이며, 현재현겁(現在賢劫)에 나타난 천 불(千佛) 중의 세 번째 부처이다.

이는 그 아귀의 식識이 악한 과보를 얻어서 부정不淨한 마음意을 내기 때문이라고 한다. 또한 『구잡비유경舊雜譬喩經』에서는 재물을 쌓기만 하고, 제대로 먹지도 않고, 남들에게 베풀지 않으면 죽어서 아귀가 되어 항상 의식이 궁핍하게 된다고 설하고 있다.

이상, 아귀도로 떨어지는 업인에 대해 언급하고 있는 경문의 내용들을 정리하면, 대부분이 간탐에서 비롯한 악업이며, 점차 탐·진·치·만(貪·瞋·癡·慢)에 의한 악업, 승가의 계율을 어기거나, 외도의 사견을 믿는 것, 재법을 어기는 파재破齋 등에까지 범주가 확장되는 것을 볼 수 있다.

(2) 외도와 파계자들, 아귀로 태어나다

이 장에서는 전장에서 제시된 아귀도의 업인인 간탐 외에 다양한 요인들을 경문에서 찾아 보기로 하겠다. 비교적 이른 시기의 경전에는 '외도' 즉 불타의 교법을 받아들이지 않는 교단의 수행자들을 비하하는 의미에서 사후 지옥도나, 아귀도로 떨어졌다는 등의 일화들이 등장하는 것을 볼 수 있다. 후기로 갈수록 아귀도로 떨어지는 업인도 다양하게 확장되는 경향을 보이는데, 주로 승가의 계율과 관련되는 내용이 많이 눈에 띈다.

『대반열반경大般涅槃經』에서는 니건자(외도)들이 죽은 후에 식토食吐아귀의 몸을 받았다고 설하는 대목이 등장한다.

니건자(외도)들은 죽은 후에 고득苦得이 33천에 태어났다고 하는데, 나는 그들을 어리석은 자들이라 말한다. 아라한은 태어남이 없는데 어찌 고득이 33천에 났다고 말하는가. 세존이시여. 실제로 말하는 것처럼 니건자는 33천에 나지 않고 지금 식토食吐아귀의 몸을 받았으니 내가 어리석은 사람이라고 하는 것이다.

7세기 당 현장(玄奘, 602-664))이 한역한 『칭찬대승공덕경稱讚大乘功德經』에서는 아귀도의 업인 중에 외도의 사견으로 인한 과보를 얘기하는 대목이 나온다.

이들은 대승을 훼방하여 지옥에 떨어져서 여러 고통을 겪는 것임을 알아야 한다. 지옥도에서 벗어나더라도 아귀도에 태어나 백천 겁이 지나도록 항상 똥을 먹고, 그 다음 생에 인간도에 태어나도 맹인, 귀머거리, 벙어리, 지체불구자에 코가 납작하고, 우둔하고, 무지하며, 용모가 볼품이 없다. 이렇게 점차 죄업의 장애를 없애가면서 시방十方을 윤회한다. 혹은 여러 불타를 만나 가까이에서 공양하고 대승의 법문을 다 듣거나, 마음 기쁘게 믿고 받아들여서 대보리심을 발하기도 한다. 용맹하게 정근하여 보살행을 닦고 점차 배움에 진전이 있어서 제불세존과 다르지 않은 보리심을 품고 유정중생들을 위해 오승법을 설한다. 본원력에서 말미암고 법계신에 의지하면 일체시에 모든 모공에서 무량한 법의 광명이 저절로 흘러나온다.

인용문에서는 외도의 사견을 믿었던 악업으로 인해 지옥도-아귀도-인도를 전전하더라도, 어느 때에 불타를 만나 대승의 법문을 받아들여

보리심을 발하게 되면 그도 성불할 수 있음을 얘기하고 있다. 경문의 제목에서 보듯이 대승불교의 공덕을 찬탄하는 것이 주제이기 때문에 아귀도에 떨어진 중생들도 대승의 법문에 의해 구제될 수 있음을 설하고 있는 것이다.

당 비석飛錫이 찬술한 『염불삼매보왕론念佛三昧寶王論』에서는 오신채五 辛菜를 먹는 비구들에게 경고하는 내용이 등장한다. 이 다섯 가지 매운 채소는 익혀서 먹으면 음욕이 발동하고, 생으로 먹으면 분노가 늘어난다. 수행처에서 오신채를 먹는 사람은 설령 그가 12부 경전을 설법하는 고승이라 하더라도, 시방의 천선이 그 악취를 싫어하여 모두 다 멀리한다는 것이다. 그가 오신채를 먹은 다음에 여러 아귀들이 그의 입과 입술을 핥기 때문이 항상 귀신이 붙어 있어서 복덕이 날로 사라지고, 마침내 전혀 이로움이 없게 된다. 또한 오신채를 먹는 사람은 삼매를 수행해도 보살, 천선, 시방의 선신이 와서 수호해주지 않으며, 마왕의 공격을 받게 된다고 한다.

『아귀보응경餓鬼報應經』에서도 아귀가 받는 고통의 원인이 되는 전생의 죄업에 대해 설명하고 있다. 목건련이 갠지스 강변에서 여러 아귀들을 만나 그들이 전생에 지은 죄업에 따라 아귀도에서 어떤 고통을 받게 되는지를 답해주는 내용이다. 4-5세기에 한역된 『아귀보응경餓鬼報應經』에서는 목건련이 갠지스 강변에서 만난 아귀들에게 전생의 악업과 후생의 과보에 대해 알려주는 내용이 등장한다.

대목건련존자가 불타를 따라서 기사굴산에 있을 때 갠지스 강변을 다니다가 매우 많은 아귀들을 보았는데 받은 죄가 다 달랐다. 목건련존자를 보고 모두 존경심을 일으키며 와서 (자신의 과보)인연에 대해 물었다. 한 아귀가 물었다. 나는 항상 두통으로 고통스러운데 어떤 죄의 소치인지 모르겠습니다. 목건련이 대답했다. 그대가 본래 사람이었을 때 인욕 수행을 하지 못하여 작대기로 중생의 머리를 때려서 지금 지옥에서 화보과花報果를 받는 것이다. 한 아귀가 물었다. 저는 항상 피부병으로 고통을 받는데 어떤 죄의 소치일까요? 목건련이 답했다. 그대가 사람이었을 때 자비심이 없어서 산야를 불태우고 중생을 잔인하게 해쳐서 지금 지옥에 서 화보과를 받는 것이다. 한 아귀가 물었다. 나는 먹어도 만족함이 없고 배부르지 않습니다. 무슨 죄의 소치일까요? 불타가 답하였다. 네가 사람 이었을 때 비록 중생에게 밥을 주었지만, 항상 부족하게 해서 지금 지옥 에서 화보과를 받는 것이다. 한 아귀가 물었다. 내 온몸에 피부가 문드러 져서 견디기 힘든데 무슨 죄의 소치입니까? 답하기를, 그대가 사람이었 을 때 돼지와 양을 구워 먹는 것을 좋아해서 지금 지옥에서 화보과를 받 는 것이다. 한 귀신이 물었다. 나는 항상 두통으로 고통스러운데 치료를 해도 차도가 없습니다. 무슨 죄의 소치입니까? 답하기를, 그대가 사람이 었을 때 도덕을 공경하지 않고 게다가 욕을 했기 때문에 지금 지옥에서 화보과를 받는 것이다.

　인용문에서는 후생에 아귀가 되어 머리가 깨질듯한 두통[花報果]에 시달리게 된 각종 업인을 일러주고 있다. 이들 업인은 살생, 간탐, 망 어 등을 모두 포괄하고 있다. 이에 따르면 전생에 인욕수행을 못해서 남의 머리를 때린 것이 현생에서는 늘 두통에 시달리는 과보를 받게 되는 식의 자업자득自業自得의 형태이다. 『아귀보응경』이 이전의 문헌과 다른 점이 있다면 아귀들이 아귀도가 아닌 지옥에서 고통을 받는 것으로 서술된다는 것이다. 다시 말해, 아귀들이 아귀도뿐만 아니라, 지옥도에도 존재하는 것으로 이해되기 시작한 것이다.

초기에 간탐이나, 사견으로 인해 아귀도에 떨어져서 아귀가 되어 무량한 고통을 받게 되는 것으로 설정되었던 업인의 범주는 후기로 갈수록 점차 확장되는 양상을 보인다. 간탐이나 사견 외에도 승가의 계율을 어기는 것까지 아귀도로 떨어지는 업인에 포함되기 시작한 것이다.

『제경요략문諸經要略文』에서는 『대승장엄론大乘莊嚴論』을 인용하여 재를 올리는 집에서는 불타에게 올리는 음식을 한 톨이라도 속인에게 주어서는 안 되며, 그 음식을 먹는 자는 아귀의 죄보를 받게 된다고 설정하고 있다. 또한 『결정비니경決定毘尼經』에서도 재를 설행하는 집안에서는 대소공양을 불문하고 불타에게 공양하는 음식을 먹어서는 안 되며, 상좌는 여법하게 공양물을 처분해지 않으면 무량죄를 얻게 된다고 경고하고 있다. 이는 사원에서 설행하는 의식의 규율들을 아귀와 관련지음으로써 대중들에게 각인시키려 했던 의도일수도 있을 것이다.

6세기 천태 지의(天台智顗, 538-597)의 『마하지관摩訶止觀』에서는 계율을 거스르고, 해치고, 다치게 하면 지옥계에 떨어지고, 부끄러움이 없으면 축생계로, 인색하고 탐욕스럽고, 재계를 파하고, 청정하지 않게 살아가면 아귀계로 떨어진다고 설하고 있다. 전생에 재계를 파했기 때문에 항상 굶주리는 것이고, 부정하기 때문에 더러운 것을 먹게 되는 아귀가 된다는 것이다. 이처럼 재법과 관련하여 그 절차의 엄정성을 훼손하는 경우에 아귀도에 떨어지게 된다는 교의들이 논서에서 나타나는 사례들을 볼 수 있다.

『재법청정경齋法淸淨經』에서도 아귀라는 존재는 전생에 재 음식을 만들어 공양한 것을 먹어버려서 중간에 재를 파했기 때문에 아귀도에 떨어지는 죄보를 얻게 된 것이며, 다른 재의 음식을 먹어서 재계를 지키지 않은 자도 또한 이러한 죄보를 얻게 된다고 경고하고 있다. 아울러 재를 마치면 남은 음식은 재에 함께 하지 않은 사람에게 주어서는 안 된다고 덧붙이고 있다.

영명연수의 저술인 『종경록宗鏡錄』에도 아귀의 미혹과 무명에 관련된 내용이 등장한다. 영명연수는 선과 정토수행의 궁극적 지향점을 하나로 보고, 두 실천을 융합하고자 노력했던 유심정토唯心淨土[16]적 수행관에 기반한 시각으로 아귀를 응시하고 있다.

「분별공덕론」에 이르기를, 어느 사문이 여러 선관禪觀을 수행했다. 혹은 무덤에서도 하고, 나무 아래서도 선 수행을 했다. 그때 무덤에서 시체를 관하고 있었는데, 밤에 아귀가 시체를 때리는 것을 보았다. 사문이 묻기를, 왜 죽은 시체를 때리는 것인가? 아귀가 답하기를, 이 시체가 나를 이렇게 힘들게 했기 때문에 때리는 것이다. 사문이 말하기를, 왜 너의 마음을 때리지 않는 것인가. 이 시체를 때린다고 무슨 이익됨이 있겠는가. 잠깐 사이에 다시 하루가 되었다. 천만다라화[17]를 썩은 시체에 뿌렸다. 사문이 묻기를, 왜 이 썩은 시체에 꽃을 뿌리는 것인가. 답하기를, 이 시체가 생천했기 때문이다. 이 시체는 나의 선우善友이기 때문에 와서 꽃을 뿌려 지난날의 은혜에 보은하는 것이다. 사문이 답하기를, 왜 너의 마음

---

16 유심정토(唯心淨土)란, 멀리 다른 불국토에 외재하는 정토가 아니라, 수행자의 마음을 청정하게 닦으면 마음에 곧 정토가 내재하게 된다는 사상이다.
17 천만다라화(天曼茶羅華)는 천계에 피어 있는 흰 연꽃을 말한다.

에 꽃을 뿌리지 않고 썩은 시체에 뿌리는 것인가? 대저 선악의 본질은 모두 마음이 짓는 것인데, 근본을 버리고 말단을 구하는 것인가.

인용문의 일화는 아귀를 관법觀法의 대상으로 삼는다는 점에서 아귀가 가진 미혹된 생각을 수행자들에게 일깨우는 역할을 했을 것으로 생각된다. 여기에서도 아귀는 무명과 왜곡된 견해의 상징인 것이다.

10세기 말에 한역된 『불설대승장엄보왕경佛說大乘莊嚴寶王經』에서는 승가의 곡식을 훔쳐서 개인적인 용도로 사용한 자들이 아귀도에 떨어지게 된다는 업인을 제시하고 있다.

> 만약 승가공동체의 참깨, 쌀, 콩 등을 훔쳐서 사용하는 자라면 아귀도에 떨어지게 된다. 그 아귀는 두발이 쑥대머리이고, 몸에는 털이 뻣뻣하게 자란다. 배는 산만큼 크고, 목구멍은 바늘만 하며, 불탄 고목처럼 해골만 남아 있게 되는 고통스러운 과보를 받는다. 만약 승려들을 무시하고 오만하게 굴었던 자라면 후생에 빈천한 집안에 태어나는데, 어느 곳에 태어나든 근본 체질이 불구라서 곱사등이, 난장이가 된다. 죽은 후에 다시 태어나더라도 병이 많고, 비쩍 마르며, 수족이 오그라든 앉은뱅이이며, 농혈이 차서 몸에 흐르고, 살점이 떨어져 나가는 고통에 시달린다. 이 사람은 백천 만 년이 지나도록 생을 반복해서 이런 고통을 받는다.

인용문에서는 다른 경문에서 제기되는 간탐의 악업 외에도 불투도不偸盜의 계율을 어긴 자들이 아귀도에 떨어지게 된다는 것으로 확장하고 있는 점이 눈에 띈다.

영명연수(永明延壽, 904-975)가 저술한 『만선동귀집萬善同歸集』에서는 아귀도의 업인을 십불선업+不善業으로 보는 교설이 등장한다. 십불선업은 지옥도, 아귀도, 축생도에 태어나는 인이 되고, 십선업은 인도, 천도 내지 유정처有頂處[18]에 태어나는 인이 된다는 것이다.

『불설목련문계율중오백경중사佛說目連問戒律中五百輕重事』에서는 사찰에서 음식을 먹는 과정에서 계율에 맞지 않는 방식으로 발우를 사용하거나, 음식을 먹는 경우에 발생하는 사타捨墮죄에 대해 설하고 있다.

묻기를, 비구들은 미리 밥을 먹었는가, 안 먹었는가? 답하기를, 먹지 않았습니다. 알고서 먹는 것은 사타죄를 범하는 것이다. 전에 미리 먹은 사람 역시 타죄를 범한 것이니, 참회하지 않는다면 그 죄가 날마다 늘어나게 된다. 옛날에 한 집사 비구가 어떤 것을 음식으로 삼고, 먹어야 하는지를 알고 있었지만, 손으로 그릇을 잡아 이것을 쓰라고 말하였다. 날마다 항상 그렇게 하면서 죽을 때까지 참회하지 않아서 사후에 아귀도에 떨어졌다. 이름이 무착無著인 어느 비구가 밤중에 변소에 갔다가 부르짖는 소리를 들었다. 너는 누구냐 하고 묻자 나는 아귀라고 답했다. 묻기를, 본디 어떤 행업行業으로 인해 아귀도에 떨어진 것인가. 답하기를, 나는 이 절에서 집사를 맡은 승려였다. 묻기를 그대는 본디 정진하던 자인데 무슨 연유로 아귀도에 떨어졌는가. 답하기를 부정한 음식을 승려들에게 주었다. 무착이 묻기를, 무엇이 부정한 것인가? 답하기를, 승려들이 여러 가지 그릇을 가지고 있는데, 음식이 가득 찬 그릇을 손가락으로 잡고 이것을 사용하게 하였다. 타죄를 범했는데 세 번 계를 설하고 참회하는 것을 하지 않아서 죄가 지극히 무거워지게 되어 아귀도에 떨어진 것이다.

---

18 삼계(三界: 욕계·색계·무색계)의 가장 최상의 단계이며, 유정천有頂天이라고도 한다. 극히 미세한 생각마저도 있지도, 없지도 않은 오묘한 선정의 단계[非想非非想處]이다.

인용문에서 사타죄가 등장하는데, 이는 사타법捨墮法[19]을 어긴 죄를 말한다. 사타법 제 22조 걸발계乞鉢戒를 보면 밥을 담아 먹는 발우에 흠이 없거나, 혹은 약간의 흠이 있음에도 불구하고 새로운 발우를 구하면 안 된다는 계율이 있다. 인용문에서는 이러한 계를 어기고 새 발우에 음식을 가득 담아서 먹는 등의 탐욕을 내면서 끝내 참회하지 않았기 때문에 아귀도에 떨어진 것으로 설명되고 있다.

위와 동일한 문헌『불설목련문계율중오백경중사』에는 니살기바일제捨墮를 범하고 대중에 참회하지 않아서 죽은 후에 아귀도에 떨어진 또 다른 일화가 수록되어 있다.

> 아귀가 말하기를, 원컨대 승려들이 (나를 위해) 축원해주었으면 합니다.
> 그리하겠습니다. 무착은 돌아가서 대중들에게 말했다. 그 사람이 아귀도
> 에 떨어졌습니다. 승려들이 묻기를, 본디 정진했는데 왜 악도에 떨어졌
> 는가. 답하기를, 부정한 음식을 승려에게 주었으나, 참회하지 않았기 때
> 문입니다. 원컨대 (그가) 똥을 먹고 다시는 비명을 지르지 않도록 더불어
> 축원하십시다. 이로써 연유를 알게 된 대비구들은 손으로 음식을 만들거
> 나 승려의 기물에 손대지 않았으며, 승가의 기물이 아니면 손으로 받아서
> 승려에게 주는 것을 범하지 않았다.

인용문에서는 사원에서 승려들에게 음식을 나눠주는 과정에서 사타

---

19 사타법은 비구(비구니)계율 30개 조항이 있다. 사타법은 크게 의복, 보물, 물물교환, 발우, 7일약(七日藥)의 다섯 가지로 분류되는데, 인용문에서는 계율에 맞지 않는 발우를 사용하고 만져서 사타죄에 해당된 사례로 보인다. 사타법에 따르면, 소유가 제한된 물품을 갖거나, 매매하는 경우에는 사타죄가 되므로, 그 물건을 버리고 참회해야 한다.

죄를 범한 승려가 아귀도에 떨어지게 된 일화를 제시하고 있다. '이러한 내용의 일화들은 승가의 기물을 소유하거나, 다루는 과정에서 발생할 수 있는 범계犯戒에 대해 늘 상기시키는 역할을 했으리라 생각된다.

당의 징관(澄觀, 738-839)이 자신의 『대방광불화엄경소大方廣佛華嚴經疏』를 주석한 논서인 『대방광불화엄경수소연의초大方廣佛華嚴經隨疏演義鈔』에서는 스승을 의심한 죄를 아귀도의 업인으로 제시하고 있어서 이채롭다.

> 스승에게 의심을 품고 있었는데, 그가 임종하게 되자 스승은 그로 하여금 연등불의 이름을 부르게 해서 도리천에 태어났다. 스승을 의심한 죄 때문에 아귀도에 떨어져서 구리를 녹인 물을 마셔야 했는데, 불타의 이름을 불렀기 때문에 지금 불타를 만나게 된 것이다. 불타는 가슴 앞에 만자萬字를 보여주고 이 글자들을 읽게 하고 팔만사천 공덕의 행에 대해 설하셨다. 바로 참회하면 죄의 장애가 소멸되고 성불하리라고 수기를 하셨다.

당의 이통현(李通玄, ?-730)이 쓴 『신화엄경론新華嚴經論』에서는 아귀의 개념 역시 마음의 문제로 정의하고 있다. 마치 일체 중생이 작용하는 경계가 모두 자기 마음의 업보에 의해 만들어지는 것과 같이 인, 천, 지옥, 축생, 아귀도의 선악 등의 과보가 하나 같이 마음이 지어낸 것으로 보는 것이다.

이상의 경문 내용을 보면, 아귀도의 업인은 기본적으로 탐욕과 인색함으로 인한 전생의 악업으로 설정되어 있으며, 후대로 갈수록 점점 업인의 범주가 확장되어 가는 것을 볼 수 있다. 이 장에서는 문헌에 나타난 아귀도의 업인이 간탐 외에도 외도의 사견, 청규의 위반, 어리석음, 십불선업, 파계 혹은 파재 등으로 다양하게 나타나는 것을 확인했다. 이처럼 업인이 확장되어간 배경에는 승가를 운영하는데 필요한 규율이나, 보시 등의 권면을 아귀의 일화에 반영시켜서 불자를 비롯한 사람들에게 각인시키고자 하는 의도도 있으리라 생각된다.

4) 아귀의 고통상

아귀에 관한 경문의 교설에서 업인 보다 많은 분량을 차지하는 내용이 바로 아귀도의 고통상苦痛相에 관한 것이다. 아귀도의 비참한 모습은 지옥도에 관한 교의만큼이나 사람들에게 공포와 경각심을 주는 내용으로 구성되어 있어서 오계의 수지나, 망자를 구제하는 의식의 필요성을 인식시키는 역할을 했을 것으로 생각된다.

먼저, 각종 경문에서 아귀의 고통상에 대한 기록을 보면, 앞에서 서술한 아귀의 형상과 내용면에서 쉽게 구분하기 힘든 면도 있다. 이는 아귀라는 존재가 늘 악업에 대한 징벌적인 고통을 당하고 살아가야 하기 때문에 아귀의 모습 역시 그 상황을 반영하기 때문일 것이다.

『불설우란분경佛說盂蘭盆經』에서는 죽어서 아귀가 된 목건련의 모친이 발우의 밥을 왼손으로 가리고 오른손으로 뭉쳐서 먹으려 했으나 입에 넣기 전에 숯으로 변하여 끝내 먹지 못했다는 대목이 나온다. 내부 혹은 외부에서 주어지는 장애로 인해 제대로 음식을 먹을 수 없는 것이 아귀도의 가장 큰 고통이자, 특징이기도 하다.

『불설보살본행경佛說菩薩本行經』에서는 아귀도의 고통에 대해서 "몸은 마르고 배는 크며, 목구멍을 가늘기가 바늘구멍 같다. 뼈마디가 서로 덜그럭거리며, 서로 쪼고 갈린다. 몸을 움직이면 불이 일어난다. 백천만 년 동안 음식의 이름을 듣지 못하고 기갈이 심한 괴로움을 이루 다 말할 수가 없다"고 서술하고 있다. 아귀도로 떨어지게 되는 업인이 주로 생전에 간탐으로 인해 타인에게 베풀 줄 모르고, 특히 음식을 나눠주는 데 인색했던 것으로 설정되어 있기 때문에 그 과보로 겪는 고통상도 먹는 것과 관련이 되어 있다.

『수행도지경修行道地經』에는 아귀가 그릇을 쥐고 눈물, 타액, 고름, 피, 타인의 토사물을 채워서 그것을 음식으로 삼아 구걸을 한다고 한다는 구절이 등장한다.

『출요경出曜經』에서도 아귀의 고통상을 설하고 있는데 주로 불길과 관련된 내용이다.

아귀계에 가서 본 한 아귀의 형상이 비루하여 보는 사람이 털이 곤두서고 몹시 두려워했다. 몸에서는 화염이 나오는데 마치 큰 불덩이 같았다. 입에서는 구더기와 고름이 흘러나오고 냄새가 멀리까지 뚫고 나와 가까이 할 수가 없다. 혹은 입에서 화염을 수십 장丈 길이로 토해내기도 하고, 혹은 귀, 코, 눈, 신체 마디에서 화염이 수십 장 방출하기도 한다. 입은 마치 멧돼지처럼 튀어나오고, 신체는 가로세로가 일 유순이다. 손을 스스로 할퀴고 후려치면서 소리 지르고 울면서 동서로 뛰어다닌다.

4세기에 구마라불제鳩摩羅佛提에 의해 한역된 『사아함모초해四阿鋡暮抄

解』에서는 무식과 소식, 침구아귀'의 과보로 인한 고통상에 대해 더욱 자세하게 묘사하고 있다.

> 묻기를, 아귀란 무엇인가. 답하기를, 아귀는 무식, 소식, 대식 이 세 가지로 경전에 나오는 몇 종의 아귀를 요약할 수 있다. 묻기를, 무식아귀는 어떤 것인가? 답하기를, 먹지 않고, 불에 타고, 바늘 같고, 냄새나는 입을 가진 아귀인데, 경전에서는 거염구炬焰口, 침구鍼口, 취구臭口아귀라고 한다. 이 무식아귀는 거염구의 입에서 나오는 불기운으로 횃불기둥처럼 스스로 얼굴을 태운다. 인색함과 탐욕, 질투 때문에 이 과보를 받는 것이다. 침구아귀는 배가 산처럼 크고, 입은 마치 바늘구멍만 하다. 비록 음식을 널리 보더라도 먹을 수가 없다. 취구아귀는 똥냄새나 시체를 태우는 냄새가 입에서 나는 아귀이다.
> 묻기를, 소식아귀란 무엇인가. 답하기를, 소식아귀란 냄새나고, 바늘 같은 털에 목구멍에 혹이 났으며, 경전에서는 취모침이라 한다. 털은 바늘 같고 목구멍에 혹이 난 아귀, 이것이 소식아귀이다. 간혹 적으나마 부정不淨한 음식을 얻기 때문에 소식이라 한다. 모침아귀는 단단하고 긴 머리에 날카로운 털이 몸의 마디를 덮고 있다. 각자 서로 가까이하지 않는데, 서로의 털에 닿으면 털이 깊이 박힐까 두려워서이다. 털이 자신의 몸을 찌르는 것이 마치 사슴이 날카로운 화살에 찔리는 것 같다. 털이 몸을 덮고 있어서 바람이 불면 자신의 털의 냄새를 맡게 된다. 냄새의 기운이 코에 발하면 화를 내며 스스로 털을 뽑는다.

『출요경出曜經』에서는 아귀들의 고통상에 대해 열거하고, 이러한 고통을 받게 되는 원인이 전생의 탐착과 탐식貪食이 업인이 된 것으로 설명하고 있다.

아귀도로 떨어진 아귀는 수염털을 씹어먹기도 하고, 어떤 아귀는 몸의 털을 먹기도 한다. 혹은 손톱, 이빨, 몸의 때, 몸의 꺼풀, 피부, 가죽, 근육, 뼈, 오장, 대장, 소장, 위, 똥, 뇌수, 땀, 눈물, 타액, 고름, 기름, 쓸개, 오줌을 먹기도 한다. 설령 사람들에게 먹을 것을 베풀더라도 욕하고 저주한다. 또한 살아 있는 아귀는 공기가 배에 들어가면 바늘처럼 배를 찌른다. 안에 있는 공기가 빠져나가면 다시 뱃속 가득 공기를 채운다.

인용문에서는 아귀가 이러한 고통을 겪는 배경에 대해 전생에 탐착으로 인해 맛있는 것을 아껴 혼자 먹고, 설령 사람들에게 먹을 것을 베풀더라도 욕하고 저주하면서 주었기 때문에 이러한 과보를 받게 된다고 설명하고 있다. 또한 살아있는 아귀는 공기가 배에 들어가면 바늘처럼 배를 찌르는데, 안에 있는 공기가 빠져나가면 다시 뱃속 가득 공기를 채운다는 내용에서는 고통에 대한 상상력의 깊이를 보여준다.

『대보적경大寶積經』에서는 아귀로 태어나 항상 똥과 더러운 것을 먹으면 마음에 환희가 생겨나는 것을 식識이 악한 과보를 얻어 부정不淨한 마음을 내기 때문이라고 보고 있다. 『화엄경』에서는 갠지스 강변의 아귀들이 벌거벗고 기갈에 시달리며, 사나운 짐승들에 뜯기고, 갈증에 시달려 냇가로 가지만 그 냇물이 말라 있거나, 잿불이 흐르는 것을 보게 되는 고통상을 열거하고 있다. 또한 아귀들이 전생에 행한 죄업의 장애 때문에 아귀가 벌거벗은 모습으로 기갈을 겪고, 몸을 움직이면 불이 나고, 모든 호랑이와 독한 짐승들에 쫓기며, 항하에 물을 마시러 가도 물이 이미 말라 있거나 재, 숯을 보게 된다고 서술하고 있다.

5세기 초에 구마라집이 한역한 『선비요법경禪祕要法經』에도 아귀의 고통상에 대해 비교적 자세한 내용이 나온다.

여기를 보니 아귀가 와서 내 옆에 있다. 이때 다시 보니 무수한 아귀가
그 몸이 끝도 없이 크고 머리가 태산泰山만하다. 목구멍은 가느다란 머리
터럭 같아서 굶주림과 불에 시달리며 밥을 찾아 울부짖는다. 이를 보고
서는 자비심이 일어나 몸을 아귀에게 보시하니 아귀가 그 몸을 얻어먹고
나서 바로 배가 불렀다.

이를 다 보고 나서 다시금 많은 아귀들이 관하게 하고자 아귀들이 네 겹
으로 둘러싸고 이전처럼 몸을 아귀들에게 먹였다. 이를 다 보고 나서 다
시금 몸을 다스리고 마음이 흩어지지 않게 하여 그 몸이 부정취임을 스스
로 관하였다. 이 관법을 행할 때 스스로 그 몸을 보니 농혈과 모든 육신
이 모두 썩어서 땅바닥에 모여 있었다. 여러 중생이 다투어 그것을 먹는
것을 다 보고 나서 다시 스스로 그 몸을 관하니 모든 고통으로부터 생하
고, 모든 고통으로부터 존재하기 때문에 무너지게 되고 오래지 않아 마멸
되며, 아귀에게 먹히는 것이다.

이렇게 관상할 때 홀연히 몸 안을 보니 마음에 맹렬한 불길이 있어서 연
못 위의 모든 연꽃과 모든 아귀들의 갖가지 추한 모습을 태우고, 연못도
모두 사라졌다. 이를 보고 나서 다시 그 몸을 관하게 하니 이전처럼 완전
해져서 몸이 복구되었다.

다시금 그 몸을 관하니 일체의 모공이 자비심으로 인해 피가 젖으로 변하
여 모공으로부터 흘러나왔다. 땅이 연못처럼 젖으로 가득 채워졌다. 다
시 많은 아귀들을 보니 이 연못에 이르러도 전생의 죄로 인해 젖을 마실
수가 없다. 이때 자비심으로 아귀를 자식처럼 여겨서 젖을 먹게 하였으
나, 아귀의 죄로 인해 젖이 순식간에 고름으로 변하였다.

다시 자비심을 더 하니 그 자비심으로 인해 몸의 모든 모공에서 이전보다

몇 배의 젖이 나왔다. 굶주림과 고통에 시달리는 아귀들이 어찌 와서 마시지 않는가 하고 염했다. 이때 키가 수십 유순이 되는 장대한 아귀가 발을 들어 올리고 내리며 수레 오백 대의 소리를 내면서 수행자 앞으로 와서 배가 고프다고 소리 질렀다. 이에 행자가 바로 자비심으로 젖을 주어 아귀에게 마시게 했다. 마시려고 입에 대니 고름으로 변했다. 비록 고름이 되기는 했지만 수행자의 자비심 때문에 바로 배부름을 얻었다. 아귀가 배를 채운 것을 보고 다시 자신의 몸을 관하니 발바닥에서 불이 나와 앞의 중생과 모든 나무를 태우고 연못도 모두 없어졌다.

이때 만약 여러 이류異類중생을 보면 다시 마음을 집중하여 그 몸을 관하고, 마음이 부동적막하여 무념이 되게 하고, 무념상태가 되면 서원을 발해야 한다. 원컨대 다음 생에는 태어나지 않고, 세간을 즐거워하지 않겠습니다. 이렇게 서원을 발하고 나서 앞의 땅을 관하니 마치 유리 같았다.

인용문은 수행자가 아귀들에게 자신의 몸을 보시하고, 그 과정을 관觀하는 과정을 통해 깨달음을 얻는 내용으로 되어 있다. 인용문에 나타난 아귀의 고통은 젖이 고름으로 변하는 등 눈앞에 음식이 있어서 먹을 수가 없는 것에 있다.

『법화전기法華傳記』에는 사위성 밖 허공 중에 떠도는 아귀가 12개의 뜨거운 철환을 삼켜 입속에서 뱃속으로 보내자, 내려보낸 철환이 다시 입속으로 들어오면서 온몸에 불이 붙어 고통스러워하다가 기절해서 일어났다 넘어지기를 반복하는 대목이 등장한다.

길장이 『정명경淨名經』[20]을 주석한 『정명현론淨名玄論』에서는 아귀가

---

20 『유마경(維摩經)』의 다른 이름.

왜 물을 보지 못하고, 강을 앞에 두고도 목마름에 고통을 받는지 교의적으로 설명하는 대목이 등장한다.

경에서 말했듯이, 나의 이 국토는 청정하지만, 그들에게는 보이지 않는다. 예를 들어 다른 사람에서는 물인데, 아귀에게는 불로 보인다.

묻는다. 아귀의 악업 때문에 물에 가서도 불을 보고 물을 보지 못한다. 다른 사람은 물을 보고 불을 보지 않는다. 제보살은 정토를 보고 예토를 보지 않으며, 범부와 이승은 예토를 보고 정토를 보지 않는다고도 말할 수 있는가?

답한다. 이치로 말하자면 마땅히 그러하다. 다만 수승한 것이 하열한 것을 겸할 수도 있기 때문에 불보살이 정토를 보고, 중생을 따라 다시 예토를 보기도 한다.

『화엄경』「입법계품」에서 말한 것처럼 천天은 사람을 볼 수 있고, 천도 볼 수 있지만, 사람은 단지 사람만을 볼 뿐, 천을 보지 못하는 것이다. 보살은 스스로 볼 수 있는 경계가 불가사의하여 이승의 행하는 바가 전도되어 있음을 보는 것이다.

묻는다. 만약 그렇다면, 아귀는 단지 아귀의 불만 볼 뿐, 인간의 물은 보지 못한다. 인간은 인간의 물을 보고, 또한 아귀의 불도 보는 것인가. 답한다. 물을 보고도 불로 만드는 것, 이는 악업이 하는 것이니, 물에서 제멋대로 불을 보는 것이다. 사람은 이러한 업이 없기 때문에 불로 보지 않는 것이다.

인용문에서는 아귀가 전생의 악업 때문에 (감관이 왜곡되어) 물을 보고도 제멋대로 불로 만드는 것이라고 명쾌하게 답변을 내리고 있다.

보살이 자신의 청정한 정토와 더 하열한 세계를 자유롭게 오가며 중생의 근기에 맞추지만, 아귀의 경우에는 악업의 장애에 갇히어 아귀도의 경계 이상을 인식하지 못한다는 것이다.

『정법념처경正法念處經』에도 아귀도의 업인과 고통상에 대해 자세히 설하는 내용이 수록되어 있다.

또한 비구는 업보를 알고 아귀들의 인색하고 질투하는 세계를 관하니 모든 아귀는 인색함과 질투를 근본으로 한다. 이 모든 아귀중생들은 무슨 업 때문에 음식을 먹지 못하는[無食] 아귀도에 태어났는가. (비구는) 지혜의 법문을 들었기 때문에 모든 아귀의 전생의 일을 안다. 인색함과 질투 때문에 그 마음이 전도되어 거짓말로 속이고, 스스로 강한 힘을 믿고 선한 이를 속이고, 결박하여 가두고, 다른 이가 양식을 얻지 못하게 하여 죽음에 이르게 하고, 죽이고 나서 즐거워하며, 참회하는 마음을 내지 않고, 즐거워하며, 다른 사람에게 시키는 것은 이미 악업을 저지른 것이다. 처음에 참회하지 않으면 이러한 악인은 죽고 나서 무식아귀도에 태어난다. 남녀가 아귀도에 태어나면 기갈의 불이 점점 더 타오르게 된다. 산처럼 물이 높이 솟아올라 파도치는 힘으로 뱃속에서 불이 일어나서 그의 몸을 남김없이 태운다. 죽고 나면 다시 살아나고, 살아나면 다시 불에 탄다. 두 가지의 고통이 그의 몸을 태우는데, 하나는 기갈이며, 또 하나는 불이다. 그는 고통에 시달려 울부짖으면서 사방으로 뛰어다닌다.

스스로 지은 업의 악한 과보가 불가사의하다. 그 사람은 이처럼 내외의 고통을 겪으며, 온몸이 업의 불길[業火]에 의해 태워진다. 몸 안에서 불이 나와 스스로 몸을 태우는 것이 마치 큰 나무 안에 구멍이 건조하여 어떤 이가 불을 던지면 활활 타는 것과 같다.

이 아귀가 불에 타는 것도 이와 같다. 온몸이 두루 타면서 울부짖으며 슬피 우는데, 입에서 불이 나오고, 두 불꽃이 함께 일면서 그 몸을 태운다. 원망하고 두려워하며 살길을 찾지만, 땅에서 가시가 자라나 모두 불에 타면서 그 두 발을 뚫어 고통을 참기 힘들어 울부짖는다. 불이 그 혀를 태워서 다 녹아 문드러지며 연유처럼 엉긴다. 죽었다가도 다시 살아나는 것은 악업 때문이다. 물을 찾아 뛰어다니며 개천이나 연못, 샘물 같은데 이르러도 물이 바로 말라버린다.

인용문에 따르면 아귀도에 떨어지는 근본 업인이 인색함과 질투로 되어 있다. 인색함과 질투 때문에 마음이 전도顚倒되어 다른 이를 속이고, 죽음에 이르게 하고, 이러한 악업을 즐거워하며 참회하지 않고, 다른 이에게도 시키게 되는데, 이러한 죄를 짓고 나서 참회하지 않으면 사후에 무식아귀도에 태어나게 된다는 것이다.

『선비법요경禪祕要法經』에서는 부정관不淨觀을 실천하는 수행자가 아귀에게 자비심을 발하여 자신의 육신을 보시하고, 아귀들이 깨달음을 얻을 수 있도록 그 모습을 관하게 하는 모습을 묘사하고 있다.

여기를 보니 아귀가 와서 내 옆에 있다. 이때 다시 보니 무수한 아귀가 그 몸이 끝도 없이 크고 머리가 태산泰山만 하다. 목구멍은 가느다란 머리터럭 같아서 굶주림과 불에 시달리며 밥을 찾아 울부짖는다. 이를 보고서는 자비심이 일어나 몸을 아귀에게 보시하니 아귀가 그 몸을 얻어먹고 나서 바로 배가 불렀다.
이를 다 보고 나서 다시금 많은 아귀들이 관하게 하고자 아귀들이 네 겹으로 둘러싸고 이전처럼 몸을 아귀들에게 먹였다. 이를 다 보고 나서 다시금 몸을 다스리고 마음이 흩어지지 않게 하여 그 몸이 부정취임을 스스로 관하였다. 이 관법을 행할 때 스스로 그 몸을 보니 농혈과 모든 육신이 모두 썩어서 땅바닥에 모여 있었다. 여러 중생이 다투어 그것을 먹는 것을 다 보고 나서 다시 스스로 그 몸을 관하니 모든 고통으로부터 생하고, 모든 고통으로부터 존재하기 때문에 무너지게 되고 오래지 않아 마멸되며, 아귀에게 먹히는 것이다.

이렇게 관상할 때 홀연히 몸 안을 보니 마음에 맹렬한 불길이 있어서 연못 위의 모든 연꽃과 모든 아귀들의 갖가지 추한 모습을 태우고, 연못도 모두 사라졌다. 이를 보고 나서 다시 그 몸을 관하게 하니 이전처럼 완전해져서 몸이 복구되었다. 다시금 그 몸을 관하니 일체의 모공이 자비심으로 인해 피가 젖으로 변하여 모공으로부터 흘러나왔다. 땅이 연못처럼 젖으로 가득 채워졌다.

다시 많은 아귀들을 보니 이 연못에 이르러도 전생의 죄로 인해 젖을 마실 수가 없다. 이때 자비심으로 아귀를 자식처럼 여겨서 젖을 먹게 하였으나, 아귀의 죄로 인해 젖이 순식간에 고름으로 변하였다. 다시 자비심을 더 하니 그 자비심으로 인해 몸의 모든 모공에서 이전보다 몇 배의 젖이 나왔다. 굶주림과 고통에 시달리는 아귀들이 어찌 와서 마시지 않는가 하고 염했다.

이때 키가 수십 유순이 되는 장대한 아귀가 발을 들어 올리고 내리며 수레 오백 대의 소리를 내면서 수행자 앞으로 와서 배가 고프다고 소리 질렀다. 이에 행자가 바로 자비심으로 젖을 주어 아귀에게 마시게 했다. 마시려고 입에 대니 고름으로 변했다. 비록 고름이 되기는 했지만 수행자의 자비심 때문에 바로 배부름을 얻었다.

아귀가 배를 채운 것을 보고 다시 자신의 몸을 관하니 발바닥에서 불이 나와 앞의 중생과 모든 나무를 태우고 연못도 모두 없어졌다. 이때 만약 여러 이류異類중생을 보면 다시 마음을 집중하여 그 몸을 관하고, 마음이 부동적막하여 무념이 되게 하고, 무념상태가 되면 서원을 발해야 한다.

원컨대 다음 생에는 태어나지 않고, 세간을 즐거워하지 않겠습니다. 이렇게 서원을 발하고 나서 앞의 땅을 관하니 마치 유리 같았다.

인용문에서는 아귀를 구제하겠다는 자비의 서원을 발하고, 스스로의 육신을 보시하면서 그 모습을 관하는 수행이 주제를 이루고 있지만, 문장 사이사이에서 아귀의 형상과 고통의 과보가 잘 드러나고 있다.

북송의 사명지례(四明知禮, 960-1028)의 『관무량수불경소묘종초觀無量壽佛經疏妙宗鈔』에서는 윤회하는 5도에서 겪어야 하는 고통인 오고五苦[21]에 대해 지옥은 태우고 삶는 고통, 아귀는 굶주리는 고통, 축생은 도살당하는 고통, 인간도는 8종의 고통, 천상은 5쇠衰[22]의 고통을 겪게 된다고 설명하고 있다.

『현정토진실교행증문류顯淨土眞實教行證文類』에서는 고려의 관觀법사[23]의 논을 빌어 "아귀도는 범어로 사리다(闍黎多; preta)이다. 이 아귀도 역시 여러 곳에 두루 자리 잡고 있다. 복덕이 있는 자는 산속 무덤에서 신이 되고, 복덕이 없는 자는 부정한 곳에 거주하면서 음식을 먹지 못하고 항상 채찍으로 얻어맞는다. 강물을 메우고 바다를 막는 무한한

---

21 5고(苦)는 생로병사의 고통; 생로병사고(生老病死苦), 사랑하는 이와 헤어지는 고통; 애별리고(愛別離苦), 미운 이와 만나게 되는 고통; 원증회고(怨憎會苦), 원하는 것을 갖지 못하는 고통; 구득불고(求不得苦), 생멸과 변화로 인한 고통; 오음성고(五陰盛苦)를 말한다.

22 천계의 천인들이 겪게 되는 5쇠衰는 ①옷이 더럽혀지는 것 ②머리에 쓰고 있는 화관이 시드는 것 ③몸에서 냄새가 나는 것 ④겨드랑이에 땀이 나는 것 ⑤스스로의 위치를 즐거워하지 않게 되는 것 등을 말한다. 이 5쇠는 천계에 태어난 천인이 곧 다른 낮은 단계의 세상으로 떨어지게 될 징조로 여겨진다.

23 체관(諦觀;?-970)일 것으로 짐작됨.

시간 동안 고통을 받는다. 아첨하고 마음을 속이며 하품(중생)의 오역 십악을 행하면 이 아귀도에 몸이 감응하게 된다"고 설명하고 있다.

이상의 경문의 내용을 정리하면 아귀가 겪는 가장 큰 고통은 음식을 제대로 먹을 수 없거나, 부정不淨한 것만을 먹게 되며, 심지어 물도 마시기 힘들다는 것이다. 이는 전생에 간탐으로 인해 남들에게 베풀지 않고, 속이며, 악업을 행했던 자업자득의 과보이다. 초기불교부터 나타났던 아귀의 추한 형상과 고통상에 관한 묘사는 후기로 갈수록 더 다양한 내용으로 확장되고 구체화되는 모습을 보여준다.

📖 소결

고대 인도에서의 아귀를 가리키는 peta/preta는 제사의 대상이 되는 조상을 의미하기도 하지만, 무명無明과 탐애貪愛의 세계에 갇힌 존재를 지칭하기도 한다. 「아귀사경」 등에 따르면, 고대 인도에서는 불교 이전에도 이미 조상의 망혼을 위해 음식을 공양하는 의식이 자리 잡고 있었음을 알 수 있다. 이러한 인도의 프레타는 불교에 수용되어 육도 중 아귀도 안에 배속되고, 중국에 와서는 지옥도와 아귀도 중생의 대표가 된다.

아귀도는 불교문헌 안에서 지옥도의 경우처럼 정밀하고 다양하게 구성된 세계관은 보이지 않는다. 문헌마다 약간씩 변형된 내용들을 바탕으로 아귀의 형상과 고통, 아귀도로 떨어지게 되는 업인에 대해 언급하고 있는 정도이다. 또한 초기부터 인과와 사후의 과보에 대해 경각심을 불러일으키는 비유 혹은 은유로서 각종 경문에 활발하게 등장하게 된다. 경문 속에 수록된 아귀 관련 일화들은 신도나 일반인들에 대해서 사후의 윤회에 대한 두려움을 해소하기 위한 차원의 보시나, 지계持戒, 공양을 적극 권장하는 상징으로 사용되기도 한다.

불교문헌에서 묘사하는 아귀의 형상은 후대로 갈수록 점점 다양해지고, 더 혐오스러운 모습으로 변해가는 것을 볼 수 있다. 아귀도로 떨어지게 되는 업인이 주로 간탐에 의한 것으로 설정되어 있기 때문에 전생의 악업이 불길로 상징화되면서 늘 불에 타는 모습으로도 묘사된다. 또한 아귀도로 떨어지게 되는 주요 업인은 간탐慳貪이며, 후대로 갈수록 그 업인도 다양하게 확장되는 것을 볼 수 있다. 탐욕과 인색함, 파계, 탐·진·치·만(貪·瞋·癡·慢)에 의한 악업, 파재, 청규를 어기는 것, 외도의 사견 등으로 인한 전생의 악업은 아귀가 음식을 제대로 먹을 수 없게 만드는 장애로 작동하게 된다.

아귀가 겪는 가장 큰 고통은 음식을 제대로 먹을 수 없거나, 부정不淨한 것만을 먹게 되며, 심지어 물도 마시기 힘들다는 것이다. 이러한 고통상 역시 후대의 문헌으로 갈수록 다양하게 확장되는 것을 볼 수 있다. 아귀도에서 아귀가 겪는 고통과 비참한 모습은 지옥도에 관한 교의만큼이나 사람들에게 공포와 경각심을 주는 내용으로 구성되어 있어서 사람들로 하여금 계율을 의식케 하고, 망자를 구제하는 의식의 필요성을 인식시키는 역할을 했을 것으로 생각된다.

아귀도餓鬼道를 벗어나기 위한 수행법과 의례

1) 자업자득의 과보와 타업자득의 공덕

초기 경전에서부터 아귀에 대한 인식과 죄보, 업인에 관한 교의가 등장하고, 참회기도를 통해 아귀도에 떨어지는 업인을 소멸하고자 하는 예경의식이 등장한다. 뒤이어 대승불교 문헌에서도 아귀도의 고통상과 업인에 대한 교의가 확장되고 완성단계에 이르게 되면서 그에 비례하여 아귀도에 떨어지는 것을 막기 위한 참회법 수행도 점차 자리잡게 된다.

당대에 이르러서는 아귀의 구제를 위한 수행법이 참회기도에서 칭명염불, 경전독송, 공덕의 실천 등으로까지 확장되고 있었다. 이러한 수행법들이 자신의 사후에 아귀도에 떨어질 것을 피하기 위한 자행(自行; self-practice)적 요소가 강한데 비해, 자신이 아닌 선조나 친지들이 아귀도에 떨어져서 고통을 당하는 것을 구제한다는 교의와 실천 역시 어느 시점에서부터 나타나기 시작한다. 이미 세상을 떠난 존재들은 참회나, 염불, 경전독송 등을 실천할 수 없기 때문에 살아있는 후손들이 그들을 위해 베풀 수 있는 의식儀式에까지 교의적 관심이 확장되기 시작한 것이다.

살아있는 후손들이 공덕을 쌓아서 그것을 아귀 상태에 있는 조상에게 보내는 이른바 회향廻向의 교의가 이미 초기불교에서부터 등장했음을 앞에서 서술한 바 있다. 그러한 공덕의 실천 역시 불교 이전의 힌두이즘에서 존재했으며, 불교에서도 이러한 사회문화를 교의 안으로 수용한 것으로 이해할 수 있을 것이다. 『띠로꾸따 숫따』의 사례에서 보듯이, 초기 불교에서의 공덕은 승려들을 초청하여 잘 공양함으로써 생겨난 공덕을 망자가 된 조상에게 회향하는 형태였다. 이러한 공덕의 실천은 동아시아불교에서도 재승齋僧 혹은 재공齋供, 반승飯僧 의식으로 자리잡게 된다. 이러한 공덕행은 육바라밀에서 보시에 속하는 것으로, 공덕을 실천하는 자체가 곧 바라밀 수행이 되는 구조라고 할 수 있다.

하지만 불교 전래 이후, 동아시아불교의 공덕신앙에서는 그 보시의 대상 범주가 훨씬 확장되는 것을 볼 수 있다. 기본적으로 아귀도로 떨어지게 되는 주요 업인이 인색함과 욕심[慳貪]으로 설정되어 있기 때문에 아귀들을 구제하기 위한 의식에서는 이 악업을 해소하는 수행으로서 보시바라밀을 강조했던 것으로 생각할 수 있을 것이다. 또한 늘 굶주리고 목마른 상태로 고통을 받는 아귀들에게 가장 절박하게 필요한 것이 음식이라는 점에서 '음식을 베푸는 것[施食]' 자체가 구제의식의 범주 안에 수렴된 것이라고 할 수 있다.

주목할 것은 승려에게 공양하는 것뿐만 아니라, 아귀에게 음식을 베푸는 보시도 공덕의 범주에 수용하게 되었다는 점이다. 더 나아가 동아시아불교 의식에서 아귀에게 베푸는 보시는 무차별적이고, 온 우주 법계를 아우를 정도로 대상이 확대된다. 보시의 대상이 넓고, 수혜자의 숫자가 많을수록 그 공덕도 커지리라는 인식이 바탕에 깔려 있는 것으로 생각된다. 불특정 다수의 무주고혼 아귀들에게 음식을 보시한 공덕으로 돌아가신 선조의 천도를 이루는 것, 이것이 바로 동아시아불교의 아귀구제의식의 기본적인 토대라 할 수 있다.

이제 여러 불교 문헌에서 아귀구제의식에 관한 교의적 근거들을 확인해보기로 하겠다. 먼저 『장아함경』에서 설한 '남이 한 일을 자신이 받는 것'이란 망자를 위한 후손의 공양을 의미하는 것으로 생각된다. 일반적으로 업과 과보의 관계는 자업자득自業自得이 원칙이지만, 자신이 쌓은 선업을 타자에게로 나누어주는 형태의 회향도 있고, 자신이 쌓은 선업을 자신의 보리菩提에 전환하는 회향도 있다. 시아귀에 대해 설하는 초기 경전 등을 읽어보면 "보시자가 행한 선업이 아귀에로 이양되어 그 선업의 과보를 아귀가 받는다"고 하는 '타업자득他業自得'이 설해져 있는 것을 이해할 수 있다.

이러한 보시바라밀과 '타업자득'의 교의에 근거한 의식에서는 보시를 통해 얻어진 공덕을 회향하는 실천으로 확장되는 것이 자연스러운 귀결이었을 것으로 생각된다. 이에 따라, 중국불교에서는 이미 6세기에 무주고혼들을 위해 음식을 베푸는 시식施食을 체계적으로 정비한 의식인 수륙재水陸齋가 설행되고 있었다.

4세기 말 구마라집에 의해 한역된 『대지도론大智度論』에서는 보살의 원력이 삼악도의 중생을 구제할 수 있으리라는 교의적 전거를 제시하고 있다.

보살마하살이 시방 항하사 세계의 중생 중에 삼악도에 있는 자로 하여금 나의 힘으로 사람의 몸을 얻게 하려면 마땅히 반야바라밀을 수행해야 한다. 묻기를, 선업의 인연 때문에 사람의 몸을 받는다고 하였는데, 어찌하여 보살의 힘의 인연 때문에 삼악도의 중생으로 하여금 모두 사람의 몸을 얻게 한다고 하는 것입니까.

답하기를, 보살의 업의 인연이 중생으로 하여금 사람이 되게 하는 것이라고 하지 않고 다만 보살의 은혜의 힘의 인연 때문에 된다고 하였다. 보살의 신통 변화하는 설법의 힘 때문에 중생이 선을 닦아 사람의 몸을 얻는 것이다.

경에서 설한 것처럼 두 인연이 정견을 일으키는데, 하나는 밖에서 정법을 듣는 것이고, 둘째는 내면에서 정념을 하는 것이다. 마치 초목 안에는 종자가 있고, 외부에 비와 물이 있어야 생을 얻는 것과 같다. 보살이 없다면 중생은 비록 업이 있어도 인연을 끌어올리지 못하니 이 때문에 모든 보살의 이익되는 바가 무척 큰 것을 알게 된다.

묻기를, 어떻게 삼악도의 중생들을 모두 해탈시킬 수 있는 것입니까. 불타도 하지 못했는데, 하물며 보살이 할 수 있습니까.

답하기를, 보살이 마음으로 발원하여 하고자 하는 것은 허물이 없다. 또한 많이 해탈을 얻기 때문에 일체라고 한 것이다. 만약 제불및 대보살의 몸에서 두루 무량한 광명이 나오면 이 광명으로부터 무량 화신불이 나와서 시방 삼악도에 두루 들어가서 지옥의 불을 꺼서 서늘하게 하고 그 안의 중생의 마음을 청정하게 하기 때문에 천도天道나 인도人道에 태어나게 된다.

아귀도의 기갈을 배부르게 채우고 선한 마음을 열어주어 아귀로 하여금 천도와 인도에 나게 한다. 축생도로 하여금 원하는 대로 먹게 하고 모든 공포로부터 벗어나게 하여 선한 마음을 열어주고 천도와 인도에 태어나게 한다. 이러한 것을 이름하여 일체 삼악도가 해탈을 얻었다고 하는 것이다.

묻기를, 만약 다른 경문에서 설하는 것처럼 천도와 인도에 난다면 이는 어찌하여 단지 사람의 몸을 입었다고 말하는 것인가.

답하기를, 인도에서 대공덕을 닦으면 또한 복락을 받는다. 천도에서는 즐거움에 집착하기 때문에 수행을 할 수 없어서 이 때문에 모두 인간의 몸을 얻게 해달라고 발원하는 것이다. 또한 보살은 중생들이 복락을 받게 해달라고 발원하지 않고, 해탈하여 항상 열반의 즐거움을 얻게 하고자 발원하기 때문에 천계에 태어나는 것을 말하지 않는 것이다.

이 『대지도론』에서 주장하는 바에 따르면, 삼악도 중생의 구제는 불보살의 '상구보리 하화중생上求菩提 下化衆生'의 실천력과 원력에 의해 이루어지는 것이다. 불보살의 중생구제를 위한 원력이 무량한 광명으로 화현되면 삼악도의 중생들이 두루 구제를 받게 되는데, 지옥의 뜨거운 열이 식고, 아귀의 주림을 채워주고, 축생 역시 원하는 대로 먹게 하며, 종내는 모두 천도와 인도에 다시 태어나게 한다는 것이다.

그렇다면 한 가지 의문이 자연스럽게 솟아날 수 있을 것이다. 이렇게 불보살의 수행과 원력으로도 충분히 가능한데, 그 많은 불교의 재의식과 시식 등의 복잡한 절차는 왜 필요한 것일까?

불교문헌에서는 인간이 생전에 지은 업으로 인해 사후에 6가지 갈래[六道]로 윤회전생輪廻轉生하게 된다는 교의를 제시한다. 불교 교의의 전개와 유파에 따라 이 윤회전생을 둘러싼 논의는 복잡하지만, 적어도 신앙적 차원에서는 육도 중 지옥도·아귀도·축생도에 떨어지지 않기 위한 의식儀式들이 상당한 설득력을 지니고 있는 것은 분명해 보인다.

7세기에 찬술된『법원주림法苑珠林』도세道世편에서는 육도 중 아귀도에서만 망자의 구제가 가능하며, 그 외의 오도五道에서는 추선追善이 가능하지 않다는 교의가 설해졌다. 이는 초기 불교의『자눗소니 숫따 (Janussoni-sutta)』등에서 아귀계에 떨어진 조상에게만 제사가 유효하다는 불타의 교설을 빌어 의식을 통해 구제의 대상이 되는 무주고혼 중생의 대표로서 아귀가 자리잡게 된 것이라고 할 수 있다.

윤회전생하는 주체로서의 인간은 생물학적인 죽음 직후 중음中陰(혹은 중유中有)라는 존재로서 일정 시간을 머물다가 새로운 존재로 재생한다고 하며, 이 중음의 상태에 있을 때 좋은 곳으로 태이날 수 있도록 돕는 목적을 가지고 행해지는 의례가 바로 불교 상장례의 기본이다.

그러한 의식의 도움에도 불구하고, 전생의 악업이 무거워서 결국 삼악도에 떨어진 존재들의 구제를 위해 행하는 의식이 바로 본 논문에서 주로 다루게 될 아귀구제의식의 종류들이라 할 수 있다. 중요한 것은 동아시아의 불교도들이 이 아귀가 바로 조상의 현존 양태일지도 모른다는 미지의 두려움을 늘 안고 있었다는 점이며, 바로 그 지점에서 아귀사상과 조상숭배의식이 만날 수 있는 접점이 형성된다. 이 조상숭배의식의 주인공인 아귀(Hungry Ghost; pal: Peta, skt: Preta)는 전생에서의 악업으로 인해 지옥도나 아귀도 등의 악처惡處에 태어난 존재로서 초기 경전인 『뻬따왓뚜(Petavatthu, 餓鬼事)』에는 아귀에 관한 많은 일화가 수록되어 있다.

『뻬따왓뚜』 안에 〈Tirokuḍḍapetavatthu牆外餓鬼事〉라는 제목으로 되어 있는 12구의 게송은 아귀의 세계에 있는 조상들을 살아있는 후손들이 승단에 공양을 올리고 그 공덕을 아귀도의 조상에게 회향함으로써 좋은 곳으로 인도하는 것을 권장하는 내용으로 알려져 있다.

빔비사라왕이 승가에 바치는 공양이 끝나자, 부처님께서는 이렇게 설법을 하셨다.

아귀계에 태어난 죽은 친지는 자기 집으로 돌아가 문 앞에 서게 된다.
그들은 또한 네거리의 담장 밖에 서 있다.
가족 중 어떤 사람들은 죽은 친척을 기억하지 않고 맛있는 음식을 즐길 것이고,
죽은 친척은 자신의 나쁜 업보 때문에 잊혀질 것이다.
어떤 자비로운 사람들은 덕이 있는 이들에게 맛있는 음식과 음료를 제공하고 고인이 된 친척들과 함께 그 공덕을 나누며 말한다.
"이 공덕의 선행을 우리 친척들에게 돌려주세요! 우리 친척들이 (사후의) 복을 누리기를!"
죽은 친척들이 이곳에 모여 공양을 높이 칭송한다.
그들은 이런 은혜를 베풀어준 친지들이 오래오래 행복하고 건강하게 살기를 축복해준다.
공덕을 베푸는 이도 좋은 과보를 얻게 되는 것이다.
아귀계의 중생은 농사를 짓거나, 소를 치거나, 장사하거나, 금과 돈을 사

용하지 않는다.

그들은 인간이 공유해주는 공덕을 바탕으로 살아간다.

산꼭대기에 내리는 빗물이 아래로 흘러내리듯, 인간세계의 공덕이 아귀계의 중생에게 닿는다. 시냇물이 바다를 채우듯, 인간세계의 공덕이 아귀계의 중생들에게 닿는다.

"그는 나에게 베푸셨고, 나를 위해 일하셨으며, 친척이자, 친구이며, 동반자였다."

눈물 흘리고, 슬퍼하고, 우는 것은 죽은 친척들에게 어떻게든 도움이 되지 않는다.

그들은 산 자들이 아무리 울어도 아귀계에 남게 된다.

대왕이여, 부처님의 고귀한 제자들에게 베풀어주신 공덕은 곧 돌아가신 친족들이 공유하게 된다. 그들은 오랫동안 복을 누릴 것이다.

떠나간 친척들과 공덕을 나누는 것은 아주 좋은 관습이다.

그대는 떠난 친척을 존중하고 승려를 후원했다. 이러한 행위로써 그대는 오랜 시간 동안 특별한 복을 가져올 많은 공덕을 쌓았다. 대왕이시여.

인용문은 영어로 번역된 〈Tirokuḍḍapetavatthu牆外餓鬼事〉를 필자가 다시 문맥에 맞게 약간의 재해석을 거쳐 읽기 쉬운 문장으로 번역한 것이다. 이러한 경전의 내용이 존재했다는 것은 인도 고래로부터 살아있는 이가 망자를 위하여 공양을 올림으로써 사후에 굶주린 뻬따의 상태로 존재하는 조상들을 천도하는 것을 목적으로 하는 의식이 있었음을 말해준다.

이제 다른 문헌에서 제시되는 아귀구제의 수행법과 의식을 하나씩

들여다보면서, 도대체 왜 공空과 무아無我, 무상無常을 관하는 반야의 교의적 토대 위에 세워진 대승불교에서 수많은 의식이 만들어지고 실천되어왔는지, 이 근본적인 질문에 대한 답을 구해보고자 한다.

2) 참회와 염불, 다라니 송주, 경전 독송의 수행법

초기 경전에서부터 아귀에 대한 인식과 죄보, 업인에 관한 교의가 등장하고, 『불설불명경』에서는 참회기도를 통해 아귀도에 떨어지는 업인을 소멸하고자 하는 예경의식이 등장한다. 죄업을 소멸하는 수행법으로서 불보살의 이름을 부르고, 불보살 전에 자신이 이전에 행한 온갖 죄악을 참회하는 방식의 예경이 자리 잡게 된 것이다. 『불설불명경』에 등장하는 참회기도문은 불보살의 명호를 하나 하나 외면서 자신의 죄업을 고백하고, 미래생을 위해 다시는 그러한 죄를 되풀이 하지 않을 것이며, 과거에 지은 죄업을 소멸해줄 것을 간구하고 염불하는 내용으로 이루어진다.

> 금일 지성으로 귀명 참회합니다. 제자들은 금일 다시금 아귀도에서 오랫동안 굶주리는 죄보를 참회합니다. 아귀도에서 백천만년 영원히 음식의 이름을 듣지도 못하는 죄보를 참회합니다. 아귀도에서 농혈과 똥을 먹게 되는 죄보를 참회합니다. 아귀도에서 움직일 때 모든 마디에서 불이 타는 죄보를 참회합니다. 아귀도에서 배는 크고 목구멍은 작은 죄보를 참회합니다. 이러한 아귀도의 무량무변한 고통의 과보를 참회합니다. 그

때문에 금일 몸을 굽혀 지성으로 귀명 참회합니다.

인용문에서는 두려운 아귀도의 과보를 받지 않기 위해 불보살에 귀의하여 과거에 지은 죄업을 참회하고 간구하고 있다. 이렇게 불보살을 통해 간접적으로 망자의 구제를 발원하는 방식은 참회와 염불의 수행법으로 구체화 된다. 대승불교 문헌에서도 아귀도의 고통상과 업인에 대한 교의가 확장되고 완성단계에 이르게 되면서 그에 비례하여 아귀도에 떨어지는 것을 막기 위한 참회법 수행도 점차 자리 잡게 된다.

『십주비바사론』에서도 아귀도에 빠질 죄를 "이 몸이 현생에서 받게 하고, 후생에 지옥·아귀·축생도에서 받지 않기"를 발원하는 대목이 등장한다. 아귀는 타액, 토사물, 설거지물을 먹고, 농혈, 오줌똥을 먹는 자이며, 자신이 행한 업을 이 삼악도에서 받는 자이므로, 후생에 받을 죄보를 현생에 받을 수 있도록 발원하며 참회할 것을 가르치고 있는 것이다.

6세기에 중국에서 찬술된 의례문헌인 『자비도량참법慈悲道場懺法』에서는 불보살의 자비의 원력으로 아귀도를 벗어나고자 하는 참회기도문이 수록되어 있다.

원컨대 자비의 힘으로 함께 섭수해 주시어 일체 아귀도의 고통을 구제해 주십시오. 동서남북 사방과 상하, 시방세계 모든 아귀도의 일체 아귀신餓鬼神과 그 각각의 권속, 일체 아귀와 그 권속이 일체 죄의 장애가 모두 소멸되고, 일체 모든 고통을 벗어나게 해주십시오. 심신이 청량하여 다시는 번뇌가 없고, 심신이 포만하여 다시는 굶주리지 않으며, 감로미를 얻어 지혜의 눈이 열리게 해주십시오. 사무량심四無量心과 육바라밀이 항상 현전하고, 사무애지四無礙智와 육신통력六神通力이 자재롭게 되도록 해주십시오. 아귀도를 벗어나 열반도에 들어서 제불과 동등하게 정각을 이루게 해주십시오.

대승불교의 대부분의 의식이 그러하듯이 이 참회기도문 역시 단순히 탈-아귀도만을 지향하지는 않고 있다. 참회의식[懺法]이라는 일상의 의례를 통해 궁극적인 깨달음과 통하는 지혜와 그에 수반되는 육신통六神通의 초월적 능력까지 간구하고 있으며, 기도의 범주 역시 온 우주법계의 아귀와 그 권속을 대상으로 하고 있음을 보게 된다. 이 시기에는 이미 수륙재水陸齋가 설행되고 있었으며, 법계의 무주고혼들을 위한 재의식에서 아귀에게 베푸는 시식과 참회기도가 행해지는 것은 자연스러운 것이었다.

교의적 수준의 논의에서는 7세기 『법원주림』 도세道世편에서 보는 것처럼 추선회향이 가능한 것은 육도 중에서 아귀도 뿐이며, 그 외의 오도에서는 추복이 가능하지 않고, 망자에게 돌리는 공덕은 7분의 1에 제한될 뿐이라는 등의 이론이 설해졌다. 이에 따라 시아귀회나 수륙재 등의 재회에서 구제받게 될 고혼 중생의 대표로서 아귀가 자리 잡게 된 것이다.

『지장보살본원경地藏菩薩本願經』에서는 '어떤 남녀가 살아 있을 때 선업을 닦지 않고, 중죄를 짓고 죽은 후에라도 권속들이 그를 위해 복福을 닦아주면 그 공덕의 1/7은 망자에게 돌아가고 나머지 6/7은 산 사람이 차지한다'고 설하고 있다. 하지만 실제로는 지옥에 떨어진 자도 구제할 수 있다는 교설이 주류를 차지했으며, 칭명염불 등도 이러한 망자구제의 신력을 갖고 있는 실천으로서 환영받았다. 『왕생요집』에서는 『관불삼매해경』을 인용하여 지옥에 떨어진 죄인이 생전에 지속적으로 외던 염불을 무의식적으로 외자 지옥에서 벗어나게 되었으며, 더 나아가 『비유경』 등을 인용한 내용에서는 지옥에서 염불을 하자, 다른 지옥죄인들조차 고통에서 벗어나게 되었다는 내용의 영험담들이 등장하는 것을 볼 수 있다.

7세기 말에 한역된 『불정존승다라니경佛頂尊勝陀羅尼經』에서는 망자를 극락왕생하게 하는 여러 가지 밀교적 수법修法을 수록하고 있다.

> 불타께서 말씀하시기를, 만약 어떤 이가 생전에 일체의 극중한 악업을 짓고 마침내 목숨을 잃게 되면 그 악업으로 인해 지옥이나, 축생 염라왕계, 혹은 아귀 내지 대아비지옥에 떨어지거나, 혹은 수중이나 금수 이류의 몸으로 태어나게 된다. 그 망자의 시신을 분골하고, 흙에 이 다라니 21편을 송주하여 망자의 뼈 위에 뿌리면 바로 생천한다. 불타가 말씀하시기를, 만약 사람이 날마다 이 다라니를 21편 송주하고, 일체 세간을 사용하여 널리 공양하면 죽어서 극락세계에 왕생한다. 항상 송주하고 염하면 대열반을 얻고, 또한 수명이 늘어나고 뛰어난 즐거움을 얻으며, 죽은 후에는 바로 여러 미묘한 불찰토에 왕생하게 된다. 항상 제불과 더불어 한 곳에서 법회에 참여하며, 모든 여래가 와서 항상 뛰어난 법문을 설해준다. 불타께서 말씀하시기를, 만약 이 다라니법을 주송하면 그 불타보다 앞서서 정토를 취하고, 그 대소에 따라 작단하여 네모로 만들고, 여러 화초를 단 위에 뿌리고, 여러 명향을 사르고, 오른 무릎을 땅에 대는 호궤 자세

로 마음속에 항상 불타를 염하고 모다라니인을 짓는다. 집게손가락을 굽히고 엄지손가락으로 합장하는 손바닥을 누른다. 마음으로 이 다라니를 108편 주송을 마치면 그 단에 운왕雲王 우화雨華와 같은 88구지 항하사 나유타 백천 제불에 두루 공양을 할 수 있으니, 저 불세존이 모두 함께 찬탄할 것이다. 선재라, 정말로 희유한 불자로다. 바로 무장애지삼매無障礙智三昧를 얻어 대보리심 장엄삼매를 얻을 것이다. 이 다라니법을 수지하는 것이 이러하다. 불타께서 제석에게 이르기를 내가 이 방편으로 지옥도에 떨어지게 될 일체중생도 해탈하게 하겠다.

인용문에서는 다라니를 주송하거나, 흙에 다라니의 주술적인 힘[呪力]을 불어넣는 이른바, '토사가지土砂加持'를 하거나, 손으로 다라니의 주력을 상징하는 결인結印을 짓는 등의 방식으로 망자가 아귀도를 면하고, 더 나아가 정토에 왕생하게 하는 밀교 주법呪法에 대해 설명하고 있다.

『존승불정수유가법의궤尊勝佛頂修瑜伽法儀軌』에서는 지옥·아귀·축생의 3악도에 더하여 아수라도까지 포함하는 4악도에 떨어지지 않기 위한 수행법으로서 불정존승다라니를 수지할 것을 권하고 있다. 만약 수명 장수하고, 지옥, 아귀, 축생, 아수라도에 떨어지지 않으며, 여러 죄를 소멸코자 한다면 매시간 지극한 마음으로 이 다라니를 21편 송주하고, 일체중생에게 대자비심을 일으키면 바로 4악도의 죄업이 소멸된다는 것이다.

마찬가지로 『불정존승다라니경교적의기佛頂尊勝陀羅尼經敎跡義記』에서도 존승다라니의 위력으로 지옥·아귀·축생의 삼악도에 떨어지는 악업을 소멸하고 불보살의 보호를 받게 되리라는 것을 제시한다.

> 제11 악장소멸惡障消滅. 만약 어떤 이가 이 다라니를 항상 기억하고 외운다
> 면 갖고 있는 악업 등의 장애를 모두 소멸하고 일체 보살이 한마음으로
> 보호하게 된다.
> 제12 보살부호菩薩覆護. 술에 이르기를, 이 다라니를 외우고 기억하는 자
> 는 일체 보살이 보호한다. 불타가 제석에게 이르시기를, 만약 어떤 사람
> 이 잠시라도 이 다라니를 독송한다면 일체 지옥, 축생, 염라왕계 아귀의
> 고통이 파괴되고 남김없이 소멸되어 없어질 것이다.
> 제13 독송괴고讀誦壞苦. 술述에 이르기를, 본문에 그 세 가지 뜻이 있는데,
> 첫째, 파지옥, 둘째, 파아귀, 셋째, 파축생이다.

인용문에서는 악업을 소멸하고, 모든 보살의 보호를 받을 수 있는
존승다라니의 위력에 대해 설명하고 있다. 이 다라니를 송주하는 주요
목적이 삼악도에 떨어지지 않는 것이며, 설령 떨어진다 하더라도 그
고통을 없애고, 삼악도를 부술 정도로 주력이 강한 다라니라는 것이
다.

『현밀원통성불심요집顯密圓通成佛心要集』에서는 지옥도, 아귀도, 축생도
의 삼악도에 떨어지지 않으려면 다라니를 종, 북, 방울, 목탁, 소리 나
는 나무 위에 쓴다면 소리를 듣는 여러 중생들은 갖고 있는 십악오역
죄 등이 모두 소멸되어 삼악도에 떨어지지 않게 된다고 설하고 있다.
또한 여러 경문 중에서 다라니를 서사하는 것을 좋아하는 이들은 모두
서역의 범자를 사용하거나, 혹은 범자와 한자를 병용해서 써야지 각

나라의 문자를 쓰면 안 된다고 경고하고 있다. 이러한 내용은 악업을 지은 자가 지옥도와 아귀도에 떨어지지 않게 하기 위한 의례에 다라니 서사와 수지受持가 포함되어 있음을 알게 해준다.

중국불교에서는 화엄경의 주석서가 만들어진 시점에서 '아귀'라는 존재와 그 고통에 대해 이승과 대승의 차별성을 대입해서 비유적으로 이해하려 했던 것을 볼 수 있다. 법장(法藏, 643-712)은 『화엄경탐현기』에서 아귀의 비유를 수행의 관점에서 해석하고 있는데, 이전 시대의 문헌에서 아귀의 구제를 생천生天과 직결시켰던 것을 넘어 정토왕생으로까지 교의적 확장을 시도했다.

> 변법사가 말하기를; 아귀는 이승인이 보살법계의 수행이라는 음식을 얻지 못하기 때문에 '굶주렸다'고 비유한 것이다.
> 귀鬼라는 것은 마치 사람 아닌 존재와 유사한 것이니, 이승인二乘人이 열반을 얻었다 해도 이는 '유사하나 진실한 것은 아니라는似而非眞' 비유이다.
> 벌거벗은 모습은 보살의 참회행이라는 옷을 입지 않음을 의미한다.
> 기갈의 고통은 무이無二의 리관理觀에 그의 정신이 젖어있지 않은 것을 비유한 것이다.
> 몸에서 불이 나는 것은 생로병사가 끊임없이 이어지는 것을 비유한 것이다.
> 독한 짐승에 시달리는 것은 생사가 자신의 마음이 지어내는 것임을 알지 못하고 그것을 두려워하고 포기하여 내버려 두는 것을 의미한다. 항상 갠지스강에 가서 마실 물을 구하는 것은 기원정사에 가서 해탈이라는 물을 구하는 것을 의미한다.
> 간혹 목마른 자들을 보게 되는 것은 열반을 증단證斷할 뿐 법신과 정토

법계의 공덕수功德水를 만나지 못했음을 의미한다.

죄업으로 인한 장애라는 것은 법에 집착한 무명으로 말미암은 장애이다.

『화엄경탐현기』는 중국불교에서 화엄경의 주석서가 만들어진 시점에 저술된 문헌이다. 이 문헌의 저자인 법장은 '아귀'라는 존재와 아귀가 받게 되는 고통에 대해 이승二乘[24]과 대승大乘의 차별성을 대입해서 비유적으로 이해하려 했던 것을 볼 수 있다. 법장은 여러 문헌에서 갠지스 강가의 아귀를 언급하는 것에 대해 이승二乘의 수행자가 앎에 장애가 있기 때문에 수승한 경지를 보지 못함을 비유한 것이라고 말하고 있다.

다시 말해, 법장은 아귀를 이러한 대승의 수행에 무지한, 무명無明의 상징적 존재로 보고 있으며, 궁극적으로는 이승의 수행자를 가리키고 있는 것이다. 바로 이 부분에서 이승에 대해 '사이비似而非', 즉 '유사하지만 진실하지는 않은' 것이라는 법장의 시각을 보여준다.

또한 무엇보다 중요한 것은 7세기에 들어서면 중국불교에서도 정토사상에 근거하여 아귀의 업인과 해탈을 해석하려 했다는 점이다. 인용문에서 아귀의 목마름의 원인이 '정토법계의 공덕수'를 만나지 못한데

---

24 이승(二乘)은 불타의 음성을 직접 듣고 깨달음을 얻은 성문승(聲聞乘)과 부처가 아닌 다른 사제의 인연이나, 홀로 공부한[獨覺] 끝에 깨달음을 얻은 연각승(緣覺乘)을 의미하며, 좀 더 중립적인 용어로는 '부파불교'로 불린다. 여기서 일승(一乘)은 대승불교 (Mahayana Buddhism), 이승은 부파(部派)불교, 즉 상좌부불교(Theravāda Buddhism)에 해당하는 개념이다. 상좌부 불교국가는 인도를 기준으로 남쪽에 위치해서 남방불교라고도 불린다. 상좌부불교에 속하는 나라는 스리랑카, 미얀마, 태국 등이 있으며, 한국과 중국, 일본 등은 대승불교권에 속한다. 일반적으로 대승 경전에서 이승은 대승에 비해 격하되고 있으며, 인용문에서도 그러한 맥락의 개념으로 묘사되고 있다.

있는 것으로 보고 있는 것이 이를 대변해준다. 또한 아귀가 독한 짐승에 시달리는 것도 생사의 문제가 마음이 지어내는 것임을 알지 못하는 데 원인이 있다고 한 것이나, 참회, 리관, 해탈 등 대승불교의 수행과 관련된 모든 개념들이 짧은 문장 안에 모두 집약되어 있는 것도 흥미롭다.

법장이 활동했던 시기 이후로 아귀의 구제와 정토왕생을 연결시키는 천도의례들이 등장하는 것도 이러한 교의적 확장성과 일정 부분 관련이 있을 것으로 생각된다. 아미타불을 비롯한 불보살의 이름을 반복적으로 부르는 칭명염불은 불국정토를 건립한 불보살의 원력에 대한 절대적인 귀의歸依의 표현이자, 정토왕생을 지향하는 수행법이기도 하다. 이러한 임종 이후의 구원, 즉 사후구제의 수행법이 망자의 구제를 위한 의식에 적용되는 것은 자연스러운 귀결이라 하겠다.

당나라 승상僧詳이 찬술한 『법화전기』에는 사위성 전생에 사미였던 자가 음식에 대한 탐욕 때문에 아귀가 되어 고통을 당하자, 그의 스승이었던 승려가 그를 구제하기 위해 마하연경(대승경전)을 전독하고, 반야, 법화, 반주삼매경 등을 각각 10편 독경하여 망자의 고통을 구제하는데 회향하는 대목이 나온다.

> 아라한이 말했다. 내가 사위성 문밖 허공중에 한 아귀가 있는 것을 보았다. 몸이 극히 장대하고, 형상은 추악했다. 홀연히 12개의 뜨거운 철환을 입속에서 아래로 곧바로 보냈는데, 내려보낸 것이 다시 입속으로 들어오자 온몸에 불이 붙어서 고통스러워하며 구르다가 기절해 넘겨졌다가 다시 일어나고, 일어났다가 다시 넘겨졌다. 곧 묻기를, 너는 무슨 죄로 이

러한 고통을 당하는가. 답하기를, 나는 전생에 사미였는데 대승천大乘天의 시중을 들었다. 당시 세상에 극히 흉년이 들어서 보리떡을 밥으로 삼았다. 그때 승려들을 위하여 밥을 지었는데, 대승천에 편중되게 많은 밥을 배분했다. 이러한 죄로 인해 아귀의 몸을 받아 이렇게 고통을 받게 되었는데 그대는 기억하지 못하는가. 답하기를, 그것이 사실이다. 고통을 받는 것에 어떤 의심이 있겠는가. 대승천이 물었다. 어떤 방편으로 그를 구제할 수 있겠는가. 답하기를 너로 인하여 생긴 업이니, 너는 마하연경을 전독하고 아라한 가르침에 의지하여, 반야, 법화, 반주삼매경 등을 각각 10편 독경하여 그의 고통을 구제하는데 회향하라. 나중에 아라한에게 물었다. 전의 사미의 고통은 어찌 되었습니까. 답하기를, 입정하여 관하면 알 수 있다. 네가 경전을 독경하는 힘에 의지하여 목숨이 끝난 후에 제2천에 태어났다.

인용문에서 중요하게 읽을 대목은 업인이나, 고통상보다도 아귀도의 고통으로부터 구제될 수 있는 수행법에 관한 것이다. 인용문에서는 대승경전을 전독하고, 반야경과 법화경, 반주삼매경 등을 각각 10편씩 독경한 공덕을 아귀도의 고통을 구제하는데 회향할 것을 권하고 있다. 이는 탈 아귀도를 위한 수행법에 경전의 독경도 포함되어 있음을 말해준다. 이에 따르면, 참회와 칭명염불에 이어 경전독송까지 아귀를 구제하는 수행의례로서 실천되었음을 알 수 있다.

결국 중국불교에 들어와서 당대에 이르러 아귀의 구제를 위한 수행법이 참회기도에서 칭명염불, 경전독송, 공덕의 실천 등으로까지 확장된 것으로 볼 수 있는데, 이러한 현상의 배경에는 천태사상과 정토사상이 있었으리라는 점을 생각해볼 수 있을 것이다.

3) 음력 7월 15일의 망자천도의례: 동아시아불교의 우란분盂蘭盆

(1) 동북아시아의 우란분盂蘭盆

우란분절盂蘭盆節은 초기불교 승가에서 하안거 해제일에 승려를 공양했던 습속이 불교의 전래와 함께 중국에 전해지게 된 명절이다. 우란분의 '분盆'은 위쪽이 넓고 아래쪽이 좁은 원통형 그릇인데, 여기에 음식을 담아 승려들에게 공양함으로써 생겨난 공덕을 회향하여 아귀가 되어 큰 고통을 받고 있는 선조를 구제할 수 있다는 것이 우란분재의 본래적 의미이다. 원래 망자를 위한 음식을 담는 그릇을 의미했던 우란분은 중국에 이식된 후 시대가 지나면서 그 의미가 확장된다.

우란분재盂蘭盆齋 혹은 우란분회盂蘭盆會는 불보살과 승려에 대한 공양의 공덕으로 망자의 천도를 도모하는 불교의식의 대표적인 사례라고 할 수 있다. 우란분회盂蘭盆會는 '우란분절盂蘭盆節'·'우란분재盂蘭盆齋' 혹은 '우란분공盂蘭盆共'이라고도 하며, '재승齋僧' 혹은 '반승飯僧'의 형태로 승려에게 음식을 공양한 공덕을 회향하여 지옥에 있는 7대의 선조까지 구제한다는 교의를 기반으로 한다.

『불설우란분경』에서는 불타가 아귀의 고통을 당하고 있는 목건련의 모친을 위해 7월 15일에 승자자(Uposatha)를 할 때 칠세七世 부모와 현재 액난 중의 부모를 위하여 온갖 맛있는 음식과 과일을 담은 쟁반, 향유, 등촉 등을 쟁반에 담아 시방의 대덕 승려들에게 공양하라고 일러주는 내용이 등장한다.

대목건련이 비로소 육신통을 얻었다. 부모가 길러주신 은혜를 갚고자 하여 도안으로 세간을 관하고 돌아가신 부모가 아귀도에 태어난 것을 보았다. 음식을 얻지 못하여 피골이 상접한 것을 보고 목건련이 슬퍼하며 발우에 가득 밥을 담아 가서 그의 모친에게 대접했다. 모친이 발우의 밥을 얻어 왼손으로 밥을 가리고 오른손으로 밥을 뭉쳐서 먹었으나 입에 넣기 전에 숯으로 변하여 끝내 먹지 못했다. 목건련이 크게 슬퍼하여 소리내어 울면서 돌아가 불타에게 아뢰었다. 자세히 이러한 일을 불타에게 말하자, 너의 모친이 죄의 뿌리가 매우 단단해서 너 한 사람으로는 어찌할 수 있는 것이 아니다. 비록 너의 효성이 천지, 지신, 사마, 외도, 도사, 사천왕신을 감동시켜도 또한 어찌할 수가 없다. 모름지기 시방의 여러 승려들의 위신력이라야 해탈할 수 있을 것이다. 내가 지금 너를 위해 구제법을 얘기해줘서 모든 어려움과 근심과 괴로움을 여의고 죄업의 장애를 없애도록 하겠다.

불타가 목건련에게 말씀하시기를, 시방의 여러 승려들이 7월 15일에 포살(Uposatha)을 할 때 칠세七世 부모와 현재 액난 중의 부모를 위하여 온갖 맛있는 음식과 과일을 담은 쟁반, 향유, 등촉, 상, 와구, 세간의 맛난 음식을 쟁반에 담아 시방의 대덕 승려들에게 공양하라. 이 날에 모든 성중 혹은 산간에서 선정하거나, 사과四果를 얻은 이, 혹은 나무 아래에서 경행하거나, 혹은 육신통에 자재한 성문·연각 혹은 십지보살, 대인이 권현한 비구가 대중 속에서 모두 같은 마음으로 발우와 펼쳐진 밥을 받고서 청정한 계를 갖춘 성중의 도와 그 덕이 널리 펼쳐지리라.

인용문에서는 죄의 뿌리가 단단하여 사후 아귀가 된 조상의 구제를 위해서는 많은 승려들에게 공양하는 공덕을 쌓고, 그 승려들의 위신력을 빌려야 한다고 설명하고 있다. 기록상으로는 양무제 시대에 처음으로 중국불교에 등장하는 우란분절은 매년 7월 15일에 거행하는 사원의 큰 명절이며, 동시에 하안거를 마치는 자자일自恣日이기도 하다.[25]

수행승들이 음력 7월 15일에 석 달 간에 걸친 하안거를 마치고 종교적 위력이 극대화된 시점에 그들에게 음식과 의복을 공양하는 보시행을 실천하면 그에 상응하여 공덕이 확장되리라고 권면하는 것이다. 더운 여름철에 3개월의 고된 수행을 마친 승려들에게 보양保養을 제공하는 의미에서도 이러한 의식은 현실적으로 유용했으리라 생각된다. 이러한 보시공덕의 회향이 발현된 의례가 우란분盂蘭盆이며, 동아시아 불교 공덕신앙을 대표하는 불교의례·민속이라 할 수 있다.

고대 중국의 우란분재 의식에 대한 구체적 내용은 북주北周의 종름宗懍이 편찬한 『형초세시기荊楚歲時記』를 통해 살펴볼 수 있다. 당대唐代에 이르러서는 매년 7월 15일에 황실에서 각 관사官寺에 분盆을 보내어 각종 물품을 헌납했으며, 민간에서도 盆을 헌납했다. 당시의 우란분은 금과 비취 등의 보물로 장식하기도 하여 극도로 화려하고 사치스러웠다고 한다. 이후 중국의 우란분절은 점차 도교적 의미가 강한 중원절이라는 이름으로 불리게 되었으며, 현대 중국에서는 일반적으로 '귀절鬼節' 혹은 '칠월반七月半'이라고도 한다.

고대 중국어에서 원元은 원圓과 상통하며, 이른바 삼원三元은 1월 15일, 7월 15일, 10월 15일로서 세 달의 보름날에 해당된다. 도교에는

---

25 남조(南朝) 양(梁)의 종름(宗懍)이 찬술한 『형초세시기(荊楚歲時記)』를 보면 "7월 15일에 승려와 속인들이 모두 분에 공양물을 차려 절에 바쳤다(七月十五日, 僧尼道俗悉營盆供諸寺)"라는 기록이 있다.

하늘과 땅, 물을 다스리는 삼관三官의 개념이 일찍부터 존재했으며, 여기에서 삼원의 개념으로 발전한 것이다.[26] 이 중 음력 7월 15일에 해당하는 중원절은 한족뿐만 아니라 소수민족 역시 명절로 수용하여 성대한 제사를 지냈던 날이었다. 당의 한악韓鄂은 『歲華記麗·中元』에서 "도문道門에서는 보개寶蓋를 중원에 바치고, 석문釋門의 우란분도 이날에 이루어졌다(道門寶蓋 獻在中元, 釋門蘭盆 成於此日)"라고 서술하고 있는 것으로 보아 도교와 불교 모두 음력 7월 15일과 관련한 전통을 가지고 있었음을 알 수 있다.

음력 7월 15일은 도교의 중원절과 불교의 우란분재가 같이 설행되는 날이기 때문에, 상호영향의 선후관계에 대해 여전히 논란이 있기는 하지만, 중요한 점은 양자 모두 망혼의 천도를 지향하며 행해지는 의식이라는 것이다. 이러한 지향성의 일치가 있었기 때문에 음력 7월 15일의 행사에 도교와 불교가 좀 더 쉽게 융합될 수 있었으리라 생각된다.

한편 송대에 이르면 우란분회의 불·승에 대한 공양의 의미가 퇴색하고 조상에 대한 천도와 망령에 대한 구제의 의미가 부각되기 시작했다. 불교도들은 『우란분경』의 목련구모설화를 부회하여 중원절에도 승려에 대한 우란분공양이 아닌 '시아귀'를 행했다. 이후에 중원절은 민간에서 조상에 제사를 지내는 날로 의미가 확대되어, 남송 이래로

---

26 천관(天官)은 인간에게 복을 주고, 지관(地官)은 인간의 죄를 사해주며, 수관(水官)은 인간의 액을 풀어준다. 삼원(三元)은 이들 삼관의 생일이며, 각각 1월 15일, 7월 15일, 10월 15일에 해당된다. 이 중 상원절은 후에 원소절(原宵節)로 되고, 중원절은 우란분절과 시기적으로 일치하면서 민간의 중요한 명절이 되었지만 하원절은 전통이 쇠미해졌다. 거의 모든 도교의 재초(齋醮)는 이 삼원절을 기초로 하여 이루어진다.

조상의 영혼에 대한 추천追薦과 함께 '방하등放河燈'[27]과 같은 의식을 통해 망령을 천도하고자 했다.

청대에 이르면 중원절의 습속이 더욱 성행하여 사원에서도 우란분회를 지냈으며, 민간에서도 탑을 높이 세워 귀왕鬼王의 자리를 마련하고, 경문을 암송하고, 「목련구모目蓮救母」연극을 상연했으며, 수륙도량水陸道場을 설행하고, 염구시식焰口施食을 했는데, 이러한 행사들을 통칭하여 '제고혼濟孤魂'이라고 했다. 또한 종이를 붙여 길이가 17-8척이나 되게 법선法船을 만들어서 연못에서 태우기도 하고, 강에다 등불을 붙여 띄우기도 했는데 이를 '자항보도慈航普渡'라 불렀다.

'보도普度'는 집안의 복도 밖이나, 노천에서 제사를 지내고 지전을 태우는 의식으로, 중국의 광동廣東과 복건福建 등의 지역에서 집중적으로 행해졌으며, 민남閩南지구에서도 이러한 습속이 있었다. 밤에는 각 가정에서 나와 길가에서 지전을 태웠는데, 이러한 망혼제사를 '사고혼祀孤魂'이라고도 했다.

지금도 중국인들은 우란분이라는 이름으로 쟁반에 종이로 만든 옷과 지전을 올린 후 태워서 조상의 천도를 기원하며, 밖에다 만두와 술 종류를 차려놓고 아귀가 실컷 먹도록 청하기도 한다. 집에서는 참깨와 차조 등의 곡식들을 대문과 중당中堂의 양쪽에 놓고 천지의 조상에 대한 경의를 표하기도 한다. 한편 사원에서는 여전히 음력 7월 15일에 우란분회를 열고 쌀과 시주금을 모금하며, 송경誦經을 하여 망자의 영

---

27 '방하등'은 저승의 강에 등불을 비추어 망령이 평안하게 천도되도록 인도하는 의미가 있는 행사이다.

혼을 천도하고, 『목련경木蓮經』과 『존승주尊勝呪』를 인쇄하여 판매한다.

대만의 경우에는 1992년부터 불교계 공동으로 재승齋僧대회를 개최하기 시작하였는데, 이 대회는 대만의 수많은 불교행사 중에서도 가장 큰 연합행사로 손꼽히고 있다. 특히 지난 2003년 자제정사 등 대만 불교계가 연합하여 사단법인 중화국제공불재승공덕회中華國際供佛齋僧功德會를 설립한 후 더욱 규모가 크고 체계적으로 진행되는 행사로 자리 잡고 있다. 이 법회는 공덕회원들이 일년간 보시한 공양금으로 매년 우란분절이 지난 후 첫 번째 일요일에 봉행하는 연례행사인데 각국 승려들 2천여 명과 3만여 재가불자들이 동참한다.

일본의 기록을 보면 스이코推古천황 14년, 세이메이齊明천황 3년에 우란분재를 설행했다는 기록이 등장하는데, 이 시기를 한국과 대조해보면, 전자의 경우는 신라 진평왕 28년(606), 후자는 신라 무열왕 3년(656)에 해당된다. 나라시대로부터 헤이안시대까지는 우란분회가 천황의 안녕과 국토의 평안 등을 기원하는 공식 국가행사로서 설행되었는데, 이는 당시 일본에는 『불설우란분경』의 '지옥과 아귀의 고통'을 이해할 수 있을 정도의 지옥사상이 도입되지 않았기 때문이다.

하지만 헤이안시대 말기인 10세기 후반이 되면 민간에서도 우란분회의 참여가 활발했다는 것이 당시 문학작품들을 통해 드러난다. 귀족들의 경우에는 통상 14일에 사원에 우란분공盂蘭盆供을 보냈으며, 일반민간에서는 당일에 분공을 지참하여 참배했다. 10세기에 들어서 조정, 귀족, 민간 등의 계층에 상관없이 우란분이 성행했던 배경에는 정토신앙과 말법사상의 유행이 있었다. 이 시기에 이르러서 불교의 사후 세계관이 완전히 일본 사회에 자리 잡게 됨에 따라, 당시의 사람들은 아귀도의 두려움을 벗어나 정토에 왕생하기를 강렬하게 희구하게 된 것이다.

이후 가마쿠라시대에 들어서 구카이(空海, 774-835)를 비롯한 많은 대당유학승들에 의해 시아귀법이 전래되면서 음력 7월15일에 우란분회와 함께 치러지면서 변용현상이 나타나게 된다. 원래 시아귀회와 우란분회는 별개의 의식이지만 중세 일본불교에서는 우란분절, 즉 오봉의 습속 안에 시아귀의식의 의미가 합쳐지게 된다. 이에 따라, 우란분회가 조령祖靈뿐만 아니라 아귀들의 영혼까지 맞이하고 성대히 접대하여 돌려보내는 날로 인식되면서 민간에서는 집으로 찾아오는 조령을 위로하고 공양하는 의식을 치르는 형식으로 자리잡게 된다. 이로 인해 사원에서도 우란분회를 설행할 필요가 없어졌기 때문에 시아귀회施餓鬼會라는 명목으로 별도의 행사를 치르게 된 것이다.

무로마치시대 초기부터는 오봉절에 남녀의 무리들이 염불을 하면서 춤을 추는 봉오도리盆踊가 행해지기 시작했으며, 에도시대에 이르면 모든 계층의 사람들이 선조의 묘소에 들르고, 집에 공양단[精靈棚]을 설치해서 공물을 바치고, 승려를 초청해 독경을 하게 된다.

현대 일본에서는 '오봉'이라는 이름으로 음력 7월 13일에서 16일까지 이전의 우란분절에 해당하는 명절을 보낸다. 지역별로 주민들이 거리에 모여 염불춤에서 기원한 집단 무용(봉오도리; 盆踊)를 즐기거나, 이 기간에 집으로 돌아오는 조상의 망혼을 맞이하여 공양하기도 한다. 또한 오봉절 기간 동안 많은 사원에서 시아귀의식을 거행하며, 사람들은 자신의 선조를 천도하기 위하여 경을 읽어주는 승려에게 일정 금액의 사례를 한다.

고려시대에 크게 성행한 우란분재는 조선시대에도 한국불교의 경우를 보면, 지속적으로 행해졌다. 이는 우란분재가 민중의생활과 신앙에 뿌리를 내리고 있었고 시대를 초월한 효를 기본이념으로 하고 있기 때문에 가능했던 것으로 해석된다. 조선의 억불정책에도 불구하고 면면히 이어져 오던 우란분재는 일제 강점기를 거치면서 천도대상이 7대 부모에 한정되지 않고, 무주고혼이나 순국열사 등으로 확대되었음을 알 수 있다.

현대에 거행하는 우란분재는 사찰의 상황에 따라 무척 다양하다. 대부분의 사찰에서 우란분재의 의례는 석가탄신일 봉축법회와 같은 절차로 행하며, 다만 고혼과 선망 조상을 천도하는 의례가 추가되는 합동천도재로 자리 잡았다. 과거의 우란분재와 비교해서 현대에 들어 차이를 보이는 것은 우란분재의 설행기간이다. 1일, 3일, 또는 우란분재 전후 3일 내지 7일 동안 설행하던 것이 오늘날 대규모 사찰에서는 대부분 49일 동안 설행되고 있다는 점이다.

특히 49재를 신청하는 사람들은 집안에 고인이 된 분들의 위패를 마련하여 우란분절 직전에 불단에 순서대로 천도재를 지내주고, 음력 7월 15일에 모두 함께 모여 우란분재를 지낸 다음, 위패를 들고 스님들의 안내에 따라 경내를 따라 돌고, 탑돌이를 하며, 사찰 경외에 위패와 꽃들을 모두 쌓아놓고 불사르는 것으로 재를 마감한다.

우란분절 행사가 기존의 승려공양에서 나아가 조상의 영혼에 대한 공양으로까지 의미가 확대된 것은 삼국의 공통된 특성이다. 이는 우란분절의 기원이 된 '목련구모설화'가 갖고 있는 효순孝順사상이 조상에 대한 공경이라는 동아시아적 孝의 개념과도 잘 맞물릴 수 있었기 때문이라 생각된다. 동아시아 대승불교가 반야공空 사상과 충돌할 수 있는 조상천도의식을 다양하게 행할 수 있었던 이면에는 유교적 효사상과의 접맥이 있었던 것이다.

(2) 동남아 각국의 사자공양의식

생전의 업으로 인해 사후에 아귀도 혹은 지옥도에 떨어져서 아귀가 된 조상을 구제하기 위해 음식을 공양하는 의식은 불교 이전의 인도 베다전통에서부터 나타난다. 인도의 쉬라다(Srāddha)와 같은 사자의례에서는 프레타의 상태로 존재하는 조상들을 위해 후손-특히 장자인 아들-에 의한 제사를 강조하는 가부장적 가족 혈통 시스템을 드러낸다. 이러한 인도의 사자의례에서 주먹밥 공물(pinda)은 사망 후 10일 동안 매일 그리고 연례적인 의식으로 수행되며, 이를 통해 프레타(preta)에서 피트르(Pitṛ; 조상)에로의 변화가 달성된다.

초기경전인 『자눗소니 숫따』는 조상을 위한 제사가 실제로 공덕이 되는지에 대한 붓다의 가르침을 담고 있는데, 조상에게 제사를 지내고 보시하는 것에는 그 결실이 있다고 말하고 있다. 또 다른 초기경전인 『띠로꾸다 숫따』에서는 특별히 아귀와 관련하여 설한 붓다의 법문을 담고 있어서 남방불교권의 장례식에서 많이 독송되고 있다. 『띠로꾸다 숫따』의 교의적 의의는 살아있는 이가 망자를 위하여 공양을 올림으로써 발생한 공덕을 망자에게 회향할 수 있다는 의례적 지향을 보여준 것이라고 할 수 있다.

이처럼 망혼들이나, 승려들에게 음식을 공양하여 고통받고 있는 사자들을 구제한다는 시식施食신앙은 『아귀사경(Petavatthu)』 등에 나타난 것처럼 인도의 초기불교를 거쳐 동아시아 대승불교권뿐만 아니라 상좌부 불교권 등에서도 나타난다. 이를테면 현대의 미얀마에서는 사람이 죽게 되면 그 다음날과 7일 후, 1개월 후, 1년 후 등의 정해진 기일에 친족이 불교 사원에 가거나, 승려를 집으로 초대하여 보시를 함으로써 쌓은 공덕을 망자에게 회향하여 구제하는 풍습이 있다.

대부분의 종교의례에서 기원한 민속이 그렇듯이, 동아시아의 아귀 구제의식 역시 현재는 불교명절 내지는 민간의 축제로 변형되어 있는 사례가 많다. 다른 문화권의 아귀와 유사한 유령과 관련된 축제는 켈트족의 삼하인(Samhain), 북미지역의 핼러윈(Halloween), 유대인의 퓨림(Purim)과 멕시코의 죽음의 날(el Dia de los Muertos) 등이며, 인간의 죽음 이후의 상태에 대한 두려움이 문화권을 불문하고 인류 공통의 관심사가 되어왔음을 짐작할 수 있다.

동아시아에서 아귀에게 음식을 베푸는 것을 주제로 하는 축제와 의식은 중국, 티베트, 태국, 대만, 싱가포르, 일본, 말레이시아 및 홍콩을 포함한 많은 아시아 국가에서 열리고 있다. 이들 아귀 관련 명절은 일반적으로는 음력 7월 15일경에 치러지지만, 각국 시간대 및 현지 관습에 따라 다소 일시가 달라지기도 한다.

여기서 동아시아라는 하나의 범주에 속하는 용어를 쓰고 있지만 사실 동북아시아와 동남아시아에서 주로 신앙되고 있는 불교는 교의와 신행의 측면에서 엄연히 구별된다. 공식적으로는 티베트, 중국, 일본, 대만, 한국 등의 동북아시아에서는 대승불교가 전달되었던 반면에, 태국, 스리랑카, 미얀마, 라오스, 캄보디아 등의 동남아시아에는 흔히 부파部派불교 혹은 상좌부上座部불교라고도 부르는 테라바다(Theravāda)불교가 전승되고 있다.[28] 물론 동남아시아에서도 토착종교가 존재하고, 이슬람이나 힌두이즘이 공존하면서 영향을 주고받기도 하며, 대승불교도 혼재했던 역사가 있지만 현재로서는 '동남아=테라바다불교'의 방식으로 구분된다.

동남아의 아귀사상과 관련된 의례에서는 인도에서 불교를 직접 수용한 미얀마의 사례를 먼저 보기로 한다. 미얀마와 인도 사이의 해상 교통이 활발하게 된 것은 1세기 이후의 일이다. 4-5세기경에 이르러 남인도의 콘제베람(Conjeeveram; Kanchipuram)을 기지로 하여 그 당시의 인도문화가 힌두교·불교와 함께 미얀마로 들어왔다. 이에 따라, 인도의 베다종교와 대승불교에 근거한 의례문화 역시 미얀마로 전달되었으리라 생각된다.

미얀마의 경우, 망자의 중간적 상태인 중음을 인정하지 않는 상좌부의 전통을 계승하고 있음에도 불구하고 실제적인 의례의 현장에서는 7일 동안 죽음 이후의 존재를 달래고 그에게 공덕을 회향하는 의례를 승려가 주재하고 있다. 미얀마에서는 사람이 죽은 당일과 익일, 7일

---

28 특히 '남방상좌부불교'라는 명칭은 상좌부계의 불교가 중인도 내지 서북인도에서 사일론(스리랑카)을 경유하여 남방, 즉 동남아시아 여러 나라에 전달되어 완성된 상좌부불교에 대해 부여된 것이다.

후, 한 달 후, 1년 등의 기일에 친족이 승원에 가거나, 출가자를 자택에 초빙해서 보시를 행하는 것에 의해 공덕을 쌓고, 그 공덕을 망자에게 회향하는 풍습이 있다. 망자가 지옥도나 아귀도에 태어나더라도 의례를 통해 가족 구성원이 공덕을 축적하고, 그것을 망자를 위해 나눔으로써 고통스러운 존재 상태에서 벗어나게 할 수 있다고 믿는 것이다.

스리랑카에서는 조상을 기리기 위해 다섯 명 이상의 비구를 자신의 집에 초청하여 식사를 공양하고 승가의 필수품을 보시한다. 망자의 친구와 친지들이 다 모여 공양 게송을 합송한 후에 마지막으로 망자의 직계 가족들은 스님들 앞에 물병과 작은 그릇이나 접시를 가져다 놓는다. 모두 공경의 자세를 취한 상태에서 집안의 가장이 접시에 물이 흘러넘칠 때까지 천천히 붓는다. 이 과정에서 스님들은 『띠로꾸다 숫따』의 구절을 왼다. 이처럼 망자를 위하여 친지와 친척들이 스님들을 초청하여 공양을 올리고, 물품을 보시하며, 법문을 받드는 것은 그러한 의식의 공덕을 망자에게 회향하여 아귀계에 태어난 망자들이 그 공덕을 공유함으로써 고통에서 벗어나게 하고자 하는 것이다.

이처럼 상좌부불교의 제사는 승려에 대한 보시와 법문의 공덕을 망자에게 회향하는 간접적 천도의 형식을 취하는데 비해, 아귀가 된 조상들에게 직접적으로 음식과 선물을 제공함으로써 천도하고자 하는 제사 방식도 존재한다. 이러한 직접적 천도의 제사는 대부분 기일을 정해서 이루어지는데, 나라와 문화권에 따라 약간의 차이는 있지만 대부분 음력 7월 15일에 행해진다.

아귀에게 직접적으로 음식 외의 물질을 공양하는 의례 형태는 태국에서도 발견할 수 있다. 태국에서는 아귀 구제의식을 할 때 루이비통이나 구찌백, 벤츠 등을 그린 그림을 태워 아귀에게 시여한다. 여러 불교문헌의 교의에서 망자가 사후 아귀로 떨어지는 가장 큰 요인이 생전의 '탐욕'으로 설정되어 있음을 생각하면 이는 대단히 역설적인 상황이라고 할 수 있다. 이러한 '종이 태우기' 형식의 아귀구제의식에서는 고인이 내세에서 쓸 수 있도록 종이돈과 함께 브랜드 핸드백, 자동차, 손목시계, 노트북, 담배, 휴대전화, 비아그라 등의 정교한 종이 모형을 태울 수 있으며, 종종 받는 사람(고인)의 이름이 태그로 표시된다. 이는 -그 교의적 모순성에도 불구하고-종이 제물을 태워 공양함으로써 망자가 사후 세계에서 다시 물질로 사용할 수 있도록 창안된 의식이라 할 수 있을 것이다.

캄보디아에서의 아귀구제의식의 사례는 프춤번(조상의 날; phchum ben) 축제로 대표될 수 있다. 프춤번은 매년 음력 9-10월경에 열리며, 망자의 영혼이 이승으로 돌아와서 15일 동안 그들의 후손에게서 음식을 공양받는 기간으로 설정되어 있다. 후손들은 조상의 망혼을 공양하기 위해 최소 7개의 사원을 방문하게 되는데, 왜냐하면 그 망혼들이 7개의 사원을 찾아 헤매다가 후손들을 보지 못하면 배신감에 저주를 한다고 믿기 때문이다. 또한 후손들은 생전에 악업을 너무 많이 쌓아 구천을 떠도는 아귀가 된 조상들을 위해 새벽 3-4시에 절을 찾아서 절 바닥에 밥을 뿌리는 의식을 행하기도 한다.

일반적으로 후손들 입장에서는 자신의 조상이 윤회했는지, 아니면 지옥도나 아귀도에서 고통을 당하고 있는지 알기 힘들기 때문에 모든 망령을 대상으로 프춤번에 제물을 바치는 것이다. 이 의식을 위한 음식은 집에서 요리하여 사원으로 가져오거나 사원 자체에서 대규모로 만들어지며, 승려들에게 공양되고 많은 참석자들도 함께 먹는다. 망령들을 위한 별도의 음식물은 성전 문 바로 바깥에 땅에 둔다.

베트남에서 이와 유사한 사례를 들자면 음력 달의 마지막 날 아침에 망혼들을 위해 풍성하게 음식을 차려 공양하는 관습을 제기할 수 있다. 호텔이나 주택가 골목에서 테이블을 놓고 그 위에 신선한 꽃과 과일, 등燈과 향, 술, 종이돈, 의복 더미를 함께 그 위에 차려놓는 것이다. 그 근처에서 비극적인 죽음을 당해 친척이나 돌봐 줄 사람이 없는 사람들의 버림받은 영혼인 꼬 혼(cô hồn)을 위해 정기적으로 제물을 바치고, 그러한 선행으로 인한 공덕을 쌓는 것이 이 관습의 목적이다. 꼬 혼들은 친지와 연결이 끊어진 상태이기 때문에 감정적, 물질적 지원이 부족한 상태에 있기 때문에 이 외로운 영혼들을 위해 보시를 베푼다는 것이다.

라오스를 비롯한 동남아시아의 테라바다 불교권 국가 역시 죄업에 맞는 수준의 지옥에 떨어진 아귀들이 그들의 업장으로 인해 끊임없는 고통을 겪고 굶주림과 갈증을 겪는 것으로 인식한다. 라오스의 '지구를 장식하는 쌀 꾸러미'(boun khau padab din)축제의 밤에는 이 아귀들이 지옥에서 해방되어 이승으로 돌아온다고 믿고서 이들을 위해 사원의 승려들에게 음식을 공양하고 그 공덕을 전이시키는 전통이 나타난다. 이러한 공양과 공덕의 종교문화는 테라베다나 라오스 불교에만 국한되지 않고, 동북아시아를 비롯한 많은 불교 전통에서 볼 수 있으며,

특히 중국 유령 축제인 우란분과 매우 유사하다.

4) 선조의 망혼을 천도하는 재의식

불교에서는 불보살 또는 스님들께 공양 올리고 그 공덕을 회향하는 모든 의례를 재齋라 한다. 재의식 중에서 망자의 영혼을 불보살에게 천거[薦]해서 극락으로 건너가게[度] 하는 재를 천도재薦度齋라고 한다. 죽음 후에 아직 아귀의 상태로 존재하는 망혼들은 중유에 머무르면서 음식냄새[食香]를 섭취함으로써 살아가게 된다고 한다. 교의적으로 보면, 생전에 극악 혹은 극선의 업을 지은 망혼은 중유의 단계를 거치지 않고 바로 지옥이나 극락 등의 다음 생을 받게 되지만, 일반적으로는 중유 기간에 다음 생의 과보가 결정된다. 바로 이 불안한 중유의 기간에 망자를 위해 생전의 인연들이 구제의례를 설행해주어야 한다는 것이 천도재를 치르는 근거가 된다.

한국불교의 천도재는 돌아가신 부모 내지 가족선조의 망혼을 천도하기 위한 목적을 가지고 있는 의식의 성격을 가지고 있다. 사후 7일마다 망자를 천도하기 위하여 지내는 천도재가 칠재七齋이며, 일곱 번지내는 경우에는 칠칠재, 두 번 지내는 경우에는 이칠재로 부른다.

재의 설행 시기는 '우란분재盂蘭盆齋'나 '팔관재八關齋'처럼 특정한 날에 지내는 경우도 있지만 대개는 재주齋主의 설재 요청이 있을 경우에 설행하는 방식이다. 또 설행 방법과 기간은 전통적으로 7일에 한 번씩 49일간 일곱 번을 지내는 칠칠재七七齋와 49일째 되는 날에 지내는 사십구재[종재], 백 일이 되는 날에 지내는 백일재百日齋가 있고, 1일간 지내는 권공재, 3일간 지내는 영산재처럼 재의 종류에 따라 설행기간이 정해져 있기도 하며, 상주권공이나 영산재처럼 낮에 지내는 '낮재'가 있는가 하면, 예수재나 각배재처럼 밤에 지내는 '밤재'도 있다.

기본적으로 '재齋'라는 이름을 가지고 있는 의식은 '재공齋供' 즉, 불보살들과 사방의 승려에게 음식을 공양하고 망혼에게도 베푸는 형식으로 진행된다. 다만 망혼에게는 승려들이 불보살을 대신하여 경문이나 다라니 등을 범패의 형식으로 들려주는데, 이를 '법을 베풀다'라는 의미에서 '법시法施'라고 한다. 또한 음식이나, 다른 장엄물 등을 단에 차려 베푸는 것을 '재시財施'라고 한다. 늘 굶주리고 목마른 상태에 있는 아귀와 고혼에게 재시를 베풀어 위로하고, 법시로 깨우쳐서 극락으로 천도하는 것이 재를 설행하는 궁극적인 목적이라 하겠다. 현대사회에도 사찰에서 망자를 위해 행해지는 49재나, 수륙재 등의 천도재 형식의 의식이 자주 설행되는 것을 볼 수 있다.

의식의 명칭으로만 판단하자면, 확실하게 거슬러 올라갈 수 있는 수륙회의 용례는 남송의 진사陳思 『보각총편宝刻叢編』 권15에 나오는 「당수수륙무차재제唐修水陸無遮斎題 태화太和 7년(833) 6월」 정도인 것으로 보인다. 이 수륙회에는 단순한 아귀나 고혼의 구제를 넘어서 이 세상의 여러 중생에게 차별 없이 보시를 하는 선행에 의해서 공덕을 쌓는다고 하는 공덕신앙이 선명하게 나타난다.

당 일행(一行, 683-727)이 쓴 『대비로자나성불경소』에서 제시하는 시식법은 아귀는 물론 일체 천신과 선조까지 공양의 범주로 확대시키고 있다. 자루 달린 구리그릇에 꽃, 과일, 잎과 모든 음식을 가득 채워서 일체 천신을 모두 함께 공양하라고 하였다. 다음으로 집안의 우물, 부엌, 당 등에 두루 곳곳마다 한 번씩 음식을 바치고 신주를 독송하여 시식을 다 마치면 나머지 음식은 지붕 위에 두어서 선조 등과 아귀에게 주는 방식이다.

수륙재水陸齋는 아직 제도받지 못한 채 중음계를 떠도는 망혼이나, 아귀, 무주고혼無主孤魂을 대상으로 음식을 베푸는 '시식施食'을 주제로 한다. 우란분재가 승려와 불보살에 대한 공양 위주라면 수륙재는 아귀를 포함하는 망혼에 대한 시식이 의식의 주제라고 할 수 있다.

다시 말해, 수륙재는 특정 또는 불특정 다수의 무주(無住; 無主) 망자들의 사후에 추천을 위해 사성聖 육범凡[29]의 모든 존재를 함께 청해 재를 올리는 의식이라고 정의할 수 있다. 사성四聖은 불·보살·성문·연각이며, 육범六凡은 천·인·아수라·지옥·아귀·축생을 가리키는데, 실질적으로 육범은 모든 중생을 포괄한다고 할 수 있다. 또한 수륙水陸은 문자적으로는 물과 육지이지만, 고통 받는 중생이 존재하는 모든 세계를 말한다.

『세종실록』을 비롯한 조선시대 사료에는 당시에 얼마나 부모의 사후 왕생극락을 비는 재가 성행했는지 보여주는 기록들이 자주 등장한다.

---

29 사성(四聖)은 불타, 보살, 성문, 연각으로 깨달음을 얻은 성인. 육범(六凡)은 지옥·아귀·축생·아수라·인·천계의 중생을 말한다. 천계에 태어난 천인 역시 육도 윤회의 범주 안에 있기 때문에 언제든지 더 하위의 윤회도로 떨어질 수 있어서 정토에 왕생한 것과는 엄연히 차별화된다. 대승불교의 교의상, 천계에 태어난 생천은 퇴전(退轉)의 가능성이 있고, 정토에 왕생하는 것은 더 이상 퇴보함이 없는 불퇴전(不退轉)인 것으로 정리된다.

또 불효의 죄는 부모의 과실을 고하는 것보다 큰 것이 없는데, 지금 사람들은 어버이가 죽으면, 크게 불공을 베풀고서 매양 죄 없는 부모를 죄가 있는 것처럼 부처와 시왕十王에게 고하고, 그 죄를 면하기를 비니 그 불효함이 이보다 큰 것이 없습니다. 설사 부처와 시왕이 있다 하더라도 어찌 한 그릇 밥의 공양으로 죄 있는 사람을 용서할 이치가 있사오리까. 그 허탄함이 또한 심합니다. 그 지각 없는 백성은 족히 말할 것이 못되나, 밝고 지혜 있다고 이르는 자도 또한 속임과 꼬임에 미혹되어 죄를 두려워하고 복을 사모하여 수륙재를 베풀고 친히 정례頂禮를 행하니, 진실로 마음 아픈 일입니다.

인용문으로 미루어보면, 당시에 부모 사망 시에 재공을 베풀어서 불타와 시왕에게 부모의 면죄를 청하여 지옥행을 면하고 극락에 왕생할 수 있도록 천도재를 하는 것이 성행했음을 짐작할 수 있다. 또한 원래 재齋라는 것은 하루에 한 끼씩만 먹으며 근신하는 수행인데, 인용문에서 보는 것처럼 우란분재의 재승齋僧과 유사한 맥락으로 변해갔음을 볼 수 있다.

수륙재가 한국에서 설행된 것은 기록상 고려 태조 때부터이다. 그러나 고려시대 수륙재는 다른 불교의례에 비해 흔하게 설행되었던 의례가 아니다. 특히 전염병이 돌았을 때에 행한 경우는 없다. 그러나 조선시대에 오면 다양한 호국법회와 소재도량은 거의 폐지되고 수륙재만이 『육전六典』에 법제화된 유일한 불교의례로서 자리를 잡게 된다. 이는 고려왕실의 원혼들을 위해 시작된 조선시대 수륙재가 조상을 위한 천도재의 일환으로 간주되어 유교 상례와 결합되어졌기 때문이다.

조선전기 억불정책에도 불구하고 수륙재가 거행될 수 있었던 또 다른 이유는 이것이 유교의 기양祈禳의식이라고 할 수 있는 여제厲祭의 일종으로 간주되었기 때문이라고 할 수 있다.

현존하는 수륙재 의례집은 고려 죽암竹庵 유공猷公이 편찬하여 대광사(1514), 안동 광흥사(1538), 용인 서봉사(1581) 등에서 펴낸『수륙무차평등재의촬요水陸無遮平等齋儀撮要』나, 해인사(1641), 순천 송광사(1642), 함흥 개심사(1658) 등에서 펴낸『천지명양수륙재의찬요天地冥陽水陸齋義纂要』, 간행처(1496)를 알 수 없는『천지명양수륙잡문天地冥陽水陸雜文』, 황해도 불봉암(1586), 신흥사(1661) 등에서 펴낸『천지명양수륙재의天地冥陽水陸齋義』 등이 있다.

이들 의례집이 수입되거나, 한국불교에서 간행되기까지의 과정을 살펴보면, 먼저 1090년경 중국불교 북수륙 계통의『수륙의문水陸儀文』을 송으로부터 최사겸이 가져오게 된다. 뒤이어 13세기말-14세기 초 혼구가『신편수륙의문新編水陸儀文』을 찬집하고, 14세기 초반에는 촬요, 결수문, 소례 등으로 불리는『수륙무차평등재의水陸無遮平等齋儀』에 이어서 찬요, 중례문으로 불리는『천지명양수륙재의』가 간행되었다. 15세기 전후로 지반문으로 불리는『법계성범수륙승회수재의궤法界聖凡水陸勝會修齋儀軌』간행, 그리고 법석용 의식절차인『작법절차作法節次』가, 15세기 후반에는『천지명양수륙잡문』이 나왔다.

한국불교에서의 수륙재 절차는 시련侍輦-대령對靈-관욕灌浴-신중작법神衆作法-상단권공上壇勸供-중단권공中壇勸供-시식施食-전시식奠施食-봉송奉送의 순서로 행해진다. 재의 규모와 상황, 근거로 삼는 의례집에 따라 절차 내에서의 차이는 있을 수 있지만, 의식의 전체 흐름은 거의 동일하다.

이들 절차 중에서 시련에서 신중작법에 이르는 과정과 마지막의 봉송절차는 오늘날의 각종 천도재에서 거의 설행하고 있는 절차이다. 신중작법 다음에 이어지는 상단권공·중단권공·하단권공은 한국불교 수륙재의 특색 가운데 하나인 삼단三壇의 설치와 관련된 것으로 볼 수 있다. 동아시아불교 내에서 한국불교의식의 차별성을 보여주고 있는 삼단구조는 역사기록이나 여타 문헌에서도 종종 나타난다.

재회의 단에 걸리는 감로탱은 '영단탱화靈壇幀畵' 혹은 '하단탱화下壇幀畵'라고도 부르는 것으로 궁극적으로는 망혼의 천도를 목적으로 한다. 굶주린 아귀나 지옥 중생에게 감로미甘露味를 베푼다는 의미에서 '감로도甘露圖'라고도 한다. 감로도甘露圖는 『세종실록』 16년(1434) 4월 11일 기록에서 말하고 있는 것처럼 천상과 지옥의 고락을 그림으로 보여주는 포교의 수단이기도 했다.

> 임자년 봄에 크게 무차지회無遮之會를 열었사온데, 중들이 구름같이 모이어 한강가에서 하루가 지나고 열흘이 넘도록 극히 호화롭고 사치스럽게 차려서 번幡과 화개華蓋가 해를 가리우고, 종鍾과 북소리는 땅을 흔들었습니다. 천당의 즐거움과 지옥地獄의 고통을 그려서 사생死生과 화복禍福의 응보를 보여주니, 이에 귀천貴賤과 남녀를 막론하고 모두가 보고 들으려고 모여들어서, 이 때문에 도성 거리가 텅 비고 관진關津은 길이 막혀 통하지 못하였습니다.

◆ 통도사 감로탱(문화재청)

　인용문에서 말하는 당시의 재회의 명칭은 '무차지회無遮之會'였는데, 이는 '수륙무차평등재의水陸無遮平等齋儀'라는 의식의 원 명칭에서 보듯이 온 우주 법계의 중생에 걸림 없이 평등하게 재시와 법시를 베푸는 의식이라는 의미임을 알 수 있다. '천당과 지옥의 고락'을 표현한 그림은 바로 감로도 혹은 감로탱을 가리킨다. 인용문을 통해서 당시 한강 가에 감로탱을 걸어놓고 재회에 오는 남녀노소들이 쉽게 이해할 수 있도

◆ 지장시왕도, 서산 개심사(동북아불교미술연구소)

록 범패와 도상 등을 이용하여 시청각적으로 의례가 설행되는 공간을
장엄(莊嚴; ornament)하고, 망혼과 관중들에게 법문을 이해시키는 모습을

상상해볼 수 있다. 다시 말해, 무차회에 모여드는 관중과 망혼들에게 생사와 윤회, 인과의 교의를 생생하게 그려서 보여줌으로써 시각적인 학습과 함께 장식적인 기능까지 더한 것이 바로 감로도였던 것이다.

조선시대 한국불교의 재장齋場에 걸렸던 감로도는 목련경신앙, 시아귀신앙, 정토신앙, 인로왕보살신앙, 지장신앙 등이 복합적으로 융합하여 형성된 것이다. 이 때문에 보통 감로도는 정토내영도淨土來迎圖, 정토접인도淨土接引圖, 칠여래七如來탱화, 지옥도, 육도도六道圖 등이 복합적으로 이루어져서 구성되거나 독립해서 각각의 탱화를 이루게 된다. 특히 감로도는 동아시아의 불화 중에 한국에만 나타나는 형식이다. 중국 수류화의 경우 장면 별로 한 장의 그림으로 분리하여 그리지만, 감로탱은 하나의 탱화에 상·중·하단의 장면을 모두 그려놓았다. 기본적인 의식구조가 중국처럼 내단과 외단의 양단 구조가 아니라, 상중하 삼단 구조를 취하기 때문에 감로도와 같은 장엄물 역시 그에 맞추어 달라질 수 밖에 없었던 것이다.

특히 당송대 중국불교에서 도교적인 요소를 차용하여 '시왕十王신앙'이 만들어진 이후에는 사후 지옥행을 면하려는 신앙행위의 내용이 더 풍부해지게 된다. 시왕신앙은 망자의 영혼이 49일간 중음에 머무는 동안 저승세계를 관장하는 열 명의 대왕으로부터 차례로 생전의 선악을 심판받는다는 것이 기본적인 교의의 골격을 이루고 있다. 시왕신앙에서는 『구사론』 등에서 나오는 '중음中陰'의 교의와 인도의 야마신앙을 각색하여 사후 심판의 구조를 만들어냈다.

이러한 시왕신앙은 지장신앙과 결합하여 사후의 심판과 구제를 위

한 여러 의식들을 조합하게 된다. 『지장보살본원경地藏菩薩本願經』「도리
천궁신통품忉利天宮神通品」에서는 다음과 같이 설하고 있다.

> 이곳은 염부제에서 악한 짓을 한 중생이 (사후) 49일이 지나도록 그를
> 위하여 공덕을 지어 고난에서 건져주는 일이 없거나, 살아 있을 때에도
> 착한 인연을 지은 바가 없으면 부득이 본업本業의 지은 대로 지옥에 떨어
> 지게 되어 그 때에 자연히 이 바다를 먼저 건너게 된다.

인용문에 따르면 망자의 천도를 위한 의례는 사후 중유에 머무는
49일째 까지 행해져야 하는 것임을 알 수 있다. 중유기에 행하는 칠칠
재, 즉 49재를 치르고 나면 새로운 윤회의 존재로 태어나게 되므로 그
이후의 망자를 위한 의례는 의미 없는 것이 된다. 그러나 동아시아권
에서는 49일이 지나 중유에서 벗어난 이후에도 백일재百日齋와 1주기·2
주기에 소상재小祥齋·대상재大祥齋라는 천도재를 지낼 수 있도록 유교
상례에 해당하는 의례기반을 마련해놓고 있다.

중국불교의 시왕사상에 근거하면, 사람이 죽은 후에 명부계를 다스
리는 열 명의 시왕에게 초재·2재·3재·4재·5재·6재·7재·백일재·소상재·
대상재까지 10회에 걸쳐 차례대로 판결을 받게 된다고 믿기 때문이다.
이는 칠칠재가 시왕재로 발전해가는 과정에서 불교와 유교의 의례가
결합한 사례를 보여준다. 따라서 시왕사상과 유교 상례기간의 결합에
따라 49일을 넘어 2주기까지 이른바 내세를 위한 판결기간으로 열어
놓음으로써 중유기를 넘어서도 상례의 의미를 지닌 의례가 행해지고
있는 것이다.

이처럼 중국불교에서 망자를 천도하는 의식이 성행하게 된 배경에 도교와 유교가 존재했듯이 한국불교에서는 무속이 이와 비슷한 역할을 했던 것을 볼 수 있다. 한국사회에서는 집안에 납득하기 힘든 고난이 닥쳤을 때 집안의 망자 가운데 문제 있는 죽음을 돌아보면서 오랜 선조의 원한과 억울한 죽음까지 찾아내어 천도재를 지내고 있다는 것이다. 따라서 통상의 상·제례의 범위에서 벗어난 개인 천도재는 주로 해원解冤을 위한 무속의례와 유사한 동기에서 진행되고 있음을 볼 수 있다.

5) 아귀에게 음식을 베푸는 보시공덕: 시아귀법施餓鬼法과 시식施食

(1) 보시바라밀과 시아귀법

고대 인도에서는 사람이 죽어 다음 생을 받을 때까지의 중유의 상태를 쁘레따(preta; peta)라 하고, 쁘레따의 단계를 거쳐 조상신으로 자리하려면 일종의 공양의식이라 할 수 있는 조령제祖靈祭를 지내야 한다고 생각했다. 이 쁘레따의 개념이 '아귀'로 한역漢譯되면서 천도되지 못한 영가를 위한 의식을 시아귀회施餓鬼會라고 불렀는데, 이는 말 그대로 '아귀에게 먹을 것을 베푸는 의식'이라는 의미이다. 시아귀는 아귀가 된 조상 외에도 제사 지내 줄 친척이 없는 고혼, 즉 무주고혼에게도 음식을 베푸는 공덕행을 실천하는 것을 포괄한다. 이는 아귀도로 떨어지게 되는 주요 업인이 인색함과 욕심[慳貪]으로 설정되어 있기 때문에 자연스럽게 전생의 악업을 근본적으로 해소하는 수행으로서 보시바라밀을 강조했던 것으로 생각된다.

한편, 초기경전인 싱갈라경(Siṅgālovāda-sutta)에서 붓다는 재가자에게 다섯 가지 방법으로 부모를 존경하고 봉양해야 함을 가르치고 있는데, 그 중 하나가 돌아가신 부모님을 위해 '적당한 시기에 공물을 바치라'는 것이다. 이와 유사하게 『장외경牆外經』에서도 돌아가신 조상에게 여법하고 청정한 음식을 바치라는 내용이 등장한다. 이러한 교의들을 통해 그 당시 인도에서도 조상에 대한 제사가 매우 중요시되었음을 확인할 수 있다.

『아비달마비바사론』에서는 어떤 비구가 과거 오백 생에 걸쳐 항상 아귀도에 태어났던 것을 염하고, 곧 고통스러운 상懺이 생겨나서, 일체의 연을 단절하고 홀로 수행에 정진하여 수다원과를 증득하게 된 일화가 등장한다. 그 비구는 지금 승가 대중이 필요로 하는 보시물을 구하여 권화행을 하는 것이 곧 구제의 행임을 설파하는데, 이는 경문을 읽는 이들에게 삼악도에 떨어지지 않기 위해서 보시바라밀을 실천할 것을 권유하는 내용이라 하겠다.

이처럼 아귀에게 음식을 베푸는 공덕을 쌓고, 이를 자신과 선조에게로 회향한다는 교의적 기초는 초기불교에서부터 나타난다. 인도불교에서도 효는 중요한 윤리 덕목으로 존중되었을 뿐 아니라, 망자에 대한 공양 역시 적극적으로 실천되었던 것이다. 고대 인도인들이 제사의 대상으로 인식한 귀鬼는 늘 굶주려 있는 상태이며, 미혹함과 업의 굴레에서 벗어나지 못한 존재였다. 이러한 종교문화적 배경이 있었기 때문에 조상의 망혼은 후손이 의식을 통한 공양을 실천해야만 구원이 가능한 것으로 인식되었으며, 불교의 윤회사상과 결합된 공양의식이 행해졌던 것이다.

일반적으로 업과 과보의 관계는 자업자득自業自得이 원칙이지만, 자신이 쌓은 선업을 타자에게로 나누어주는 형태의 회향도 있고, 자신이 쌓은 선업을 자신의 깨달음[菩提]에 전환하는 회향도 있다. 시아귀에 대해 설하는 초기 경전 등을 보면 "보시자가 행한 선업-특히 승가에 대한 공양의 형태로-이 아귀에게로 이양되어 그 선업의 과보를 아귀가 받는다"고 하는 '타업자득他業自得'이 설해져 있는 것을 볼 수 있다.

사실 조상의 망혼을 위해 공양하는 추선회향의 사상 자체는 오늘날 상좌불교 교단 등에서도 발견할 수 있다. 예를 들면 현대의 미얀마에서는 사람이 죽은 당일과 익일, 7일 후, 한 달 후, 1년 등의 기일에 친족이 승원에 가거나, 출가자를 자택에 초빙해서 보시를 행하는 것에 의해 공덕을 쌓고, 그 공덕을 망자에게 회향하는 풍습이 있다. 그렇게 하면 일부의 아귀는 다른 이의 선업을 내 일처럼 기뻐하고 좋아하는 이른바, 수희隨喜에 의해서 공덕을 받을 수 있으며, 어두운 아귀의 세계를 벗어나 다른 세계에 태어나는 것이 가능하게 된다.

망혼에게 음식을 베푸는 시식은 거의 모든 천도의식의 절차에 수용되고 있으며, 그 대상이 무주고혼 즉 아귀에 대한 시식으로 특정화된 의식이 바로 시아귀회施餓鬼會이다. 북송대 자운준식(慈雲遵式, 964-1032)은 『금광명경金光明經』에 근거하여 무주고혼을 달래고 삼악도에 떨어진 조상들을 천도하기 위해서 매일 다라니를 외고 음식을 공양하는 시아귀의식을 실천했다. 이미 10세기 중국불교에서 우란분·중원中元의 행사에 시아귀계통의 사상이 깊게 습합되었던 것이 자운준식의 저술을 통해 확인된다. 송대 이후에는 널리 이 시아귀법이 망자를 위한 천도의례로서 정착되었으며, 단기간에 널리 동아시아에 확산되기에 이른다. 당에 유학한 일본의 구법승들이 귀국할 때 가지고 들어온 경권 목록에도 반드시 시아귀법의 의궤가 들어있을 정도였다.

한국불교의 경우 고려 성종宣宗7년(1090) 최사겸이 송에서 『수륙의문』을 들여온 이래 몽산덕이(蒙山德異, 1231-1308?)의 『증수선교시식의문增修禪教施食儀文』 복간을 필두로 많은 의식서가 출간되었다. 이후에 나온 의례집은 대부분 덕이의 『증수선교시식의문』을 답습하는 수준이었기 때문에, 한국불교의 시아귀회 관련 의궤는 덕이본을 저본으로 하고 있다고 할 수 있다. 그 후 수백년이 지나 도광道光 6년(1827)에 이르러서야 백파긍선에 의해 의식문의 착오와 결함을 보충하고, 여러 의식집들을 통일한 『작법귀감作法龜鑑』이 나오게 된다.

시아귀는 시식施食·염구焰口 혹은 방염구放焰口로도 불렸으며, 원대 이후에는 '유가염구瑜伽焰口'라는 명칭도 사용되었다. 이후 시아귀의식은 점차로 모든 승려와 신도들이 가정과 사원에서 주기적으로 실천하는 일상의 의례로 자리 잡게 되었다. 시간이 지나면서 매년 음력 7월 보름 주기적으로 승려들에게 공양을 바치는 불교명절의 성격을 가지고 있던 우란분재와 시아귀회 두 의식이 서로 융합되면서 그 내용에도 변화가 생겨나게 되었다. 다시 말해, 원래 승려에 대한 공양이 주를 이루던 우란분재에 선조의 망혼까지 공양 대상에 포함시키게 되었던 것이다. 역으로 이를 시아귀의식의 차원에서 보면 망혼에 대한 시식이 주를 이루고 있었지만, 승려에 대한 공양의 공덕까지 포함하게 된 것으로 볼 수 있다. 결국 시아귀회는 승려에게 공양하고, 아귀에게 음식을 베풀어 천도하는 공덕으로 망혼의 천도는 물론 시주자 자신의 사후의 복덕을 쌓고, 수명을 늘이기 위해 설행하는 수륙재 성격의 의식이 된 것이라고 할 수 있다. 현재 중국 불교계에서 사용하는『수륙의궤회본水陸儀軌會本』[30]을 편찬한 인광印光대사(1862-1940) 역시 그 서문에서 '아귀면연餓鬼面然 시식법의 인연으로부터 수륙재회로 변화했다'고 서술하고 있다.

중국불교에서의 시아귀의 사상 자체는 육조六朝·수대隋代를 거쳐 당대 불교와 도교 문헌에서 나타나고 있으며,『우란분경』등에서도 반영되어 있다. 그러나 아난존자와 염구아귀가 등장하는 시아귀의 의궤류가 본격적으로 편찬되어 등장한 것은 중당에서 송대에 걸치는 밀교경전이었다. 이러한 시아귀법 의궤는 아귀도에 떨어진 자에 대한 공양 중심으로 내용이 구성되어 있는데, 꽤 이른 단계에서부터 육도를 윤회하는 일체 중생에게 보시하는 의미가 설해지게 된다.

밀교 경전 중에서 가장 빠른 시아귀 관련 문헌은 실차난타(實叉難陀, 652-710)가 번역한 『불설구면연아귀다라니신주경佛說求面然餓鬼陀羅尼神呪經』과 불공(不空, 705-774)이 번역한『불설구발염구아귀다라니경佛說救拔焰口餓鬼陀羅尼經』이다. 『불설구발염구아귀다라니경』은 시아귀법의 기본 형식

---

30 1924년에 「광릉후학법유증보의략(廣陵後學法裕增補儀略)」의 중각회본 4권과『수륙의궤회본』을 융합하여 편집한 것이다.

을 전하고 있으며, 마찬가지로 불공이 번역한『시제아귀음식급수법병수인施諸餓鬼飮食及水法并手印』에서는 보다 구체화된 행법을 보여 주고 있다.

① 깨끗한 물을 부어 만든 약간의 아귀음식을 구리그릇(구리그릇이 없으면 흰 사기그릇이나 칠기)에 준비한 다음 동쪽을 향해 앉거나 서서 작법을 행한다.

② 자비의 마음을 내어서 '허공법계의 일체 아귀들이 이곳에 모여 공양을 받들어 올리는 나를 보호하며, 공양의 공덕을 널리 법계에 회향케 하여 모든 유정이 성불하기를 청한다'는 내용의 소청게所請偈를 1편 외운다.

③ 합장한 채 바늘구멍 같은 아귀의 목구멍을 정상적으로 열어주는 개후인開喉印 또는 두루 아귀를 소집하는 보집인普集印의 수인手印을 지은 후, 자비의 마음으로 법계 안의 모든 아귀가 운집하기를 기원하면서 '나무 보보제리 가리다리 다타 아다야'란 진언을 7편 외운다.

④ '옴 보보제리 가다리 다타아다야'라는 개지옥문開地獄門 및 인후주咽喉呪를 외운다; 이 진언을 외울 때 왼손에 식기를 집고 오른손으로 앞의 소청인所請印을 짓고 1번 주문을 왼 후 1번 손가락을 딱 하고 울리는 탄지彈指를 한다.

⑤ 무량위덕자재광명승묘지력가지음식다라니(無量威德自在光明勝妙之力加持飮食陀羅尼 '나막 살바다타 아다 바로기제 옴 삼마라 삼마라 훔'을 7편 외우면 일체 아귀가 77곡의 음식을 모두 얻게 되며, 모두가 하늘 또는 정토에 나게 된다.; 송주 1번에 1탄지를 한다.)

⑥ 시무외인施無畏印을 지은 채 감로법미진언(甘露法味眞言 '나무 소로바야 다타 아다야 다냐타 옴 소로소로 바라소로 바라소로 사바하'를 7편 외운다; 이러한 의례적 절차를 통해 음식 및 물이 무량한 우유와 감로로 변하게 되며, 모든 아귀의 목구멍을 열어 평등하게 음식을 먹을 수 있다)

⑦ 비로자나일자심수륜관진언인毘盧遮那一字心水輪觀眞言印을 짓고 먼저 오른 손 가운데 밤鑁자를 생각한 다음 우유의 색이 팔공덕해八功德海로 변하여 감로 제호가 흘러나오는 것을 생각한다. 손을 식기 위에 놓은 다음 밤鑁 자를 7편 외운 후 다섯 손가락을 펴서 식기 가운데 닿도록 한다. 그리고 우유 등이 글자 가운데서 흘러나오는 것이 일월의 우유바다[乳海]에서 흘러나오는 것처럼 관하면 모든 아귀가 포만함을 얻게 된다.

다음 보시일체아귀인진언普施一切餓鬼印眞言 '나무 사만다 몯다남 남'을 왼다.

⑧ 사람이 다니지 않는 깨끗한 땅이나 연못 근처 나무 밑(복숭아·버드나무· 석류나무 밑에 는 불가)에 5여래의 명호를 베껴 쓴 다음, 지극한 마음으로 5여 래의 명호를 칭하면 공덕이 무량하게 될 것이다.

⑨ 시식을 마치고 행자는 모든 귀신 등을 위해 보살삼매야계다라니菩薩三 昧耶戒陀羅尼를 3편 왼다; '옴 삼마야 살달범'

⑩ 모든 아귀가 포만케 되면 모름지기 다라니법陀羅尼法으로서 떠나보내야 하며, 이로서 본래의 처소에 돌아가게 될 것이다. 발견해탈진언發遣解脫眞 言 '옴 바아라 목 흘쇄 목'을 외울 때 먼저 주인呪印을 지어야 한다. (오른손은 주먹을 쥐고 가운데 손가락을 엄지에 구부려 손바닥에 탄지하여 소리낸다)

인용문에서처럼 다소 복잡한 시아귀법의 절차는 북송대 자운준식에 의해 좀 더 간결한 형태로 재정비되었으며, 매일 실천하는 일상 의례 로서 승려와 일반 신도들에게 권장되었다.[31]

이러한 시아귀의식을 설행할 때는 연못 주변이나, 나무 아래 등의 조용한 장소에서 동쪽을 향하여 3척 이하의 단을 쌓고 시아귀 의식을

---

31 준식의 『금원집(金園集)』이나 종효(宗曉, 1151-1214)의 『시식통람(施食通覽)』에는 준식에 의 해 저술된 시아귀의식에 관한 짧은 의문儀文 다섯 편이 실려 있다.

거행한다. 일반적으로 시아귀의식은 일몰 이후에 설행하는데, 이는 아귀가 음계陰界의 중생이라, 야간에 활동하기 때문에 아귀에게 베푸는 의식 역시 야간에 진행되어야 한다는 인식을 바탕으로 한 것이다. 이와 동일한 맥락에서 시아귀의식을 할 때는 등불을 밝히지 않는다. 또한 길상목인 복숭아, 버드나무, 석류 옆에서는 시아귀의식을 설행하지 않는데, 이는 길상목이 귀신을 쫓는 힘이 있다는 믿음에 근거한 것이다.

시아귀의식에서는 불보살에 올리는 공양의식과는 달리, 향화는 공양하지 않는다. 또한 아귀가 소음에 민감하다는 인식 때문에 종을 울리거나 염주를 굴리지 않고 목소리를 높여서 진언을 외지 않는다. 아울러 시아귀작법이 끝난 후에는 바로 뒤를 향해서 돌아보지 않는 금기도 있는데, 이는 아귀가 사람의 시선을 싫어하기 때문이라고 한다.

7세기 말 이후 한역된『불정존승다라니진언佛頂尊勝陀羅尼眞言』에서도 지옥도에 떨어진 일체 중생의 죄와 고통을 구제하고자 하는 자는 제8법, 즉 매시간 불정인佛頂印을 결하고, 불정존승다라니 21편을 송주하며, 바로 서쪽을 향해서 수인을 풀어주면 죄고가 소멸되고 지옥중생의 장애가 사라진다고 적고 있다. 또한 아귀에게 음식을 베풀고자 하는 자는 제9법을 실천하면 되는데, 바로 다라니주 21편을 주송하고, 정수를 사방에 뿌리며, 아귀에게 베푸는 마음을 지으면 바로 아귀가 물을 먹을 수 있다는 것이다.

8세기 당의 밀교승 불공(不空, 705-774)이 한역한『시제아귀음식급수법施諸餓鬼飮食及水法』에서도 아귀시식법에 대해 설명하고 있다.

여러 아귀에게 시식을 해도 모두 모여들지는 않는다. 얻어먹는 아귀도 있고, 못 얻어먹는 아귀도 있기 때문에 헛되이 공력만 사용하게 되는 것이 심히 안타깝다! 만약 어느 수행자가 보리심을 내서 이 시식법을 잘 숙달한 후 아귀들에게 시식하면 모든 아귀들이 포만감을 얻어서 부족함이 없을 것이니, 시식법을 실천하는 이들은 모두 이를 알아야 한다. 다라니로 가지한 음식을 그릇 하나에 담아서 흐르는 깨끗한 물에 흘려보내고, 일체 바라문 선인[高僧]들로 하여금 모두 이 밥을 다 먹기를 이구동음으로 발원하게 한다. 이 사람은 현세에서 수명이 연장되고, 그 사람은 범천 위덕행과 범천행을 다 갖추게 된다. 만약 이 주문으로 일체 공양물-물, 향화, 음식 등-에 주문을 21편 외고 불타에게 공양하면 이는 곧 시방 일체 제불에 공양하는 것과 다름이 없다.

인용문을 보면 다라니를 외워서 종교적 힘을 주입한 음식물을 아귀들에게 베푸는 시식법의 기본적인 내용은 같지만, 시식을 실천한 승려들이 그 공덕으로 늘어난 수명과 위덕을 갖추게 된다는 공덕사상이 드러나고 있다. 이는 아귀에 대해 자비를 베푸는 시식이 곧 육바라밀-특히 보시바라밀-을 행하는 것이며, 그 시식을 실천하는 자의 수명을 연장하게 하고, 사후에 좋은 곳에 태어날 수 있게 하는 공덕이 된다는 것이다.

8세기 불공에 의해 한역된 또 다른 밀교의궤인 『유가집요구아난다라니염구궤의경瑜伽集要救阿難陀羅尼焰口軌儀經』에서는 아귀시식법의 효과에 대해 설명하고 있다.

이 물과 밥의 양이 법계에서 다함이 없으리니 모두 깨달음을 얻어 고통에서 벗어나리라. 불타께서 아난에게 이르시기를, 너는 지금 이 다라니법을 수지하여 그대의 복덕과 수명을 증장시키라. 아귀는 생천이나, 정토왕생을 할 수 있고, 인간이나 천신의 몸을 받을 수 있다. 시주로 하여금 장애를 전환시켜 재앙을 소멸하고 수명을 늘리며, 현생에 뛰어난 복을 부르고, 미래에 보리를 깨닫게 할 수 있다. 또한 유정중생을 위하여 넓고 큰 마음을 발하여 누겁의 전생 부모들, 저승의 관리들, 염라계의 미물들, 일체 영가들에게 두루 평등하고 광대한 공양을 하는 것이니 모두 모여서 불타의 위광에 몸을 씻고, 이 뛰어난 이익을 얻어서 인간과 천계의 즐거움을 받으시라. 오직 바라건대, 제불, 반야보살, 금강천 등과 제업도業道 무량한 성현께서 사제의 인연이 없어도 그 행하신 바로써 자비롭게 저를 깨우쳐주시기를.

인용문을 보면 밀교의례에서 생천만이 아닌 정토왕생을 지향하는 현상이 나타나는 것을 볼 수 있다. 이는 중국불교에서의 정토사상의 발전으로 인한 자연스러운 결과일 것이다.

9세기에 당의 밀교승 법전法全에 의해 한역된 『공양호세팔천법供養護世八天法』에도 시아귀법에 관한 내용이 수록되어 있다.

과일은 청동그릇 혹은 쟁반에 담고 여러 가지 맛있는 음식, 과자, 단 것 등은 잘게 부수어서 놓아야 한다. 시염구아귀식진언施焰口餓鬼食眞言을 염송하면서 자비심을 일으키고, 손에 쟁반을 들고 三二七편(三十七편의 오기인 듯)을 가지加持하고, 또한 묘색신여래진언을 염송念誦하면서 가지한 물을 뿌린다. 또한 보공양인명普供養印明을 염송하고, 지성으로 향화·음식을 많이, 세밀하게 공양하도록 한다. 다음의 게송을 염송하고, 담장 밖이나 집의 **쪽에 음식을 흩뿌려 보시하거나, 혹은 길게 흐르는 물에 보시하여 이름 없는 귀신이 그것을 먹게 한다.

내가 닦은 복으로 두루 아귀도를 적시리니
이 음식으로 굶주림을 면하고 아귀 몸 벗어나 좋은 곳에 태어나라

인용문의 원문에서 보면 "담장 밖이나 집의 **쪽에 음식을 흩뿌려 보시하거나"에 해당하는 문장("即將障外或於宅□□方散施")이 중간에 알아볼 수 없는 글자로 되어 있는데, 아마도 집의 '바깥쪽'을 의미하는 글자가 쓰였을 것으로 추정된다. 현재도 중국을 포함하는 중화문화권에서 행하는 아귀 관련 의례들을 보면 집 내부가 아닌 바깥쪽에서 시식과 소지전(燒紙錢; 지전을 태우는 의식)이 행해지는 것을 볼 수 있기 때문이다. 이는 한국불교의 수륙재 등에서 번뇌에 물든 망혼을 청정하게 씻기는 관욕灌浴절차를 법당 내부가 아닌 관욕소에서 행하는 것과 동일한 맥락이라고 할 수 있다. 산 사람들의 공간과 망혼들에게 베푸는 장소는 엄연히 분리하는 것이 동아시아 불교의례에서 보편적으로 나타나는 현상인 것이다.

『불설시아귀감로미대다라니경佛說施餓鬼甘露味大陀羅尼經』에서는 출가 승려뿐만 아니라, 재가자들에게도 아귀시식법, 즉 시아귀법施餓鬼法을 권장했음을 알 수 있다.

이 선남자가 만약 장부의 일과日課 수행을 다 해낼 수 있다면 1일 시식으로 한 천하 아귀들이 모두 먹을 수 있고, 여러 날 시식하면 시방 육도의

모든 아귀들이 배부를 수 있을 것이다. 이러한 보살이 얻은 복은 불가사의하여 헤아릴 수가 없으니, 알지 못하는 새 자연히 아뇩다라삼먁삼보리를 얻게 된다. 선남자여. 이 다라니를 단지 독송하고 서사하기만 해도 이 사람은 세간과 육십억겁의 미세한 생사를 뛰어넘게 된다. 하물며 여법하게 수행하고 중단함이 없음에랴.

인용문에서는 시식법뿐만 아니라, 다라니 독송, 서사를 통해서도 아뇩다라삼먁삼보리를 얻을 수 있다고 주장한다. 이는 아귀를 천도한 공덕을 보리에 회향하는 구조라고 할 수 있으며, 단지 이 경전의 교설뿐만 아니라, 대승불교의 재회에서 지향하는 목적이기도 하다.

그 밖에도 『유가집요구아난다라니염구의궤경瑜伽集要救阿難陀羅尼焰口儀軌經』, 『유가집요염구시식기교아난다연유瑜伽集要焰口施食起敎阿難陀緣由』, 『시제아귀음식급수법施諸餓鬼飮食及水法』 등이 있다. 시아귀법에서는 시식과 법식法食, 즉 물리적인 음식뿐만 아니라, 법문도 함께 들려주어 아귀도의 고통을 면하게 하는 것을 지향하게 되면서 다라니 염송을 강조하는 것을 볼 수 있다. 이처럼 다라니의 형태로 아귀들에게 보시하는 법문을 '법시法施' 혹은 '법식'이라고 칭하고 있다.

자신의 7세 선조를 포함한 법계의 구제받지 못한 망혼들에게 음식을 베푸는 시식施食과 다라니를 들려주는 법식法食으로 천도하여 정토왕생하게 하고, 그 공덕으로 스스로의 성불도 이루는 것이 동아시아 불교 재의식의 보편적인 구조인 것이다.

(2) 망혼에 베푸는 시식施食과 헌식獻食

시식施食이란 말 그대로 음식을 베푸는 의식으로서, 육바라밀 중에 보시바라밀에 해당하는 실천이다. 바라밀행으로서 음식을 보시하는 행위의 목적은 굶주린 중생에게 음식을 베푸는 공덕을 보시하는 자신의 성불과 돌아가신 선조의 구제를 위해 회향하는 것에 있다. 시식은 기본적으로 법문을 대접하는 법식法食과 음식을 대접하는 찬식饌食의 양자를 포괄하는 것으로 불보살에게는 공양이라는 용어를 쓰지만 영가들에게는 '시식施食'이라고 한다. 이를 보시행의 기준에서 보면, 음식을 베푸는 것은 '재시財施', 법문을 베풀어 망혼을 천도하는 것은 '법시法施'에 해당될 것이다.

고대 인도에서는 망자의 영혼에 음식을 베푸는 두 가지 방식이 있었는데, 아귀(preta)에게는 땅 위에 음식을 놓아두는 방식으로 베풀고, 음계陰界에 거주하는 망혼에게는 흐르는 물에 음식을 띄워서 보냈다. 이러한 의례 형식은 흐르는 물이 망자의 세계에까지 음식을 옮겨다 준다는 믿음을 배경으로 하고 있다. 이렇게 망혼에게 베풀기 위해 음식을 땅 위나 흐르는 물에 부었던 전통은 후기 인도불교에까지 계승되었다.

아귀에게 베푸는 선행의 공덕으로 돌아가신 선조의 망혼이 좋은 곳에 다시 태어날 수 있게 기원하는 시식이 '천도의례'의 형식으로 정비되고, 구제론의 성격을 갖추게 된 것은 중국불교에 와서였다. 시식의 기본적인 사상은 육조시대와 수당시대의 불교와 도교 문헌에서 나타났으며, 『우란분경』 등에도 반영되어 있었다. 그러나 아난존자와 염구아귀焰口餓鬼가 등장하는 시아귀施餓鬼 류의 밀교경전과 의궤가 편찬되고 정비된 것은 널리 알려진 바와 같이 중당부터 송대에 걸친 시기였다. 그러한 문헌들에서는 주로 아귀도에 떨어진 중생을 구제하기 위한 공양법과 망혼을 포함한 일체중생에게 보시하는 시식으로 얻어지는 공덕의 의미를 제시하고 있다.

아귀시식의 교의와 실천법을 설하고 있는 경전 중 가장 앞선 계통으로는 실차난타(實叉難陀, 652-710)의 번역으로 알려진『불설구면연아귀다라니신주경佛說救面然餓鬼陀羅尼神呪經』, 불공(不空, 705-774)번역으로 알려져 있는『구발염구아귀다라니경救拔焰口餓鬼陀羅尼經』, 그리고 이들 경전을 바탕으로 한 의궤인『유가집요구아난다라니염구의궤경』 등이 유명하다.

원래 초기 불교 문헌에서는 후손들이 조상들을 위해 제사를 지내게 되면 육도 가운데 아귀계를 제외한 다른 세상에는 효력이 미치지 않는다고 설하고 있다. 아귀계에 떨어진 조상들은 후손들이 제를 지내거나 보시 등의 선행을 하고 그 공덕을 회향하면 이를 공유할 수 있지만, 만약 조상이 천상, 지옥 등에 떨어지면 제사의 효력이 미치지 못한다는 것이다.

하지만 중국불교에서는 이러한 인도불교의 공덕사상에 더하여, 지옥의 구제자인 지장신앙과 시왕신앙의 발전이 있었으며, 시식을 통해 얻어진 공덕으로 지옥에 떨어진 이도 구제할 수 있다는 시식법이 등장하게 되었다. 이에 따라, 송대에는 시식의 발전형이라고 할 수 있는 수륙회, 수륙재도 형태를 갖추어갔으며, 그러한 재회에는 지옥교주인 지장보살과 심판자인 명부시왕의 단이 자리 잡게 된다. 당대에 밀교의 고승들을 통해 시아귀법 관련 경전의 번역이 활발하게 이루어지고 나서, 송대에 이르러 중국적인 관료조직을 바탕으로 한 명부시왕사상, 지장신앙, 시식법 등을 토대로 지옥에서 고통받는 중생을 구제하기 위한 수륙재 등의 의식이 거의 완성된 형태를 갖추게 된 것이다.

이러한 아귀시식의 사상은 육도의 아귀중생에게 공양하는 것에만 그치지 않고 고혼 일반의 구제 및 무차공양無遮供養의 형식으로까지 발전하게 된다. 다시 말해, 조상이었던 아귀에 대한 공양뿐만 아니라, 다른 무주고혼 상태의 아귀에 대한 공양도 보시의 공덕으로서 자신의 선조를 천도하는데 회향할 수 있다는 신앙이 만들어진 것이다. 이에 따라, 원래 인도불교에서부터 전해진 승가에 대한 공양의 공덕과 더불어 무주고혼 아귀에 대한 시식의 공덕까지 더해진 것이 불교의식의 축을 이루게 된 것으로 정리할 수 있을 것이다.

다시 말하자면, 불교의 재의식에서 핵심이 되는 양대 축은 망혼에 대한 시식과 불보살·수행승에 대한 공양이라고 할 수 있다. 음식을 대접한다는 의미는 같지만, 그 대상이 떠도는 망혼일 경우에는 시식이라하며, 제사 지내는 후손이 있는 이른바, 유주有主 망혼인 경우에는 영반靈飯이라고도 한다. 또한 불보살의 경우에는 존경의 마음으로 올리는 것이기 때문에 일반적으로 공양供養 또는 헌공獻供이라고 한다. 시식과 공양 둘 다 공덕의 회향이라는 개념을 배경으로 하고 있지만, 시아귀의식이 아닌 재의식에서는 승려에 대한 공양이 좀 더 본질적이라고 할 수 있다.

불교문헌에서 시식법의 사례를 찾아보면, 먼저 5세기 중엽 구나발타라에 의해 한역된『대법고경大法鼓經』에는 인도에서도 대규모 시식회施食會와 같은 의식이 행해졌음을 짐작케 하는 구절이 등장한다. 파사익왕과 같은 경우는 항상 11월 대시회大施會에 먼저 아귀와 고독하고 가난한 자, 거지에게 먼저 먹게 하고, 그 다음에 사문과 바라문에게 베풀어서 맛있는 음식들을 원하는 대로 먹게 하였다는 내용이 그것이다.

『대비로자나성불경소大毘盧遮那成佛經疏』에서 제기하는 시식법에 따르면, 공양할 때는 일체 천신을 모두 함께 공양해야 하며, 자루 달린 구리그릇에 꽃, 과일, 잎과 모든 음식을 가득 채운다. 키[32]를 앞뒤로 흔들어서 불을 끄고, 집안의 우물, 부엌, 당 등에 두루 곳곳마다 한 번씩 음식을 바치고 신주를 독송한다. 문에 이르기까지 시식을 다 마치면 나머지 음식은 지붕 위에 두어서 선조 등과 아귀에게 준다. 이 시식법에서 키로 바람을 일으켜 집안의 불을 끄라는 것은 아귀를 비롯하여 조상신 등은 음계陰界에 속한 존재이기 때문에 햇빛이나, 불빛 등의 양陽의 기운을 힘들어하기 때문일 것이다.

『불설구발염구아귀다라니경』에서는 어느 날 아난존자가 삼경이 지난 무렵에 염구아귀를 만난 일을 설명하면서, 아귀와 바라문선인들에게 보시하고 삼보에 공양을 올림으로써 공양자는 수명이 늘어나고, 아귀들은 아귀계의 고통으로부터 벗어나 천계에 태어난다고 설하고 있다. 여기서 염구아귀는 그 모습이 추하고 비루하며, 몸은 삐쩍 말랐는데, 입에서는 불을 뿜고 목구멍은 바늘처럼 가느다란 모습으로 묘사되

---

32 바람을 이용해서 곡식 낱알을 고를 때 사용하는 기구

고 있다.

동아시아불교에서 수행자들이 아귀에게 음식을 베푸는 이른바, 아귀시식餓鬼施食과 관련이 있는 이 경은 구체적인 시식施食의 실천방법과, 시식 절차에서 불려지는 다라니인 변식진언變食眞言[33] 등을 담고 있어서 한국의 수륙재나 시아귀회施餓鬼會에서도 자주 인용되고 있다. 동아시아 사찰의 감로탱화 등에는 머리는 크고 산발을 하였으며 배가 툭 튀어나오고 목은 가느다란 형상을 한 아귀가 발우를 들고 있는 모습으로 묘사되어 나타나는데 이는 이 아귀가 감로를 얻어 구제받기를 기다리는 상태를 나타내는 것이다.

앞에서도 얘기했듯이, 초기 불교 문헌에서부터 아귀라는 존재에 대한 서술이 등장하는데, '후손에게 공양받지 못하는 망자의 혼'에 대한 인식은 불교만이 아닌 전 인도 문화권에 광범위하게 존재했던 것으로 보인다. 대승불교, 특히 중국불교에 들어와서는 아귀에게 음식을 베푸는 의식인 시아귀법이 불교와 도교 양쪽에서 다양한 형태로 발전하게 된다. 물론 시아귀施餓鬼를 통한 추선회향이라는 개념 자체는 프레타를 위한 조령제나 『아귀사경(餓鬼事經; 뻬따왓뚜)』 등에서 보듯이 고대 인도에도 뚜렷한 흔적이 있다. 하지만 동아시아불교에 오면 중국 토착의 도교, 유교, 그리고 천태사상과 정토사상의 영향으로 인해 아귀 관련 구제의식의 지향점이나 수행법, 절차 등에서 인도불교와는 다른 차이점

---

[33] 아귀시식은 온 우주법계의 아귀들; 즉 제사공양을 받지 못하는 무주고혼들을 대상으로 음식을 베푸는 의례인데, 그 시식의 대상 범주가 넓기 때문에 진언을 외워서 제한된 음식의 양을 무한대로 확장하는 절차를 거친다. 이처럼 모든 아귀들이 먹을 수 있게 하기 위하여 상징적으로 음식의 양을 늘리는 다라니를 변식진언(變食眞言)이라고 한다.

이 나타나는 것을 볼 수 있다.

11세기에 중국의 금하사金河寺 사문 도전(道殿; 道厄受, 1056-1128)이 편찬한『현밀원통성불심요집』에서는 시아귀법과 정토왕생신앙이 결합하는 형태가 나타난다. 시식진언과 칭명성호로 가지한 음식을 아귀에게 베풀어서 보시바라밀을 구족한 공덕으로 위력을 지닐 수 있게 되고, 지옥중생의 극락왕생을 돕는 교의적 구조가 자리잡게 된 것이다.

> 만약 비구, 비구니, 우바새, 우바이가 항상 이 진언과 4여래 명호로 아귀에게 베푸는 음식을 가지한다면 무량한 공덕을 구족할 수 있게 된다. … 중략 … 믿음이 있는 부류라면 이 일(시식)을 빠뜨리지 않는다. 만약 지옥중생을 구제하려면 「지거여래심파지옥진언」 1편을 외우라. 무간지옥이 티끌처럼 부서지고 그 안에서 고통받는 중생이 모두 극락세계에 태어난다.

인용문에서처럼 지옥·아귀·축생 등으로 떨어진 혈육의 망자를 추선공양으로 구원하는 것은 중요한 효도의 방식으로 인식되었다. 또한 대승불교와 함께 자라난 공덕신앙으로 인해 시식의 공덕을 7세 선조의 극락 천도와 시식을 행한 자의 성불에 회향한다는 사상이 의례의 기저에 자리 잡았다는 점도 생각해볼 수 있다.

이러한 공양은 혈육인 망자뿐만아니라, 제사 지내줄 이가 없는 무주고혼을 비롯하여 일체의 중생을 구원할 수 있는 것으로 인식된다. 모든 '고통받는 사자의 구제'가 공덕이 되고, 나아가서는 산 자 본인의 구원으로도 이어지게 되는, 이른바 산 자가 죽은 자를 구함으로써 자신의 구원도 얻을 수 있다는 순환적 구제의 교설이 형성된 것이다. 池上良正의 경우에는 동아시아 지역의 민간사회에 깊숙이 침투한 '사자공양'의 구조적 특성을 가장 전형적으로 구현한 행사라고 할 수 있는 것이 '우란분'과 '시아귀'라고 보기도 한다.

『석문정통釋門正統』에서는 시식을 실천하는 이유에 대해 "광야의 귀신[曠野鬼] 및 하리제모訶利帝母[34]를 위해 불제자가 매번 밥을 먹을 때 반드시 생반生飯을 내주는 까닭이 이것이다. 염구귀焰口鬼 및 바라문선을 위해 불제자가 지극한 마음으로 곡식을 나누는 것이 이것이다"라고 설하고 있다. 또한 『시제아귀음식급수법施諸餓鬼飮食及水法』에서는 매번 식사를 할 때마다 밥알 몇 톨을 덜어 아귀에게 시식하는 생반을 할 때 외워야 할 생반게가 수록되어 있다. 현행 한국불교의 발우공양 절차에서 불리는 생반게生飯偈는 『소심경小心經』[35]에 근거한 것이며, 본격적인 식사는 생반게가 끝나야 비로소 시작된다. 게송의 내용은 다음과 같다.

너희 귀신들아, 지금 너희에게 베푸나니, 이 밥이 두루 시방 모든 귀신들에게 공양되기를

(汝等鬼神衆 我今施汝供 此食偏十方 一切鬼神供)

---

34 인도에서 질병의 여신으로 불리던 악신인데, 불타에 감화를 받아 아이를 지켜주는 선신의 형태로 불교에 수용되었다. 흔히 '귀자모(鬼子母)'로 불리며, 아이를 점지해주고, 생명을 지켜주는 다산의 여신으로 숭배된다.

35 발우공양의 절차와 게송을 기록한 문헌이며, 『석문의범(釋門儀範)』 등에 수록되어 있음. 조선시대에 여러 사찰에서 간행한 『승가일용식시묵언작법(僧家日用食時默言作法)』에도 발우공양 절차 관련 내용이 수록되어 있다.

이 생반게의 의미는 "내가 지금부터 이 세계 일체의 귀신과 공양받지 못한 망자(아귀)에게 스스로 식사를 베푼다"는 것이다. 각 승려들은 공양을 들기 전 작은 숟가락에 밥알을 몇 개 담아 헌식을 하며, 행익行益[36]은 이를 한꺼번에 모아 헌식대에 올린다. 이는 삼악도를 헤어나지 못하고 굶주림에 허덕이는 아귀중생의 기갈을 면하게 하고, 번뇌를 끊도록 보시하는 의미가 있는 의례절차이다. 생반게는 출수게出水偈라고도 하는 게송으로, 동아시아 삼국의 발우공양 절차에 반드시 포함되며, 약간의 형식적 차이는 있지만 유사한 의미와 기능을 가지고 있다. 일본불교의 공양절차에서는 이 출수게를 외면서 각 수행승이 발쇄鉢刷의 끝을 국물에 적시며, 밥알을 일곱 알 정도 놓아둔다. 이 밥알은 나중에 발우공양을 보조하며 돕는 정인淨人이 회수한다.

식사를 마친 후에는 발우를 씻은 물을 아귀 중생에게 주며 아귀가 고통에서 벗어나기를 비는 '절수게折水偈'를 승려들이 함께 염송한다. 아귀의 식도는 바늘 끝처럼 가늘어서 어떤 음식찌꺼기도 넘길 수 없다고 믿기 때문에 발우를 행구고 나서 모든 찌꺼기를 가라앉힌 후에 맑은 윗물만 준다. 발우를 씻을 때 외는 절수게折水偈는 다음과 같다.

나의 발우 씻은 물이 (我此洗鉢水)
하늘의 감로수와 같아서 (如天甘露味)
아귀중생에게 주노니 (施與餓鬼衆)

---

36 발우공양 진행을 돕는 승려. 찬상을 나르고, 밥과 국, 숭늉을 배분하며, 식사가 끝난 후 발우 헹군 물을 모아 아귀구에 버리는 일 등을 한다.

모두 마셔 배부를지어다 (皆令得飽滿)

옴 마휴라세 사바하 (唵摩休羅細娑婆訶)

또한 발우공양을 마친 후에는 행익이 각자 승려들이 마지막으로 발우를 헹군 청수를 모아 공양하는 건물 바로 앞에 있는 '아귀구'에 붓는다. 통상 이 아귀구는 돌로 쌓은 퇴수구에 몇 장의 기와를 사각형 혹은 원형으로 둘러 세운 형태를 하고 있다. 이러한 시식의례는 일본불교의 발우공양이라 할 수 있는 '오료키應量器'에서도 이와 유사한 형태로 실천된다. 이러한 발우공양의 사례에서 보듯이, 동아시아불교에서는 사원 안에서 행해지는 식사에서도 '아귀의 구제'를 의식한 보시의 행위, 즉 시식이 일상적으로 행해졌음을 알 수 있다.

현행 한국불교에서는 시아귀회라는 이름으로 별도로 재회가 행해지지는 않지만 거의 모든 재회의 절차 안에 '시식施食'이 포함되어 있는 것을 볼 수 있다. 나아가 조선시대에 들어 한국불교에서 재편된 시식施食 관련 의궤에서는 보편적으로 아미타불 염불과 거불擧佛, 정토업淨土業, 파지옥破地獄, 천수주千手呪, 왕생주往生呪 등 절차마다 그에 따른 진언들이 창송된다. 일례로 무주고혼과 아귀중생, 유정중생에게 생반生飯을 베푸는 의식인 헌식獻食절차는 다음과 같이 진행된다.

법주가 정법계주淨法界呪를 주송할 때, 증명은 오른손 무명지로 ▓를 공중에 쓰고, ▓자의 광명이 법계에 두루 비추는 관상을 한다. 변식주變食呪를 주송할 때 증명이 함께 올라 ▓자를 공양구 위에 쓰고, ▓자의 위신력으로 공양기와 곡식이 무량한 양으로 변화하여 법계에 가득 차게 되는 것을 관상한다. 감로주甘露呪를 주송할 때, 양지楊枝에 향연기를 쐬고, 물그릇에 세 번 담근 후 수륜관水輪觀을 주송할 때 양지로 범자 鑁자를 물그릇에 쓴다. 물을 세 번 저어서 향연기가 물에 스미게 하고 범자 鑁의 신력이 공중에 두루 뿌려지는 것을 관상한다. 유해주乳海呪를 주송할 때 양지로 향수를 공양구 위에 세 번 뿌리고, 공중에 다시 세 번 뿌린다. 보공양주普供養呪를 욀 때 밥을 가지고 나가서 헌식돌 위에 놓고, 양지로 옴(唵)자를 공중에 쓰고, 영가들의 이름을 부르면서 법력이 불가사의한 밥알들이 시방에 가득하여 대자비가 두루 법계에 베풀어지도록 축원한다. 그 다음에 회향주, 공양구와 사방에 물을 뿌리며 축원하고, 존승주, 염불 약간, 왕생정토주 3편을 왼다.[37]

인용문에서는 시식절차가 염불과 왕생정토주로 맺음하고 있다. 이는 초기불교 단계에서 아귀의 생천生天을 지향하며 이루어졌던 망자공양의식이 대승불교의 공덕신앙과 맞물리면서 신행상의 재해석과 확장이 이루어졌음을 보여준다.

오늘날에도 한국불교에서 행해지는 시식의 종류에는 명절이나 성절聖節 때에 공양 끝에 봉행하는 '전시식奠施食', 특정한 영가의 왕생을 위해 봉행하는 '칠칠재七七齋시식', '기일忌日시식', 병자의 병을 일으키는 책주責主귀신을 천도키 위한 '구병救病시식', 왕이나, 왕실의 구성원이 사망했을 경우, 이른바, 국혼國魂의 천도를 위한 '축상祝上시식', 출가 문중의 스승을 위해 드리는 '종사영반宗師靈飯' 등이 있고, 제삿날을 모르

---

37 『密敎開刊集』「蒙隱編」3-252에 수록된 '獻食法'과 『釋門儀範』「施食篇」靈飯條 '獻食規'를 토대로 살펴본 절차이다.

는 영가를 위해 특정한 날짜를 정해서 봉행하는 '공망재空亡齋시식', 수륙
재에 모이는 온 우주법계의 무주고혼을 위한 '무차無遮시식' 등도 있다.

『석문의범釋門儀範』에 수록된 시식의례로는 전시식·관음시식·구병시
식·화엄시식의 네 가지가 수록되어 있고, 영반으로는 종사영반宗師靈飯·
상용영반常用靈飯 등이 있다. 대한불교조계종 포교원에서 펴낸『통일법
요집統一法要集』에는 사십구재(천도재)로서의 관음시식과 시식·상용영반·
화엄시식·구병시식·종사영반·전경轉經의식 등으로 다양하게 분화된 것을
볼 수 있다.

이는 배고픈 망혼에게 밥을 베푸는 시식이 보시바라밀과 보시공덕
을 실천하는 수행의식으로 자리잡아서 한국불교의례의 한 장을 차지
하게 된 것으로 볼 수 있을 것이다.

6) 생전에 사후를 위해 공덕을 닦는 예수재預修齋

(1) 예수재의 설행의 배경과 역사: 수생受生신앙·시왕신앙·지장신앙

예수재는 사후에 갚아야 할 빚과 과보를 생전에 미리[豫] 갚아서
[修] 살아있는 동안에 사후의 복덕을 기원하는 의식이다. 본인이 살아
있을 때 사후의 추복追福을 위해 치르는 재의식이기 때문에 '생전生前예
수재'로 불리며, 통상 한국불교에서는 윤달에 치르고 있다.

예수재는 다양한 명칭을 가지고 있는데, '예수재豫修齋'를 비롯하여
'시왕생칠재十王生七齋', '예수회豫修會', '생전예수재生前豫修齋', '예수시왕재

豫修＋王齋', '생전시왕재生前＋王齋', '생전발원재生前發願齋', '생재生齋', '예수대례豫修大禮', '예수무차회豫修無遮會' 등이 있다.

예수재가 성립된 당나라 시기에 칠칠재(49재) 등의 천도재가 정착되고, 『지장보살본원경地藏菩薩本願經』·『예수시왕생칠경預修＋王生七經』 등의 편찬으로 시왕사상이 성행하면서 사람이 죽으면 명부세계를 다스리는 열 명의 시왕으로부터 심판을 받게 된다는 신앙이 생겨났다. 이에 따라 칠칠재에 백일·소상小祥·대상大祥까지 더하여 열 번의 재를 지내는 시왕재가 널리 행해졌으며, 점차 재주齋主가 살아있을 때 본인의 예수재를 지내는 풍습도 생겨나게 된 것이다. 또한 당시 유행했던 도교의 명부심판신앙이나, 인간이 태어날 때 이미 명계 지부地府에서 목숨값[本命錢]을 빚지고 나왔다는 수생受生신앙도 예수재 형성에 기여했다고 할 수 있다. 또한 예수재의 배경에는 사후 49일 간 망자가 중유에 머무르며 시왕의 심판을 받게 된다는 중유사상과 함께 지옥중생을 보호하고 구제하는 지장地藏보살신앙도 자리하고 있다.

동아시아 대승불교에서는 지장보살地藏菩薩이 시왕＋王과 함께 명부의 구원자로 신앙되어 왔다. 대승불교 보살들의 위신력이나 활동 범주가 상당 부분 서로 중복되긴 하지만 지장보살은 주로 명부신앙과 연결된다는 점에서 분명히 차별화되는 부분이 있다.

『지장보살본원경』에서는 지장보살의 전생이 여러 형태로 등장하는 것을 볼 수 있다. 그 중 네 번째 전생은 악업으로 인해 지옥에서 고통 받고 있는 어머니를 구제하기 위해 "백천만억 겁 동안 모든 세계에 있는 지옥과 삼악도에서 고통 받고 있는 모든 중생들을 제도하여 지옥,

축생, 아귀 등에서 영원히 벗어나게 하고 다 성불케 한 후에야 정각을 이루겠다"는 서원을 세운 광목이라는 여인이다.

이러한 경전 속의 전생 연기를 보면 지장보살의 서원이 대부분 악도 중생의 구제와 연관되어 있으며, 전생의 성별이 남성과 여성 반반으로 되어있음을 알 수 있다. 이는 악도의 중생을 구제함에 있어서 차별을 두지 않는 지장보살의 원력과도 연관이 되어 있으리라 생각된다.

세존은 지장보살의 인연을 설하는 자리에서 만일 중생이 손가락 한 번 퉁길 동안만이라도 지장보살에게 귀의하면, 이 모든 중생들은 곧 삼악도의 죄보에서 벗어날 것이라고 선언하기도 한다. 이처럼 육도의 모든 중생을 대상으로 구제사업을 펼치는 지장보살을 위해 『지장보살본원경』에서는 '화신' 즉 '분신'의 교의를 제시한다. 지장보살은 백천만억의 화신이 있으며, 무량무수 아승기 세계의 지옥에도 그 화신들이 다 존재하고 있다는 것이다.

또한 7세기 말에서 8세기 초에 활약했던 실차난타에 의해 번역된 『지장보살본원경地藏菩薩本願經』에서는 오쇠상이 나타날 때 지장보살 형상을 보거나, 지장보살의 명호를 듣고 한 번 보고 한 번 예를 하면 이 천인들은 도리어 천복이 늘어나서 큰 쾌락을 받게 되고 삼악도의 과보에 떨어지지 않을 것이라고 권한다. 지장보살의 명호를 듣고 공양하면 공덕과 복리가 무량하다는 것으로, 이 시기에 유행하기 시작한 명부신앙과 지장보살신앙의 한 면모를 볼 수 있다.

또한 예수재의 소의경전이라 할 수 있는 『불설예수시왕생칠경』에서는 생전에 사후의 복을 미리 닦는 예수預修의 실천에 대해 다음과 같이 설하고 있다.

만약 선남자 선여인 비구 비구니 우바새 우바이 등이 예수생칠재[38]를 지내는 자는 매월 초하루부터 보름에 걸쳐 수차례 불·법·승 삼보三寶에 공양하고, 시왕단을 개설하고 이름을 써서 육조六曹에 고하고, 천조지부관天曹地府官 등에게 알리고 나서 저승 명부에 기록해둔다. 이러한 공덕으로 죽은 뒤에 바로 안락한 곳에 태어나서, 49일 동안 중음신으로 머무는 일이 없으며, 후손 권속들이 올려주는 재의식도 기다릴 필요 없이 구제된다. 인간의 목숨이 시왕에게 달려있으므로 예수재 도중에 한 재라도 빠뜨리면 그 왕에 잡혀 일 년 동안 머무르게 된다. 그러하니 너희들은 이를 실천하여 그 공덕을 얻도록 생전에 기원하라.

인용문 안의 '인간의 목숨이 시왕에게 달려 있으므로 …' 하는 구절은 사후의 윤회 전에 겪게 되는 심판의 결정이 시왕에게 달려있다는 의미일 것이다. 심판의 대상이 되는 악업 중에는 의도하고 행한 것도 있겠지만, 의식하지 못하고 저지른 것도 있을 것이기 때문에 동아시아의 불교도들은 늘 사후의 윤회에 대해 미지의 두려움을 안고 있던 것으로 보인다. 따라서 지옥, 아귀, 축생의 삼악도에 떨어지지 않기 위해

---

38 시왕사상과 밀접하게 연관되는 칠칠재는 주로 망자의 유족이 사후에 7일을 걸러서 1·7[頭七]에서 7·7[收七·終七]까지 7회, 49일 간에 걸쳐서 망자를 위해 추선공양을 하는 의례이다. 이 칠칠재는 원래 인도에서 중국으로 전해진 중음(中陰)사상을 기본으로 하여 중국의 전통적인 상장례 풍속인 백일상, 소상(小祥), 삼년상(大祥)과 융합하여 모두 10회에 걸쳐 행해지게 된다. 또한 이 칠칠재와 관련하여 생전에 자신을 위한 예수(逆修 혹은 先修)를 하는 '생칠재'도 행해져 왔다. 생칠재를 행했던 날짜는 '칠칠재'와는 다르며, 현존하는 10세기 문헌에 의하면 매월 15일과 30일의 두 차례 행해졌던 재회로 확인된다.

서 사후 시왕의 심판을 대비하는 의식이 중요한 의미를 가지고 있었으리라 생각된다.

다음으로 예수재 설행의 교의적 배경을 제공하는 또 다른 경전인 『불설수생경』에서 제시하는 근거는 수생전壽生錢을 바침으로서 이제까지 지은 죄업을 갚는다는 것이다. 모든 중생은 자신이 태어난 해에 따라 각자 지닌 업이 다르고, 각자의 태어난 띠[십이지]에 따라 명부에서 수생전을 빌려 생명을 받아서 태어났기 때문에 이를 갚아야 한다는 것이다. 이를 갚지 않으면 온갖 고통과 재앙을 받게 되지만, 갚게 되면 18가지 액운이 소멸된다. 『수생경』과 『금강경』을 봉독하고, 수생전을 불살라 명부전에 바침으로써 모든 액운과 재앙에서 벗어나게 되며, 마침내 극락에 왕생하게 된다는 것이다. 또한 살아있을 때 수생전을 갚

◆ 작약산 예수재

지 못했다면 죽은 뒤 49일 안에 반드시 납입해야 하며, 후손들은 망자의 천도를 위해『금강경』또는『수생경』을 독송하거나, 수생전을 대신 바치게 된다.

수생신앙은 송대에 들어 민간사회에 성행하기 시작했으며, 도교와 불교의『수생경』에 근거하고 있다. 그 중 도교와 관련된 것은『영보천존설록고수생경靈寶天尊說祿庫受生經』과 『태상노군설오두금장수생경太上老君說五頭金章受生經』이다. 불교와 관련된 것은『불설수생경佛說受生經』(혹은『佛說修生經』)인데, 이 경전은 중국 승려에 의해 편찬된 위경으로 알려져 있다.

중국의 상제례에서 지전을 사용하기 시작한 것은 위진남북조시대부터이며, 당·송대에 성행하기 시작했다. 초기에는 지전을 명기冥器처럼 땅에 묻는 형식으로 하다가, 점차 태우는 것으로 변화했다. 지전을 태우는 의례는 많은 양의 종이가 소요되기 때문에 후대로 가면서 제지술과 인쇄술이 발달하게 된 후에야 이전의 묻는 방식에서 태우는 방식의 의례로 변화하게 된 것으로 생각된다.

중국 도교에서는 예수재의식을 통해 수생전을 태워서 명부의 창고에 미리 사후에 쓸 돈을 맡겨 둔다는 개념의 기고寄庫신앙이 있다. 도교의 생전예수의식에서 지전을 태워 명계로 보내는 기고寄庫의 공덕사상과, 『시왕경』에 근거한 불교 예수재의 출현은 상호 관련이 깊다. 불교와 도교에서 기고寄庫와 관련된 문헌인『受生經』·『壽生經』이 출현하게 되면서 그에 근거하여 민간사회에서 '소지전燒紙錢'의 풍속이 나타나게 되었다.[39] 송대에 성행하기 시작한 도교의 '지전을 태우는 예수의식'은 곧 기고전寄庫錢을 태우는 것으로 불교 예수재의 영향을 받은 것이다. 이처럼 중국에서의 도교와 불교 양자의 예수재 형식은 매우 근접해있으며, 공히 지옥구제사상과 관련되어 있다.

불교의 예수의식 관련 경전들은 사람이 생전에 자신의 사후를 위해 예수생칠재를 하여 얻은 공덕이 사후에 친지들에 의해 설재設齋되는 것보다 훨씬 공덕이 크다고 선양하고 있다. 이러한 예수사상의 영향으로 인해 장례에서 지전을 태워 명계의 망인이 사용할 수 있다는 관념이 더해지고, 이 양자가 결합하여 새로운 기고신앙이 만들어지게 되었다. 이러한 신앙과 의례의 결합을 통해 도교와 불교 양자 모두가 생전에 스스로 미리 지전을 태워서 사후에 사용할 수 있도록 예비하게 된 것이다.

이러한 『수생경』류에 근거한 수생신앙과 더불어 예수재의 성행을 견인했던 또 다른 사상이 바로 시왕신앙이다. 『불설예수시왕생칠경佛說預修十王生七經』(약칭 『시왕경』)은 석가불이 염라대왕에게 미래에 보현왕여래普賢王如來가 될 것을 예언하는 부분과 '예수시왕칠재豫修十王七齋'의 공덕을 설명하는 부분, 그리고 망자를 심판하는 시왕의 명칭 및 심판의 시기에 관한 내용 등으로 구성되어 있다.

시왕신앙은 인도가 아닌 중국에서 토착 도교신앙과 혼합되어 이루

---

39 지전은 저전(楮錢), 우전(寓錢), 명초(冥鈔), 명전(冥錢)으로도 불리며, 저승에서 사용하는 명부의 지폐를 말한다. 이승의 사람들이 저승세계에 이 명부전을 보내기 위해서는 의식을 통해 태워줘야 한다. 지전은 육조시대에 처음 출현했으며, 당 개원 연간에 이르러 조정의 사전(祀典) 관례로 사용되었다가, 점차 민간에도 지전을 태우는 제사의 방식이 확산되어 오늘에까지 이어지고 있다.

어진 것으로 보는 견해가 지배적이다. 당송시기를 거치면서 염라신앙은 민간을 중심으로 소위 '십전염왕十殿閻王'에 대한 신앙으로 발전하게 되는데. 이 '시왕十王신앙'은 인도의 야마(Yama; 閻羅)신앙이 완전히 중국화되어 자리잡은 동아시아적 지옥신앙이라 할 수 있다. 십전염왕이란 저승에서 죽은 자의 죄악을 심판하는 열 명의 명부 대왕을 일컫는 말이다. 이들 십전염왕, 즉 시왕은 진광왕秦廣王, 초강왕初江王, 송제왕宋帝王, 오관왕五官王, 염라왕閻羅王, 변성왕變成王, 태산왕泰山王, 평등왕平等王, 도시왕都市王, 전륜왕轉輪王으로 구성되어 있다.

시왕신왕과 관련된 경문을 보면 사후에 생전의 죄업에 대한 심판받는 시기와 그 담당자인 시왕은 다음과 같다. 임종 후 초7일에 진광왕秦廣王, 2칠일에 초강왕初江王, 3칠일에 송제왕宋帝王, 4칠일에 오관왕五官王, 5칠일에 염마왕閻魔王, 7칠일에 변성왕變成王, 7칠일에 태산왕泰山王, 백일에 평등왕平等王, 1주년에 도시왕都市王, 3주년에 오도전륜왕五道轉輪王이다. 시왕신앙은 바로 이들 시왕에 대한 공양을 통해 자신이 생전에 지은 죄업을 소멸하기 위한 실천이라고 할 수 있다.

이들 10명의 명부왕 가운데 태산왕과 염라왕을 제외한 8명의 왕들은 그 유래가 분명치 않다. 이 시왕신앙은 제7 태산왕의 존재에서도 알 수 있듯이, 기본적으로 그 성립 자체가 토착화된 불교와 도교와의 융합으로 이루어진 것이며, 불교뿐만 아니라 도교에서도 상당히 성행했다. 단지 도교식의 명칭이 도입되고 시왕의 역할에 약간의 변화가 있다는 점을 제외하면 불교와 도교의 시왕신앙은 거의 다를 바가 없다.

중국불교에서는 지장신앙과 시왕신앙이 활발하게 전개되던 시기에 예수재가 성립했으며, 한국불교에서는 고려 초기에 『시왕경』이 도입되면서 예수재의 주요 골격을 이루는 시왕신앙이 등장하게 된다. 하지만 기록상으로 고려시대 예수재의 구체적인 설행 사례는 보이지 않으며, 그 흔적을 살펴볼 수 있는 유일한 사례가 『예수시왕생칠경』(국보 제206-10호)의 간행이다. 이 의례집은 최우崔瑀의 조카인 정안(鄭晏, ?-1251)이 고종 33년(1246)에 주도하여 간행한 것이다. 조선시대에는 『예수시왕생칠경』을 포함하여 『불설수생경佛說壽生經』, 『예수시왕생칠재의찬요豫修十王生七齋儀纂要』, 『예수천왕통의豫修天王通儀』 등이 간행되었다.

조선시대의 역사기록을 보면 공적인 영역에서도 시왕신앙이 나타나고 있으며, 민간에서도 성행했음을 짐작할 수 있디. 사계 김장생(金長生, 1548-1631)은 망자의 사후에 7일마다 재를 치러주는 칠칠재七七齋는 일반인들이 제후의 예를 침범하여 7번 우제虞祭[40]를 지냈던 것이 불교의 재공齋供과 융합하여 만들어진 것으로 보고 있다.

『성종실록』을 보면 도교 초재를 전담했던 소격서에서는 북두칠성, 옥황상제玉皇上帝, 태상노군太上老君, 보화천존普化天尊, 재동제군梓潼帝君 등 10여 위位에 제사 지냈으며, 그 나머지 안팎의 여러 단壇에는 사해四海의 용왕龍王·신장神將·명부(冥府 저승)의 시왕十王, 수부(水府 수신水神이 사는 곳)의 여러 귀신의 자리를 설치하여 위판位版에 이름을 써 놓은 것이 무려 수백 명이나 된다고 하였다.

---

40 장례를 치른 후에 지내는 제사. 고례(古禮)에 사士 삼우(三虞), 대부는 오우(五虞), 제후는 칠우(七虞), 천자는 구우(九虞)를 지내게 되어있다. 세간의 예법이 어지러워지면서 일반인들이 삼우가 아닌 칠우를 거행하기도 했던 것이 칠칠재가 형성된 배경으로 보고 있다.

아래『중종실록』(중종13년 무인(1518) 7월17일)의 사례의 경우, 여러 의례의 절차를 살펴보건대 시왕예수재를 지냈던 것으로 보인다.

> 근일 이래로 두세 승니僧尼가 머리를 땋아 늘이고 속인俗人의 복장으로 몰래 내지內旨라 일컬으며 산중에 있는 절에 출입하며, 쌀과 재물을 많이 가져다가 재승齋僧 공양하고, 당개幢蓋를 만들어 산골에 이리저리 늘어 놓고, 또 시왕十王의 화상을 설치하여 각각 전번幾幡을 두며, 한 곳에 종이 1백 여 속束을 쌓아두었다가 법회法會를 설시設施하는 저녁에 다 태워버리고는 '소번재燒幡齋'라 이름합니다.

인용문의 기록은 16세기 초기의 것이지만, 적어도 10세기경부터는 시왕사상에 입각한 사후의 칠칠재나 명부의 시왕에 권공하여 명복을 비는 신앙이 발달한 것으로 보인다. 10세기 말에는 김치양(金致陽, ?-1009)이 개경의 궁성 서북쪽에 시왕사十王寺를 창건하였고, 숙종 7년 (1102)에는 흥복사興福寺에 시왕당을 건립했던 것을 볼 수 있다.

한편 한국불교에 '예수재'라는 명칭이 성립하게 된 16세기 중엽으로 보고 있다. 16세기 초만 해도 '시왕재'라고 하고 있지만, 왕실의 기신재가 폐지된 1516년 이후에는 '소번재燒幡齋'라는 이름으로 시왕재가 행해지게 된다. 또한 16세기는 예수재가 민간에서 행해지기 시작한 시기이며, 17세기는 전성기, 18세기 이후로는 점차 줄어든 것으로 보고 있다. 특히 조선 중기인 16-17세기에 예수재가 성행했던 것은 그 시기에 자연재해가 자주 발생하고, 양란으로 인해 수많은 죽음이 발생하게 되면서 자연스럽게 천도재 형식의 의례가 많이 필요하게 된 것으로 생각해볼 수 있다.

조선시대 들어서면서 예수재 관련 의례집이 본격적으로 등장하게 된다. 고려시대에는 『예수시왕생칠경』이 유일한 사례였지만, 조선시대에는 이를 포함하여 『불설수생경』·『예수시왕생칠재의찬요』·『예수천왕통의』 등이 간행되었다. 1564년 양양襄陽 보현사寶玄寺 간행본이 나왔고, 명종21년(1566)에는 『예수시왕생칠경찬요』 판본이 나왔다. 조선시대 예수재는 바로 『예수시왕생칠경』과 『예수시왕생칠경찬요』 두 권을 근거로 설행된다. 1566년 본이 현존하는 최고본이지만, 『중종실록』 등의 기록으로 보아 이미 16세기 초에 민간에 유통되었던 의례집에 근거한 예수재가 유행하고 있었음을 알 수 있다.

1720년(숙종 46) 영각사靈覺寺 간행본 뒷부분에는 십이생상속十二生相屬별로 읽어야 할 경의 분량과 수생전의 액수 등이 상단의 도상과 함께 기록되어 있다. 또한 예수재 관련 경전들이 17세기에 집중적으로 인출되고 있는 것으로 보면 이 시기에 예수재 설행이 널리 유행했으리라는 점을 짐작해 볼 수 있다.

헌종 6년(1840) 무렵에 완성된 『동국세시기東國歲時記』에서 보면 예수재가 민간의 전통풍속으로 등장하고 있다. 경기도 광주 봉은사에 장안의 여인들이 와서 불공을 드리며 돈을 탑 위에 놓으면 죽어서 극락으로 간다는 것이다. 윤달 내내 이러한 사람들이 끊임없이 모여드는데, 윤달에는 시왕이 한 곳에 모여 휴가를 즐기는 시기이므로 이때 정성껏 공양을 바침으로써 업장을 소멸받는다는 신앙에 근거한 것이다. 또한 집안에 노인이 있는 경우, 망자의 마지막 의복인 수의壽衣를 대부분 윤달에 미리 지어두는 것이 민간의 습속이다. 사후를 미리 대비한다는 점에서 윤달=수의=예수재라는 등식이 성립되었을 것으로 생각된다.

19세기-20세기 초에는 사찰계인 시왕계十王契의 계원들이 예수재를 개설하기도 한다. 1906년에 송광사의 시왕계에서 예수재를 설행했는데, 그 재회의 이름을 '예수무차회預修無遮會'라고 하였다. 이 예수재에서는 금명보정(錦溟寶鼎, 1861-1930)이 화주 소임을 맡은 것으로 되어있다.

현대에 들어서도 한국의 불교사원에서는 여전히 윤달이 든 해에 활발하게 생전예수재를 설행하고 있다. 대부분 49일간 자신의 생전예수재를 설행하는 기간에 망자의 영혼을 천도하는 49재와 함께 진행하고 있는데, 이러한 현상의 배경에는 공덕신앙이 작동하고 있는 것으로 생각된다. 다시 말해, 생전예수재를 설행하는 공덕으로 사후의 극락왕생은 물론 자신의 조상을 위한 추선에도 회향한다는 의미로 생각된다. 이는 또한 바쁜 현대인들이 따로 조상을 위한 천도의식을 위한 시간을 낼 여유가 없는 경우에도 아주 실용적인 선택이 될 수 있을 것이다.

(2) 생전예수재의 내용과 형식

생전예수재生前預修齋란 말 그대로 죽은 뒤에 행할 불사를 생전에 미리 닦아서 사후의 복을 빌기 위한 의식이다. 생전예수재는 49재 등의 천도재와는 달리 살아있는 본인이 죽은 뒤에 지낼 재를 미리 지낸다는 것이 큰 특징이다. 사후에 명부에서 망자를 10차에 걸쳐 심판하게 되는 시왕신앙이 의식을 설행하는 근거이다. 사후에 시왕에게 받게 될 심판에 대비하여 비로자나불·노사나불·석가모니불을 위시하여 지장보살·육광보살·육대천조·도명존자·무독귀왕·대범천왕·제석천왕 등을 증명으로 모신 후, 전생에 진 빚을 명부시왕과 그에 딸린 권속인 판관·귀왕·장군·동자 등에게 헌공한 뒤, 이를 명부세계 고사·판관에게 헌납하고, 염라궁 업경대에 기록을 남겨서 사후의 복을 발원하려는 목적으로 설행하는 재의식이다.

예수재 동참자들은 사전에 이름과 주소, 자신의 띠(12지지)에 따라 갚아야 할 금액과 읽어야 할 경전 수를 적은 「예수함합별문預修緘合別文」(혹은 함합소)이라는 문서를 받게 되는데, 이는 전생의 빚을 다 갚았음을 증명하는 일종의 영수증 같은 것이다. 자신이 태어난 해에 따라 육십갑자 별로 읽어야 할 경전과 금전의 양이 정해져 있는데 이를 십이생상속十二生相屬이라 한다. 재의 참여자들은 각자 받은 함합별문을 반으로 나누어 한 쪽은 본인이 지니고 나머지 한 쪽은 재의 말미에 금은전, 경전 등과 함께 불태운다. 이렇게 불태우는 것은 사후 명부세계로 미리 보내는 의미를 가지고 있으며, 사후에 명부세계에 가져간 절반과 불태운 절반을 맞춰 공덕을 인정받는다는 것이다.

예수재는 생전에 직접 자신의 천도재를 미리 치러놓음으로써 내세의 과보를 선업으로 바꾸고자 하는 인간적 심성을 바탕으로 현재도 윤달이 든 해가 되면 규모 있는 사찰에서는 꾸준히 예수재를 치르고 있다. 대개 윤달이 든 전 달에 시작하여[入齋], 49일째인 마지막 회향일이 윤달에 속하는 범위 내에서 자유롭게 날짜를 정해 진행하게 된다.

이 생전 예수재에서는 의식의 단에 공양뿐만 아니라, 경전을 봉독하고 지전을 헌납하게 된다. 이 경전과 지전은 각각 수행과 보시의 빚을 의미한다. 이는 생전에 수행과 보시의 신행을 충족시키지 못한 것을 참회시키기 위한 의미가 있다. 이에 따라 근자에 들어서 한국불교의 생전예수재는 생전에 자신의 사후를 위해 복을 미리 닦는 의식으로서의 의미 외에도 망자의 극락천도를 위해 발원하는 추선追善·추복追福의 의미도 겸하게 된 것으로 볼 수 있다.

『불설관정수원왕생시방정토경佛說灌頂隨願往生十方淨土經』에서는 생전에 삼칠(21)일간 경문을 읽어서 사후의 복을 닦는 의식을 닦는 의식을 설행한다면 임종 후에 정토왕생하게 될 것이라고 설하고 있다.

> 만약 임종하기 전에 향을 사루고 등을 밝히며 탑과 사중에 표찰을 세우고 번을 달고 경전 전독을 3·7일간 열심히 한다면, 그 사람은 목숨을 마친 후에 중음의 몸을 받는데 마치 어린아이와 같으니라. 죄와 복이 결정되지 않았으므로 마땅히 복을 닦아야 하느니라. 망자가 원한다면 신으로 하여금 시방 무량한 불국토에 태어날 것이며, 이 공덕으로 반드시 왕생하리라.[41]

인용문에서는 생전에 스스로의 사후를 위한 복을 닦기 위해 21일간 예수의식을 설행하면 정토에 왕생할 수 있을 것이라고 선언하고 있다.

예수재는 『지장보살본원경地藏菩薩本願經』·『불설예수시왕생칠경佛說預修十王生七經』·『불설염마왕수기사중역수생칠왕생정토경佛說閻魔王授記四衆逆修

---

41 『佛說灌頂隨願往生十方淨土經』T 21, 530a-b

生七往生淨土經』・『불설수생경佛說壽生經』・『불설관정수원왕생시방정토경佛說灌頂顧往生十方淨土經』에서 그 교의적 근거를 찾아볼 수 있다. 『지장경地藏經』「이익존망품利益存亡品」과 『관정경灌頂經』 등에서는 사후에 친척 권속들이 훌륭한 공덕을 지어 회향하더라도 망자는 그 7분의 1만 얻게 되지만, 스스로 닦으면 그 공덕의 전부를 얻을 수 있다고 예수재 설행의 공덕을 설명하고 있다. 이 중 현행 한국불교 생전예수재 의식의 소의가 되는 저본은 조선시대에 간행된 『예수시왕생칠재의찬요預修十王生七齋儀纂要』를 꼽을 수 있다.

이제 예수재의 절차와 내용에 대해 알아보기로 하겠다.

응운공여(應雲空如, 1794~?)가 찬한 「예수함합별문預修緘合別文」은 함합소緘合疏라고도 하는데, 예수재를 봉행함으로써 전생의 빚을 모두 갚았음을 증명하는 영수증이다. 예수재에 참여한 재자齋者들은 각자의 이름과, 주소, 타고난 띠에 따라서 갚아야 할 전생의 빚과 경전명, 경전을 읽어야 할 횟수를 적은 함합소를 받게 된다. 예수재에서 독송하는 주요 소의경전은 『금강경』이다.

이 함합소에 적힌 대로 금은전을 바치고, 경전을 읽은 후에 함합소를 반으로 갈라 한 쪽은 본인이 지니고, 나머지 한 쪽은 재의 마지막 절차에 금은전, 경전 등과 함께 태우게 된다. 나중에 재자가 임종한 후에 명부에서 무덤 속에 함께 가져간 절반과 전에 불태운 절반이 맞은 후에야 예수재 설행의 공덕을 인정받게 된다.

현재 조계종에서 행하는 예수재의 절차는 봉원사 영산재 작법무 보유자였던 고 일응(一鷹, 1920-2003)소장의 『예수작법예수시왕생칠재의찬문』을 따르고 있다. 예수재 의식절차는 크게 예수재를 준비하는 과정과 예수재 본 의식을 진행하는 과정, 재를 마무리하는 의식으로 구분된다. 준비하는 의식에는 시왕전에 바칠 금은전을 만들고 재단齋壇으로 옮겨 점안하는 〈금은전 조전造錢, 이운移運, 점안點眼〉의식이 해당된다. 예수재에서 수생전으로 사용되는 금전과 은전은 일반적인 화폐가 아닌 종이로 만든 상징적인 돈일 뿐이지만 의식을 거쳐서 명부에서 유통될 수 있는 의미와 가치를 지니게 된다. 법사가 버드나무 가지로 만든 발 위에 지전을 놓고 진언을 외면서 물을 뿌리는 의식인 조전법造錢法을 거쳐서 명부에서 사용 가능한 돈이 되는 것이다.

전체 절차를 좀 더 세분하면, 삼귀의례三歸依禮-대령관욕對靈灌浴-신중작법神衆作法-전점안錢點眼-전이운錢移運-상공上供-설교說敎-상중법청上中法請-시왕각배十王各拜-전이운錢移運-함합소緘合疏낭독-시식施食-회향回向의 순서로 진행된다.

예수재에서 모시는 존격은 상단·중단·하단으로 위계가 나누어져 있다. 불보살을 모시는 상단은 증명단의 구실을 하고, 핵심적인 위치를 차지하는 중단은 시왕 등을 중심으로 명부의 권속을 모시며, 하단은 부속단에 해당한다. 예수재에서는 모든 중생의 사후에 이 명부시왕이 심판을 하게 된다는 교의로 인해 중단 공양의 대상에 명부시왕이 포함된다. 예수재를 설행하는 공간은 증명단인 상단의 큰 법당과 시왕단의 명부전이다. 명부전이 없는 절에서는 임시로 시왕단을 설치하기도 한다.

예수재는 사찰에 따라 하루나 삼칠일간 치르기도 하고, 7일마다 일곱 번에 걸쳐 칠칠재로 지내기도 한다. 칠칠재로 치르는 것은 사람이 죽은 뒤 다음 생을 받기까지 49일간 중음中陰에 머무른다고 보아 이때 치르는 사십구재를 생전의례에 그대로 적용한 것이다. 생전예수재의 교의적 근거를 제공하고 있는 『불설예수시왕생칠경』에는 초하루 보름의 재일에 시왕에 공양을 올리고, 죽기 직전에 삼칠일을 역수逆修하라고 되어 있으며, 현재와 같이 '윤달'에 설행하라고 하는 내용은 보이지 않는다. 현행 한국불교의 예수재는 일반적으로 윤달이 든 해에 거행하지만, 그 시일이 일정하게 정해져 있는 것은 아니다. 또한 현행 일반사찰의 예수재는 재주齋主 1인이 단독으로 설재하는 것이 아니라, 수많은 설재자가 동참하는 것이므로 동참자들끼리 합의하여 시기를 정하게 된다.

📖 소결

대승불교 문헌에서 아귀도의 고통상과 업인에 대한 교의가 완성단계에 이르게 되면서 아귀구제의 수행법 역시 그에 상응하여 참회기도에서 칭명염불, 경전독송, 공덕의 실천 등으로까지 확장된다.

초기 불교에서의 공덕은 승려들을 초청하여 잘 공양함으로써 생겨난 공덕을 망자가 된 조상에게 회향하는 형태였으며, 이러한 공덕의 실천은 동아시아불교에서도 재승齋僧 혹은 재공齋供, 반승飯僧 의식으로 자리잡게 된다.

동아시아불교의 공덕신앙에서는 그 보시의 대상 범주가 훨씬 확장되는데, 승려에게 공양하는 것뿐만 아니라, 아귀에게 음식을 베푸는 보시도 공덕의 범주에 수용된 것이다. 이에 따라, 중국불교에서는 이미 6세기에 무주고혼들을 위해 음식을 베푸는 시식施食을 체계적으로 정비한 의식인 수륙재水陸齋가 설행되고 있었다. 또한 초기 불교의 자눗소니 숫따(Janussoni-sutta)나, 중국에서 찬술된 『법원주림法苑珠林』에서 육도 중 아귀도에서만 망자의 구제가 가능하다는 교의가 설해지면서 아귀가 무주고혼 중생의 대표로서 시식의 대상이 된다.

사후 49일간 인간이 중음에 있을 때 좋은 곳으로 태어날 수 있도록 돕기 위해 행해지는 것이 불교 상장례의 기본이다. 그러한 의식의 도움에도 불구하고, 전생의 악업이 무거워서 결국 삼악도에 떨어진 존재들의 구제를 위해 행하는 의식이 바로 아귀구제의식이라 할 수 있다. 동아시아의 불교도들은 늘 자신의 조상이 아귀도에 있을지도 모른다는 두려움을 안고 있었으며, 바로 그 지점에서 아귀사상과 조상숭배의식이 만날 수 있는 접점이 형성되었다.

중국불교에서 당대에서 송대에 이르기까지 아귀의 구제를 위한 수행법이 참회기도에서 칭명염불, 경전독송, 의식을 통한 공덕의 실천 등으로까지 확장된 것으로 볼 수 있는데, 이러한 현상의 배경에는 천태사상과 정토사상이 있었으리라는 점을 생각해볼 수 있을 것이다.

아귀의 구제를 위해 행해지는 재의식으로는 먼저 우란분재盂蘭盆齋를 들 수 있는데, 이는 불보살과 승려에 대한 공양의 공덕으로 조상을 천도하고자 하는 불교의식의 대표적인 사례라고 할 수 있다. 또한 망혼들에게 직접 음식을 보시하는 시아귀施餓鬼의식이나 시식은 인도의 초기불교를 거쳐 동아시아 대승불교권뿐만 아니라 상좌부 불교권 등에서도 나타난다. 이러한 재승과 시아귀, 시식 등을 토대로 하는 재의식의 배경에는 보시를 통한 공덕신앙이 자리 잡고 있다.

수륙재水陸齋 역시 아직 제도받지 못한 채 중음계를 떠도는 망혼이나, 아귀, 무주고혼無主孤魂을 대상으로 음식을 베푸는 '시식施食'을 위주로 실천하는 재의식이다. 예수재는 살아있는 동안에 본명전과 과보를 생전에 미리 갚고, 수행을 닦아서 사후의 복을 기원하는 의식이다. 예수재의 배경에는 사후 49일 간 망자가 중유에 머무르며 시왕의 심판을 받게 된다는 시왕신앙과 함께 지옥중생을 구제하는 지장보살신앙도 자리하고 있다.

전체적으로 아귀구제의식에서 실천되는 수행법인 경전 독송과 참회, 염불, 다라니 주송, 보시 등은 인도에서 전입된 밀교와 중국불교의 천태사상, 정토사상이 켜켜이 쌓이며 융합된 결과물이라 할 수 있다.

결론

　인도에서 전입된 한역 경전들의 지옥 관련 교설을 보면 절대적인 심판자가 있어 전생에 지은 죄업을 판결하고 그에 따른 징벌을 받는 구조라기보다는 자신의 전생 악업에 대해 사후에 그에 상응하는 고통으로 갚아가는 것임을 알 수 있다. 죄업을 고통으로 갚는다는 결과론적 측면에서는 양자의 차이가 없어 보이겠지만, 후자의 경우에는 죄에 대한 '참회'와 '수행'이 개입할 여지가 생긴다는 점이 다르다. 경전의 내용을 보면 옥졸들이 죄인을 때리면서 '왜 뉘우치지 않느냐'고 추궁하는 게송들이 자주 등장하는 것도 이 때문일 것이다.

　중국불교에서 당송대에 새로이 형성된 시왕신앙에 이르면 사후의 심판에 대한 교의적 토대가 구성되지만, 그 이전에 인도에서 전입된 한역경전의 지옥교설에서는 죄의 본성과 그에 따른 과보에 대한 치밀한 관조가 주를 이룬다. 다시 말해 인도에서 성립된 불교문헌의 지옥교설에서는 단지 죄벌에 대한 경고만이 목적이 아니라, 어떤 것이 죄인지, 그것이 왜 죄가 되는지를 끊임없이 각인시키려고 노력했던 점이 드러난다. 죄의 원인과 과보를 알아야 죄업을 소멸시킬 수 있는 참회의 수행도 제대로 이루어질 수 있기 때문에 그러한 서술이 이루어졌으리라 생각된다.

동아시아불교의 지옥사상은 이러한 인도 불교문헌 외에 도교의 영향을 받은 시왕신앙과 지장신앙이 융합되어 있다. 특히 당송대 중국불교에서 도교적인 요소를 차용하여 '시왕十王신앙'이 만들어진 이후에는 사후 지옥행을 면하려는 신앙행위의 내용이 더 풍부해지게 된다. 시왕신앙은 망자의 영혼이 49일간 중음에 머무는 동안 저승세계를 관장하는 열 명의 대왕으로부터 차례로 생전의 선악을 심판받는다는 것이 기본적인 교의의 골격을 이루고 있다. 시왕신앙에서는 『구사론』 등에서 제시된 '중음中陰'의 교의와 인도의 야마신앙을 각색하여 사후 심판의 구조를 만들어냈다.

한국의 경우, 인도와 중국을 거친 불교의 지옥사상에서 큰 영향을 받은 것은 물론, 도교의 명부신앙과 무속적 타계관의 영향도 상당히 깊다. 대부분의 한국 사찰에 존재하는 지장전地藏殿, 시왕전十王殿, 명부전冥府殿 등은 지장보살의 원력을 빌어서 망자의 넋을 천도하기 위한 의식과 기도를 행하는 공간이다. 시왕신앙에 따르면, 인간은 사후에 명계에 들어가 열 명의 심판관인 시왕에게 차례로 생전의 죄업을 심판받게 되는데, 이에 대비하여 미리 공양하고 죄업을 참회하는 칠재의七齋儀를 행하기도 한다. 또한 제석천을 주존으로 모시는 선법당善法堂에서 삼장재월(1월, 5월, 9월)에 업경대를 세우고 자신의 죄를 비추는 참회의식을 하고, 매 육재일六齋日(8, 14, 15, 23, 29, 30)마다 집에서 재계齋戒를 하는 방식으로 사후의 심판에 대비하기도 했다.

불교에서는 망자가 된 조상이나, 가족 혹은 주인 없는 이들의 영혼을 구제하여 극락으로 천도하고자 했던 영산재, 칠칠재, 수륙재 등의 천도의식을 행했으며, 미리 자신의 사후를 대비하여 행하는 생전예수재도 여전히 행해지고 있다. 무속에서는 사자의 망혼을 지배하는 명부신들이 사는 지하계에 지옥이 존재하며, 인간이 생전에 지은 공과功過에 따라서 지옥과 극락행이 구분된다고 믿는다. 무속과 불교의 지옥관은 그 교의적 교섭으로 인해 공통점을 갖기도 하지만, 기본적인 차이역시 존재한다. 먼저 불교가 염불이나 보시 등의 수행과 천도의식으로 공덕을 쌓아 지옥행을 면하는 반면에, 무속에서는 진오구굿이나 해원굿 등을 통해 망자를 극락으로 보내는 구조를 취하고 있다.

사후에 지옥행을 피하고, 극락왕생을 지향하는 불교도들의 실천은정토왕생신앙으로 귀결된다. 전문수행자인 승려들과 달리, 민간신도들은 생업문제로 인한 시간의 배분이나, 문자적 능력, 종교적 훈련의측면에서 그들에게 적합한 수행법을 필요로 했다. 이에 따라, 불교에서는 이들이 어디에서나 생업에 종사하면서도 입으로 욀 수 있는 칭명염불은 물론, 이들의 종교적 역량에 상관없이 참여할 수 있는 의식儀式이나, 재장齋場이 마련되었다. 이러한 재의식을 설행하는데 필요한 재원을 보시하는 것 자체가 보시바라밀 수행이자, 공덕을 쌓는 실천이기도 했다. 축적된 공덕은 의식의 참여자 자신의 성불은 물론, 혹여 아귀도에 빠져 고통을 당하고 있을지도 모르는 조상의 극락왕생을 위해 회

◆ 삼화사 수륙재

◆ 달전사 수륙재

향된다.

동아시아 대승불교에서 좀 더 체계화된 공덕신앙의 토대 위에 발전한 망자구제 의식은 불교상장례 속의 사자의례와 각종 천도의례로 자리잡게 된다. 동북아시아 불교의 대표적인 천도의례인 수륙재는 아귀에게 음식을 베푸는 시식施食절차가 핵심이 된다. 중국불교의 시아귀 의식은 모든 망혼에게 음식을 베푸는 불교민속의 형태로 확장되었으며, 중국, 티베트, 태국, 대만, 싱가포르, 일본, 말레이시아 및 홍콩을 포함한 많은 아시아 국가에서도 유사한 형태로 행해지고 있다.

사실 아귀도로 떨어져서 고통받고 있을지도 모를 조상의 망혼을 위해 공양하는 추선회향의 사상과 그에 근거한 의례는 오늘날 동북아시아 대승불교 권역에서뿐만 아니라, 동남아시아의 상좌불교 교단 등에서도 발견할 수 있다. 이는 다시 말해, 대승불교와 부파불교라는 차이에도 불구하고, 아귀에 대해 음식을 베푸는 '보시의 공덕'이라는 주제로 놓고 보면 동북아시아와 동남아시아 간에 실천적으로 공유하는 지점이 많다는 것을 보여주는 것이다. 후손의 입장에서는 아귀가 된 자신의 조상이 후손에게 위해를 가할지도 모른다는 미지의 불안감이 존재하고 있으며, 결국 조상의 천도를 위해서 보시의 '공덕'을 회향하는 것이 후손에게도 도움이 된다는 현세적 관념도 작용하고 있는 것으로 보인다.

이처럼 보시는 동북아시아와 동남아시아의 종교적 실천에서 중심적인 역할을 하며, 양쪽 모두 공덕을 창출하는 주요 수단으로 간주되고 있다. 이러한 의식들에서의 보시는 아귀 상태의 망령에 대한 보시와 승단의 승려에 대한 보시를 모두 포괄한다. 의식을 통해 행하는 보시는 음식과 옷 등의 물질 외에도 종이로 만든 상징적 물질을 태우는 형태로 공양하기도 한다. 이는 현세에 존재하는 물질을 사후세계에서 사용하기 위해서는 지전을 태우듯 상징적인 의식을 거쳐야 한다는 인식에 근거한 것이다.

이처럼 물질의 보시가 가져다주는 공덕이 아귀로 존재하는 조상의 구제뿐만 아니라, 보시 공양을 실천하는 사람들의 성불과 현세적 이익을 가져다준다는 믿음이 동아시아불교의 중요한 실천적 특징의 하나일 것이다. 그리고 현세와 저승세계, 신도와 승려를 이어주는 공덕의 매개고리는 바로 '회향'이라는 순환적 개념이라고 할 수 있다.

아귀도의 업인業因이란 사후에 아귀도에 떨어져서 고통스러운 과보를 받는 원인이 되는 죄업을 말한다. 초기에 간탐이나, 사견으로 인해 아귀도에 떨어져서 아귀가 되어 무량한 고통을 받게 되는 것으로 설정되었던 업인의 범주는 후기로 갈수록 점차 확장되는 양상을 보인다. 간탐이나 사견 외에도 승가의 계율 내지 재법을 어기는 것까지 아귀도로 떨어지는 업인에 포함되기 시작한 것이다. 아귀의 형상에 관한 묘사도 후대의 불교 경전으로 갈수록 점점 다양해지고, 더 혐오스러운 모습으로 변해가는 것을 볼 수 있다. 현재 일반적으로 아귀의 대표적인 모습으로 인식되고 있는 침후대복針喉大腹의 도상은 중국불교에 와서 등장한 것이다.

초기불교부터 나타났던 아귀도의 고통상에 관한 묘사 역시 후기로 갈수록 더 다양한 내용으로 확장되고 구체화되는 모습을 보여준다. 아귀도의 비참한 고통상은 지옥도에 관한 교의만큼이나 사람들에게 공포와 경각심을 주는 내용으로 구성되어 있어서 망자의 구제에 관한 갈급함을 촉발시키는 역할을 했을 것으로 생각된다.

중국불교에서는 당대 법장 이후 이전 시대의 인도불교의 한역문헌에서 아귀의 구제를 생천과 직결시켰던 것을 넘어 정토왕생으로까지 교의적 확장을 시도했던 것을 볼 수 있다. 당대 이후 중국불교에서 아귀의 구제와 정토왕생을 연결시키는 천도의례들이 등장하는 것은 정토사상의 발전과 관련이 있을 것으로 생각된다. 임종 직후의 정토왕생을 지향하는 가장 중요한 수행법인 칭명염불이 아귀의 상태로 떠도는 망자의 구제를 위한 의식에까지 확장 적용되는 것은 자연스러운 귀결일 것이다. 결국 중국불교에 들어와서 당대에 이르러 아귀의 구제를 위한 수행법이 참회기도에서 칭명염불, 경전독송, 공덕행 등으로까지 확장된 현상의 배경에는 중국불교의 지장신앙과 시왕신앙, 천태사상과 정토사상 등의 영향이 있는 것으로 생각된다.

당대 밀교의 고승들에 의해 한역된 밀교의궤에 근거하여 각종 시아귀법이 실천되었으며, 송대에 이르러 시아귀의 발전형이라고 할 수 있는 수륙회水陸會·수륙재水陸齋도 형태를 정비해갔다. 비교적 이른 시기의 문헌에서 아귀의 생천을 지향하며 행해졌던 의례들이 후기 문헌에서 극락천도를 언급하게 된 원인은 정토사상이 자리잡게 되면서 망자에 대한 공양의 목적 역시 생천에서 정토왕생으로 전변했다는 점을 들 수 있을 것이다.

천계가 아닌 불국토[정토]에 태어난다고 하는 정토왕생은 대승불교

정토사상의 가장 핵심적인 개념이지만 초기불교에서는 그 사상의 맹아만 드러날 뿐이다. 초기불교 문헌에 속하는 아함부 경전들에서는 정토왕생이 아닌 생천生天의 개념이 주로 나타난다. 초기 경전에서부터 생천을 위한 수행법으로서 염불, 범행梵行, 지계持戒 등의 수행을 통해 사사문과四沙門果[42]를 증득한 자가 생천한다는 교의가 제시되고 있는데, 대승불교 발전 이후 수많은 불보살의 원력에 대한 신앙을 강조하게 되면서 정토왕생을 기원하는 염불신앙으로 전개된 것으로 볼 수 있다.

석가모니 1불이 아닌 수많은 불타들은 중생구제를 지향하는 원력으로 각자의 불국토를 건립한다고 하는 사상에 근거한 정토왕생신앙은 중국불교에서 교의와 실천의 체계를 갖추고 이내 동아시아 전체로 확산되었다. 이에 따라, 대승불교의 정토신앙이 궁극적인 구원론에도 영향을 미치게 되고, 조상천도의식에도 반영되는 것은 자연스러운 결과라 할 수 있을 것이다.

이제까지 서술한 내용에서 보듯이 보시행은 동아시아의 불교의례에

---

[42] 사사문과는 비구가 수행에 의해 도달하는 4가지의 경지를 말하는데, 각각 예류과(豫流果), 일래과(一來果), 불환과(不還果), 아라한과(阿羅漢果)를 말한다. 예류과는 성자의 경지에 올라간 자로서 수타원(須陀洹)이라고도 한다. 일래과는 인간세계로 한 번만 되돌아가는 자로서 사다함(斯陀含)이라고도 한다. 불환과는 다시는 욕계로 되돌아가지 않는 자로 아나함(阿那含)이라고도 한다. 이 중 제4 아라한과는 삼계의 모든 번뇌를 끊고 열반에 들어 다시는 삼계에 생사윤회하지 않는 자이다. 4과를 제외한 앞의 3과는 아직 해탈에 이르지 못한 단계인데, 이들도 해탈을 향한 수행 과정에 있는 이상, 사후에는 천계에 태어나 수행을 계속해서 결국은 해탈에 도달하게 된다고 한다. 이는 사후에도 생천을 통해서 전3과가 제4과의 해탈의 단계에 이를 수 있다는 것을 보여준다. 이른바, 생천을 디딤돌로 하여 내세에 해탈을 기대하는 사상인데, 정토왕생과 비교해보면 해탈을 궁극적인 목적으로 삼는다는 점에서 기본적으로 상통한다. 이런 의미에서 정토왕생 사상은 생천사상과 결합된 사사문과에서 그 교의적 원류를 찾을 수 있지만, 이 사사문과 개념이 바로 정토왕생과 직결된다고 보기는 어렵다.

서 공덕을 창출하는 주중심적인 역할을 하고 있다. 이러한 의식들에서의 보시는 아귀 상태의 망령에 대한 보시와 승단의 승려에 대한 보시를 모두 포괄한다. 의식절차에서는 아귀에게 음식과 옷 등의 물질 외에도 종이로 만든 물질을 태우는 형태로 공양하기도 한다. 이처럼 물질의 보시가 가져다주는 공덕이 아귀로 존재하는 조상의 구제뿐만 아니라, 보시 공양을 실천하는 사람들의 성불과 현세적 이익을 가져다준다는 믿음이 동아시아불교의 중요한 실천적 특징의 하나일 것이다.

정리해보면, 아귀에 대한 인식과 죄보, 업인에 관한 교의는 아귀도에 떨어지지 않기 위한 예경의식과 수행법의 필요성을 자연스럽게 불러일으키는 기제가 되었다. 죄업을 소멸하는 수행법으로서 불보살의 이름을 부르고, 자신이 이전에 행한 온갖 죄악을 참회하는 의식이 자리 잡게 된 것이다. 이렇게 불보살의 원력을 통해 망자의 구제를 발원하는 방식은 참회와 염불의 수행법으로 구체화 된다.

좀 더 후기에 등장하는 문헌에서는 아귀에게 직접 음식을 시여하는 시식법뿐만 아니라, 경전·다라니 독송과 서사의 수행법도 등장하게 된다. 이는 의식을 통해 아귀를 천도한 공덕을 보리에 회향하는 구조라고 할 수 있으며, 대승불교의 각종 천도재 형식의 재회에서 지향하는 목적이기도 하다. 자신의 7세 선조를 포함하여 구제받지 못한 아귀들에게 시식施食과 염불, 다라니·법문을 들려주는 법식法食으로 천도하여 극락왕생하게 하고, 그 공덕으로 스스로의 성불도 이루는 것이 동아시아 불교 재의식의 보편적인 구조인 것이다.

마지막으로, 구제의식의 장 첫머리에서 제기한 근본적인 질문에 대한 답을 확인해보기로 한다. 도대체 왜 공空과 무아無我, 무상을 관하는 반야의 교의적 토대위에 세워진 대승불교에서 '사후'를 위한 의식들이 성행해왔는지 묻는 질문에 대해서 줄곧 고민해 왔던 결과물로서의 답변은; '종교는 살아움직이는 유기체'라는 간단한 명제로 대신할 수 있을 것이다. 불교가 인도에서도 베다종교와의 융합을 고민했듯이 중국에서도 토착사상과의 교섭을 겪어야 했던 것이다. 또한 종교를 받아들이는 사람들이 원하는 의례를 종교는 당연히 제시할 수 밖에 없으며, 그 결과 사람들이 가지고 있던 사후에 대한 미지의 두려움을 해소하기 위한 의식을 제공해야 했을 것으로 생각해 볼 수 있지 않을까?

결국, 대승불교의 교의적 토대위에 지속적으로 재해석 - 확장 - 변형되는 과정을 거쳐온 의례는 사회와 함께 살아온 생명체로서의 종교의 본질을 보여주는 현상이라 할 수 있을 것이다.

■ 참고문헌

〈경전원문〉

『결정비니경決定毘尼經』

『공양호세팔천법供養護世八天法』

『관무량수불경소묘종초觀無量壽佛經疏妙宗鈔』

『구잡비유경舊雜譬喩經』

『근본설일체유부비나야약사根本説一切有部毘奈耶藥事』

『금광명경소金光明經疏』

『금원집金圜集』

『다송문고茶松文稿』

『대당서역기大唐西域記』

『대반열반경大般涅槃經』

『대반열반경현의大般涅槃經玄義』

『대반열반경현의大般涅槃經玄義』

『대방광보살장문수사리근본의궤경大方廣菩薩藏文殊師利根本儀軌經』

『대방광불화엄경大方廣佛華嚴經』

『대방광불화엄경수소연의초大方廣佛華嚴經隨疏演義鈔』

『대방등대집경大方等大集經』

『대법고경大法鼓經』

『대보적경大寶積經』

『대불정광취다라니경大佛頂廣聚陀羅尼經』

『대비로자나성불경소大毘盧遮那成佛經疏』

『대승육정참회大乘六情懺悔』

『대지도론大智度論』

『동국세시기東國歲時記』

『만선동귀집萬善同歸集』

『묘법성념처경妙法聖念處經』

『미륵경유의彌勒經遊意』

『범망경梵網經』

『법화의소法華義疏』

『법화전기法華傳記』

『보살본생만론菩薩本生鬘論』

『불설관정수원왕생십방정토경佛說灌頂隨願往生十方淨土經』

『불설대승장엄보왕경佛說大乘莊嚴寶王經』

『불설목련문계율중오백경중사佛說目連問戒律中五百輕重事』

『불설보살본행경佛說菩薩本行經』

『불설불명경佛說佛名經』

『불설시아귀감로미대다라니경佛說施餓鬼甘露味大陀羅尼經』

『불설우란분경佛說盂蘭盆經』

『불정존승다라니경佛頂尊勝陀羅尼經』

『불정존승다라니경교적의기佛頂尊勝陀羅尼經教跡義記』

『불정존승다라니진언佛頂尊勝陀羅尼眞言』

『불조통기佛祖統紀』

『불조통기佛祖統紀』

『사계전서沙溪全書』

『사분율산번보궐행사초四分律刪繁補闕行事鈔』

『사아함모초해四阿鎔暮抄解』

『석가보釋迦譜』

『석문자경록釋門自鏡錄』

『석문정통釋門正統』

『선비법요경禪祕要法經』

『수행도지경修行道地經』

『시제아귀음식급수법施諸餓鬼飮食及水法』

『신화엄경론新華嚴經論』

『십주비바사론十住毘婆沙論』

『아귀보응경餓鬼報應經』

『아귀사경餓鬼事經』

『아비달마비바사론阿毘曇毘婆沙論』

『양권무량수경종요兩卷無量壽經宗要』

『염불삼매보왕론念佛三昧寶王論』

『염불요문과해念佛要門科解』

『오주연문장전산고五洲衍文長箋散稿』

『왕생요집往生要集』

『유가사지론瑜伽師地論』

『유가집요구아난다라니염구궤의경瑜伽集要救阿難陀羅尼焰口軌儀經』

『유마힐소설경維摩詰所説經』

『일자불정륜왕경一字佛頂輪王經』

『자비도량참법慈悲道場懺法』

『장아함경長阿含經』

『정명현론淨名玄論』

『정법념처경正法念處經』

『제법무쟁삼매법문諸法無諍三昧法門』

『존승불정수유가법의궤尊勝佛頂脩瑜伽法儀軌』

『종경록宗鏡録』

『증일아함경增一阿含經』

『지장보살본원경地藏菩薩本願經』

『출요경出曜經』

『칭찬대승공덕경稱讚大乘功德經』

『현밀원통성불심요집顯密圓通成佛心要集』

『화엄경탐현기華嚴經探玄記』

『고려사절요高麗史節要』

『담헌서湛軒書』

『동악집東岳集』

『삼국유사三國遺事』

『용재총화慵齋叢話』

『택당집澤堂集』

〈단행본〉

김내창, 『조선풍속사』, 평양: 사회과학출판사, 1992.

김성순, 『동아시아 염불결사의 연구: 천태교단을 중심으로』, 비움과 소통, 2014.

김정희, 『조선시대 지장시왕도 연구』 일지사, 1996.

박부영, 『불교풍속고금기』, 은행나무, 2005.

이광수, 『힌두교사 깊이 읽기, 종교학이 아닌 역사학으로』 푸른역사, 2021.

장춘석, 『目蓮說話新考』, 경인문화사, 2001.

주강현, 『굿의 사회사』, 웅진출판, 1992.

최남선, 『朝鮮常識·풍속편』, 東明社, 1947.

대한불교조계종포교원, 『통일법요집』, 조계종출판사, 2003.

사회과학원 민속학연구실, 『조선민속풍습』, 주강현 해제, 서광학술자료사, 1992.

(사)생전예수재보존회 편, 『생전예수재 연구』, 민속원, 2017.

이와모토 유타카 외, 『동남아불교사』 홍사성 옮김, 반야샘, 1987.

櫻部建·上山春平, 『아비달마의 철학』 정호영 옮김, 서울: 민족사, 1993.

池田正隆, 『ビルマ佛教: その歷史と儀禮・信仰』, 法藏館, 2000.

洪錫謨, 『東國歲時記』 서울: 大提閣, 1987,

洪潤植, 『朝鮮佛敎儀禮の研究』, 隆文館, 1976.

에띠엔 라모뜨(Lamotte, Etienne). 『인도불교사 1』, 호진 옮김, 시공사, 2006.

모리스에 요시아키森末義彰・日野西資孝 編, 『風俗辭典』, 東京堂出版, 1985.

方立天, 『中國佛敎與,傳統文化』, 上海人民出版社, 1993.

〈논문〉

강소연, 「'大乘菩薩'로서 '餓鬼'의 造形的 表現과 象徵: 朝鮮時代 甘露幀을 중심으
　　로」『원불교사상과 종교문화』제67집, 원불교사상연구원, 2016.

강진문, 「일본의 세시풍속-연중행사를 중심으로-」, 『아태연구』 vol 2, 2003.

구미래, 「백중과 우란분재의 발생기원에 관한 연구」『비교민속학』, vol. 25, 2003.

_____, 「생전예수재의 종교문화적 의미와 위상」, 『정토학연구』제23집, 한국정토
　　학회, 2015.

_____, 「불교 죽음의례의 유형과 변화양상」『종교문화비평』16집, 한국종교문화
　　연구소, 2009

김기종, 「조선후기 歌辭에 나타난 지옥의 양상과 시대적 의미」『한국시가문화연
　　구』제38집, 2016.

김성순, 「『질의록質疑錄』에 나타난 금명보정錦溟寶鼎의 불교인식과 정토관」『보조
　　사상』 48, 2017.

_____, 「동아시아불교의 발우공양 의례: 보시와 자비의 각인」『민족문화연구』85,
　　2018.

_____, 「동아시아의 우란분절 수용에 나타난 의미의 확대와 변용 양상: 이승과
　　저승을 넘나드는 '주고받음'의 축제」『종교연구』50, 2008.

_____, 「생천生天과 정토왕생淨土往生 개념의 교의적 분기에 대한 고찰」『한마음
　　연구』5, 2020.

_____, 「아귀의 業因과 苦痛相, 그리고 구제의례: 불교문헌을 중심으로」『원불교 사상과 종교문화』 90, 2021.

_____, 「제석신앙의 시공간적 발현: 삼장육재일의 재법과 선법당」『불교문예연 구』 10, 2018.

_____, 「중국 도교 예수재의 교의와 의례 구조」『동아시아불교문화』 44, 2020.

_____, 「중국 종교의 수행론에 나타난 도·불교섭」, 서울대 석사학위논문, 2007.

_____, 「한국불교 상장례의 역사와 전개」『테마 한국불교 9』 동국대학교 출판문 화원, 2021.

_____, 「한국불교의 재회와 불교문화」『테마 한국불교 7』 동국대학교 출판문화 원, 2019.

김승희, 「餓鬼考: 初期 漢譯經典에 나타난 餓鬼」,『韓國의 佛畵』 19, 성보문화재연 구원, 1999.

노성환, 「불교민속으로서 일본의 우란분회에 관한 연구」『동아시아고대학』 제23 집, 동아시아 고대학회, 2010.

라정숙, 「고려시대 지장신앙」『사학연구』 제80집, 한국사학회, 2005.

문상련, 「불교의 喪·祭禮를 통해 본 죽음인식」『보조사상』 28집, 2007.

박영철, 「나라카(Naraka)에서 地獄으로」『역사교육』 63, 역사교육연구회, 1997.

박정미, 「조선 명종대 星州 安峯寺의 儒佛儀禮:『묵재일기』를 중심으로」『태동고전 연구』 제32집, 2014.

박정원, 「조선 전기 水陸會圖의 일본 수용과 인식에 대하여」『동악미술사학』 23 집, 2018.

_____, 「『Petavatthu』를 통해 살펴본 餓鬼 개념과 圖像 성립」,『동악미술사학』 제 24집, 동악미술사학회, 2018.

_____, 「초기 경전과 아귀 도상에 관한 일고찰」,『불교미술』 제28집, 동국대학교 박물관, 2017.

박지현, 「玉皇 및 閻羅신앙의 형성과 이야기의 역할」『중국문학』 제39집, 한국중국어문학회, 2003.

성청환, 「조계사 생전예수재의 역사와 의의」『정토학연구』제23집, 2015.

오현화, 「불교축제로서의 우란분재」『어문학교육』제24집, 2002.

윤소희, 「일본의 시아귀회와 쇼묘聲明에 관한 연구: 교잔오하라魚山大原 산젠인三千
        院을 중심으로」『정토학연구』33, 한국정토학회, 2020. 『東槎錄』

이수자, 「백중의 기원과 성격」『한국민속학』25집, 1993.

이숙현, 「『盂蘭盆經』의 성립과 盂蘭盆齋」『유학연구』제44집, 충남대학교유학연구
        소, 2018.

이시준, 「平安時代における盂蘭盆會の考察」『日本文化學報』제34집. 2007.

임헌영, 「상좌부불교의 제사의식 연구」『동아시아불교문화』47, 2021.

장미진, 「불교문화권에 있어 '지옥'의 원신화적 요소와 그 의미」『미술사학』제7집,
        미술사학연구회, 1992.

장춘석, 「인도불교의 孝 樣相」『불교학연구』vol. 1, 불교학연구회, 2000.

정각(문상련),「불교 祭禮의 의미와 행법: 施餓鬼會를 중심으로」『한국불교학』31,
        한국불교학회, 2002.

최수빈, 「도교에서 바라보는 저 세상」『도교문화연구』제41집, 한국도교문화학회,
        2014.

한보광, 「생전예수재 신앙 연구」『정토학연구』제22집, 한국정토학회, 2014.

한상길, 「조선시대 생전예수재 연구」『역사민속학』제49집, 한국역사민속학회,
        2015.

허남린, 「종교와 전쟁: 토요토미 히데요시의 조선침략」『일본학연구』제18집,
        2006.

홍윤식, 「고려시대 眞表의 지장신앙과 그 전개」『불교학보』34집, 동국대학교불교
        문화연구소, 1997.

「朝鮮に 於ける 農村の 年中行事と其の娛樂に就いて」『朝鮮及滿洲』 326호,

1935.

橋川正, 「苑親平等の思想」『大谷學報』10-4,

吉岡義豊(1957), 「施餓鬼思想の中國的受容」『印度學佛教學研究』, 5-1, 1957.

吉岡義豊, 「密教施餓鬼法儀軌の中國社會傳流」『智山學報』5, 1956.

道端良秀, 「中国仏教と祖先崇拝」『仏教史学』911, 1960.

道端良秀, 「中国仏教と祖先崇拝」『仏教史学』911, 1960.

松本浩一, 「普度儀式的成立」『華人宗教研究』10, 政大學術集成, 2017.

楊思民, 「論中元節的形成, 發展及文化價值」『貴州文史總刊』, 권2, 1999.

李明華, 「中日中元節民俗儀式比較」『中央民族大學學報』, 제34집, 2007,

蔵本龍介, 「ミャンマー上座仏教の世界」立川武蔵編『アジアの仏教と神々』法蔵
館, 2012.

池上良正, 「宗教学の研究課題としての「施餓鬼」」『文化』32, 駒澤大學, 2014.

清水俊史, 「部派仏教における施餓鬼の構造: 有部と上座部による廻向の教理的理
解」『佛教大学仏教学会紀要』17, 2012.

胡孟聖, 「中元節·盆祭り的文化溫涵」『日本研究』, 제4집, 2002,

Chipamong Chowdhury, "The spirit of the gift: Burmese Buddhist death
rituals in North America" Transnational Death, Finnish Literature
Society, 2019.

Cook J, "Alms, money and reciprocity: Buddhist nuns as mediators of
generalised exchange in Thailand" Anthropology in Action 1(3),
2008, Marina Marouda, "The neglected side of philanthropy: Gifts to
hungry ghosts in contemporary Việt Nam" South East Asia Research,
25(3), 2017.

Davis, Erik (2009), 'Treasures of the Buddha. Imagining death and life in
contemporary Cambodia', PhD dissertation. Divinity School,

University of Chicago, Chicago, IL 2009.

G. J. Frazer, The Fear of the Dead in Primitive Religion, Vol. III, Macmillan and Co.,Ltd, London, 1936.

John C. Holt, "Assisting the Dead by Venerating the Living: Merit Transfer in the Early Buddhist Tradition", Numen, Vol. 28, Fasc.1(Jun.), 1981.

Judy Ledgerwood, "Buddhist ritual and the reordering of social relations in Cambodia" South East Asia Research, 20(2), Special Issue: Life After Collective Death in South East Asia: Part I - The (Re-)Fabrication of Social Bonds (June 2012), 2012.

Kawakami Mitsuyo川上光代, "The View of Spirits As Seen in the Bon Observances of the Shima Region" Japanese Journal of Religious Studies, 1988 15/2-3.

Marina Marouda, "The neglected side of philanthropy: Gifts to hungry ghosts in contemporary Việt Nam" South East Asia Research, 25(3), 2017.

Patrice Ladwig, "Visitors from hell: transformative hospitality to ghosts in a Lao Buddhist festival" The Journal of the Royal Anthropological Institute, 18, 2012.

Rungpaka Amy Hackley & Chris Hackley, "How the hungry ghost mythology reconciles materialism and spirituality in Thai death rituals" Qualitative Market Research(QMR), 18(4), Emerald, 2015.

Yahata Takatsune八幡崇經, "Shinmō(Spirit of the Recently Deceased) and Community: Bon Observances in a Japanese Village" Japanese Journal of Religious Studies, 1988 15/2-3.

◼ 찾아보기(INDEX) ◼

ㅈ

ㅊ

□ **자료 제공 및 소장처**

문화재청

(사)동북아불교미술연구소

서정매(부산대학교)

기타 사진은 저자 촬영

■ 표지 : 감로도 하단에 묘사된 지옥, 남양주 흥국사(동북아불교미술연구소)

저자 약력

김성순

전남대학교 중어중문학과(학사), 서울대학교 종교학과 석사 및 박사를 졸업하였다. 주요 저술로는 『동아시아 염불결사의 연구』, 『테마 한국불교7·9』(공저), 번역서인 『왕생요집(往生要集)』『교양으로 읽는 세계종교사』『돈황학대사전』(공역) 등이 있다. 현재 전남대학교 연구교수이며, 주로 동아시아불교와 종교문화의 비교연구, 그리고 불교의례 분야를 주제로 하는 학술논문을 발표하고 있으며, 전라북도 무형문화재위원회 위원, 대한불교조계종 성보보존위원(무형분과) 등으로도 활동 중이다.

불교문헌 속의
지옥과 아귀, 그리고 구제의식

초판 1쇄 인쇄   2022년 4월 20일
초판 1쇄 발행   2022년 4월 25일

지은이   김성순
발행인   박종서
발행처   역사산책
출판등록 2018년 4월 2일 제2018-60호
주 소   (10477) 경기도 고양시 덕양구 은빛로 39, 401호
         (화정동, 세은빌딩)
전 화   031-969-2004
팩 스   031-969-2070
이메일   historywalk2018@daum.net
페이스북 https://www.facebook.com/historywalkpub/

이 저서는 2021년 대한민국 교육부와 한국연구재단의 지원을 받아 수행된 연구임
(NRF-과제번호) (NRF-2021S1A5B5A16075762)

ISBN   979-11-90429-22-1

값 30,000원